ÉMILE ZOLA

NOS AUTEURS

DRAMATIQUES

PARIS

G. CHARPENTIER, ÉDITEUR

13, RUE DE GRENELLE-SAINT-GERMAIN, 13

1881

Tous droits réservés.

NOS AUTEURS

DRAMATIQUES

OUVRAGES DU MÊME AUTEUR

DANS LA BIBLIOTHÈQUE CHARPENTIER

à 3 fr. 50 chaque volume.

LES ROUGON-MACQUART

Histoire naturelle et sociale d'une famille sous le second Empire.

LA FORTUNE DES ROUGON. 16ᵉ édition................	1 vol.
LA CURÉE. 21ᵉ édition..............................	1 vol.
LE VENTRE DE PARIS. 17ᵉ édition....................	1 vol.
LA CONQUÊTE DE PLASSANS. 16ᵉ édition...............	1 vol.
LA FAUTE DE L'ABBÉ MOURET. 20ᵉ édition.............	1 vol.
SON EXCELLENCE EUGÈNE ROUGON. 16ᵉ édition..........	1 vol.
L'ASSOMMOIR. 90ᵉ édition...........................	1 vol.
UNE PAGE D'AMOUR. 39ᵉ édition......................	1 vol.
NANA. 105ᵉ édition.................................	1 vol.
CONTES A NINON. Nouvelle édition...............	1 vol.
NOUVEAUX CONTES A NINON........................	1 vol.
THÉATRE..	1 vol.
MES HAINES.....................................	1 vol.
LE ROMAN EXPÉRIMENTAL..........................	1 vol.
LE NATURALISME AU THÉATRE......................	1 vol.
NOS AUTEURS DRAMATIQUES........................	1 vol.
LES ROMANCIERS NATURALISTES....................	1 vol.
DOCUMENTS LITTÉRAIRES..........................	1 vol.

Voulant réunir les articles de critique dramatique publiés par moi dans le *Bien public* et dans le *Voltaire*, j'ai dû les répartir en deux volumes.

Le premier volume a paru dernièrement sous ce titre : *le Naturalisme au Théâtre*. Je donne aujourd'hui le second, sous cet autre titre : *Nos Auteurs dramatiques*.

On y trouvera spécialement ce que j'ai écrit sur les plus célèbres des auteurs dramatiques contemporains. Une légende veut que je me sois montré à leur égard d'une brutalité de sauvage, rongé de jalousie, sans la moindre idée critique qu'une envie basse de tout détruire. Mon ambition est au contraire de les avoir étudiés en homme de méthode, avec l'unique besoin de vérité qui tourmente les esprits indépendants. Si parfois j'ai manqué de justice, c'est que j'ai eu la passion du vrai, au point d'en faire une religion, en dehors de laquelle j'ai nié tout espoir de salut.

Voici mes études. On les jugera.

E. Z.

NOS AUTEURS DRAMATIQUES

THÉATRE CLASSIQUE

I

Ce qui me ravit dans le *Misanthrope*, c'est le dédain qu'on peut y voir du théâtre tel que nos auteurs et nos critiques l'entendent aujourd'hui. Voilà donc une pièce qui se moque de l'action, qui se passe de toutes péripéties, qui se déroule largement sans se soucier de la coupure des actes, qui n'est à proprement parler qu'une longue analyse de caractères. Et le plus réjouissant, c'est que le génie de Molière impose ces choses ; le public n'ose même pas bâiller, les critiques qui ont de la tendresse pour M. d'Ennery (hélas ! ils sont nombreux), doivent écouter avec religion et paraître émerveillés aux bons endroits. Cela venge un peu les idées que je défends.

Quelle belle nudité, dans ce *Misanthrope !* Le premier acte contient trois scènes, et encore la troisième ne compte-t-elle que huit vers ; il est entièrement consacré à poser le caractère d'Alceste, d'abord dans la scène avec Philinte qui sert d'exposition, ensuite dans l'immortelle scène du sonnet d'Oronte. Le second acte appartient à Célimène, dont le poète analyse longuement le tempérament de coquette, dans un premier entretien avec Alceste, puis dans la scène fameuse des portraits. Au troisième acte, il y a uniquement le duel si fin et si perfide de Célimène et d'Arsinoé. Le quatrième acte n'est que la première scène du second acte entre Alceste et Célimène, développée, mais ne concluant toujours pas. Enfin, au cinquième acte, cette scène d'explications, déjà suspendue deux fois, recommence et se termine par la confusion de Célimène. Et voilà tout le drame.

Bon Dieu ! le pauvre quatrième acte ! car vous n'ignorez pas que c'est le quatrième acte qui donne aujourd'hui des sueurs froides aux auteurs et aux directeurs. Je vois Molière allant à la Porte-Saint-Martin avec le *Misanthrope*. Son quatrième acte tuerait sur le coup MM. Ritt et Larochelle, qui croiraient à un attentat contre leur intelligence. Molière, comprenant qu'il s'est trompé de porte, pourrait frapper ensuite à l'Odéon ; et là, ce serait pis, M. Duquesnel lui offrirait M. Dumas pour collaborateur masqué, en lui faisant remarquer poliment que sa pièce ne se tient pas debout.

Non, il n'est pas permis d'écrire un quatrième acte pareil. Interrogez M. Sardou, qui s'honore d'être un petit-fils de Molière. Oh! nous avons beaucoup perfectionné le quatrième acte; au jour d'aujourd'hui, on confectionne cela dans la perfection. Où est la scène à faire, dans le *Misanthrope*, je vous le demande ? Je me doute que la scène à faire, c'est l'explication qui doit inévitablement se produire entre Alceste et Célimène. Seulement, Molière a fait cette scène-là trois fois. Consultez les critiques autorisés, c'est deux de trop. Ensuite, ça manque d'agrément et ça n'amène rien. Si l'on donnait le *Misanthrope* à un de nos vaudevillistes, il en ferait un petit acte délicieux.

J'ai l'air de plaisanter, j'affirme pourtant que j'ai entendu proposer sérieusement de réduire le *Misanthrope* en un acte. Débarrassé des longueurs, il deviendrait un agréable lever de rideau. Vous imaginez-vous la lettre d'un directeur refusant aujourd'hui le *Misanthrope* ? Elle serait bien amusante à écrire. Le directeur aurait à donner tant de bonnes raisons !

« Monsieur, j'ai le regret de vous annoncer que votre pièce ne convient pas du tout à mon théâtre. Il faudrait en couper les deux tiers. Vous avez là cinq actes d'exposition qui ne mènent à rien. Où est la pièce ? je la cherche encore. L'action manque complètement, ce ne sont que des conversations vides, et vous savez que l'action est de toute nécessité au théâtre. Nous ne jouerions pas votre œuvre dix fois. Puis, vos personnages ne sont pas sympathiques. Grave erreur, monsieur ! car, vous ne l'ignorez pas davantage, le théâtre vit de sympathie. Il y a bien votre Philinte et votre Éliante ; mais ils n'agissent pas assez. Vous auriez pu, — pardonnez-moi, si je vous soumets cette idée, — vous auriez pu donner quelque piquant à votre dénoûment, en confiant à Philinte le soin de l'amener ; par exemple, il aurait réconcilié Alceste avec la société, en lui abandonnant Éliante, tandis qu'il aurait lui-même épousé Célimène. Je ne sais pas comment, ce serait à vous de creuser cette idée. Telle qu'elle est, monsieur, la pièce est injouable. On pourrait peut-être la donner une fois en matinée... »

Et ce directeur serait fort sage. Tous les hommes du métier l'approuveraient.

Quel drame superbe pourtant que ce *Misanthrope!* J'entendais dire qu'il fallait le regarder simplement comme une dissertation, une suite d'entretiens en belle langue. Ce n'est point là mon opinion. Je trouve la pièce très poignante, dans sa marche lente et large. Ce ne sont pas les faits qui vous prennent et piquent votre curiosité ; peu importe la façon plus ou moins saisissante dont les épisodes se présentent. On est intéressé par les caractères, le drame entier se joue dans les intelligences et dans les cœurs.

Voyez ce qu'un de nos auteurs modernes aurait, par exemple, fait des deux premiers actes. J'admets qu'il eût, comme Molière, consacré le premier à poser Alceste et le second à poser Célimène. Mais il se serait ingénié à accumuler les petits épisodes pour égayer cette exposition, et il aurait noué là quelque intrigue bien compliquée. Molière expose tranquillement ses personnages, dans des scènes interminables ; il les fait parler, il les analyse par leurs discours mêmes, il les plante devant le public dans l'attitude typique qu'il veut leur donner, et pas autre chose ; son effort consiste à n'oublier aucun trait, à créer des êtres vivants, qui finissent par devenir des êtres réels.

De là, le puissant intérêt de ces types. Toute la lumière tombe sur eux. On les voit en pieds se détacher sur le fond neutre de l'action. Les faits leur sont subordonnés, il n'y a plus qu'Alceste et Célimène en présence, cet honnête homme et cette coquette, qui résument un coin de l'humanité ; et ce drame si simple vous prend aux entrailles. A la fin, lorsque Célimène est confondue par la lecture des lettres qu'elle a écrites aux deux marquis, on souffre pour Alceste, on éprouve les tourments de ce cœur si généreux dans sa folie. Pas un drame, si fortement charpenté qu'il soit, ne saurait avoir un dénoûment d'une émotion plus large ni plus profonde.

L'effet obtenu est proportionné là aux moyens employés. C'est un axiome qu'on ne met pas assez en pratique au théâtre : plus une péripétie est simple, plus elle est forte. Le coup qui frappe Alceste est à lui seul tout un drame, parce que le poète a pris le soin de faire vivre Alceste devant nous, de consacrer quatre actes à lui souffler une âme. Et quelle création magistrale ! On s'est beaucoup querellé autour de cette figure. Je crois que les commentateurs, comme toujours, sont allés chercher bien loin des finesses auxquelles le génie si franc de Molière n'avait pas songé. Alceste est un personnage comique, un esprit chagrin dont la maussaderie est exagérée pour provoquer le rire ; seulement, il est arrivé que ce comique a des amertumes qui en font par moments la haute figure de la tristesse humaine. Toutes les révoltes de la conscience indignée, toutes les souffrances du juste aux prises avec la vie, débordent dans cette âme, et si étrangement, qu'on ne sait si l'on doit rire ou pleurer de ses sorties furieuses contre la société.

C'est là le propre du génie. Imaginez Alceste sérieux, et il sera insupportable ; imaginez-le tout à fait comique, et l'on tombera dans la farce. Molière, par le sens profond qu'il avait du vrai, a trouvé ce personnage si vivant, où l'on sent toutes les contradictions, tous les mélanges, toute l'infirmité et toute la grandeur de l'homme. On ne peut guère comparer Alceste qu'à Hamlet. Shakspeare est le seul poète dramatique qui ait créé, dans une autre donnée, un personnage aussi complexe et aussi vaste.

Je transcris ici, au courant de la plume, les réflexions que je faisais dernièrement à la Comédie-Française. Le style aussi m'émerveillait. Quelle langue sonore et ferme, d'une précision admirable! Je ne connais pas de plus beaux vers français que les vers dits par Alceste à Oronte, après la lecture du sonnet. Je sais bien que nous avons fait du poète un Apollon romantique, à la chevelure enflammée, qui chante dans le bleu. Aujourd'hui, le mot de poésie entraîne l'idée de strophes lyriques qui s'envolent une à une comme des aigles. C'est là affaire de mode. Si la langue française tout d'un coup n'était plus parlée, Molière resterait comme notre poète le plus pur et le plus puissant.

Ah! si Alceste vivait de nos jours, il aurait mieux que le sonnet d'Oronte pour s'échauffer la bile. Je connais des sonnets et même des poèmes dont la lecture le rendrait fou. Lui qui se fâchait pour « nous berce un temps notre ennui », il trouverait, dans nos plus grands poètes, d'autres tournures qui rendent celle-là bien innocente. Certes, il aurait raison de le déclarer :

> Ce style figuré, dont on fait vanité,
> Sort du bon caractère et de la vérité,
> Ce n'est que jeu de mots, qu'affectation pure,
> Et ce n'est point ainsi que parle la nature.

M. Delaunay, qui jouait Alceste pour la première

fois, a dit la chanson : « Si le roi m'avait donné »,
avec une bonhomie attendrie, du plus charmant effet.
On l'a beaucoup applaudi. C'est qu'elle est vraiment
délicieuse, cette chanson, et je fais d'elle le même
cas qu'Alceste. Notre génie français est là, en
somme, et non dans ces subtilités italiennes, dans
ces rêveries allemandes, dans ces fureurs anglaises,
qui tour à tour ont abâtardi notre littérature.

II

Je veux simplement transcrire ici les réflexions
que j'ai faites dans mon fauteuil, en revoyant à la
scène *George Dandin*, cette farce si profonde et si
puissante. Il est bon de remonter à Molière, quand
on a pris la lourde tâche de défendre la vérité et la
liberté au théâtre.

D'abord, la hardiesse de la pièce m'a frappé. Certes,
je n'entends pas pousser les choses jusqu'à faire de
Molière un précurseur de la Révolution, comme certains l'ont tenté. Mais, en vérité, *George Dandin* est la
première pièce où la noblesse soit plaisantée d'une
terrible façon. Écoutez ceci : « Je connais le style des
nobles lorsqu'ils nous font, nous autres, entrer dans
leur famille. L'alliance qu'ils font est petite avec nos
personnes ; c'est notre bien qu'ils épousent... » Et
plus loin, George Dandin, parlant de son mariage à sa
belle-mère, madame de Sotenville, ajoute : « L'aventure n'a pas été mauvaise pour vous, car, sans moi,
vos affaires, avec votre permission, étaient fort déla-
brées, et mon argent a servi à reboucher d'assez bons
trous... » Rien de plus grotesque, d'ailleurs, que ce

ménage des Sotenville; on n'a certainement pas fait depuis des caricatures de nobles plus bouffonnes ni d'une bêtise plus magistrale.

Il faut se reporter aux temps, si l'on veut comprendre toute l'audace de ces figures. La noblesse régnait au théâtre comme à la cour. Sans doute, Molière avait bien choisi son terrain. Il se moquait de la noblesse de province, arriérée dans des idées et des manières dont on faisait des gorges chaudes à Versailles. Les seigneurs, qui riaient des Sotenville, ne croyaient certainement pas rire d'eux-mêmes. Le beau Clitandre, le type du courtisan parfait, a le rôle d'un prince Charmant et représente là le triomphe de la jeune noblesse; il raille finement tous ces provinciaux, il se fait aimer d'Angélique, au nez des parents et du mari. Mais, au fond, le premier coup de pioche n'en est pas moins donné, dans le vieil édifice; on entend comme un craquement. Plus tard, les attaques pourront être plus directes, elles ne seront pas plus rudes. Molière, avec l'intuition de son génie, allait droit à l'antagonisme qui devait, au siècle suivant, bouleverser et renouveler la société française.

Remarquez que *George Dandin* est le patron d'une foule de pièces modernes. Il s'agit, en somme, d'une mésalliance qui tourne au dommage du mari. Je ne crois pas que ce sujet ait reparu au théâtre avant le commencement de notre siècle. Du moins, c'est après l'empire, lorsque les émigrés revinrent et épousèrent des bourgeoises, en comprenant la puissance nouvelle de l'argent, que le drame et la comédie des mésalliances envahirent notre littérature. Pendant vingt ans, nos auteurs abusèrent de ce heurt de la bourgeoisie et de la noblesse. Je citerai *Mademoiselle de la Seiglière* et *Sacs et parchemins*, de Jules Sandeau. C'est pour cela sans doute que *George Dandin* nous paraît être la pièce de Molière la plus vivante de modernité. Au dix-septième siècle, les œuvres sont rares où l'on voit agir et parler un paysan enrichi.

A la vérité, le côté social me préoccupe beaucoup moins que le côté littéraire. Je désirais simplement établir le choix original et hardi du cadre. Ce qui m'intéresse surtout, c'est la façon dont la pièce est traitée.

Nous assistons là à la transition entre la farce, telle qu'on la jouait à la foire, et la comédie de mœurs, telle que nous l'entendons aujourd'hui. Plusieurs scènes, dans *George Dandin*, sentent encore les tréteaux ; je les signalerai tout à l'heure. Seulement, c'est ici une farce élargie et crevant son cadre, c'est une farce dont le génie a fait une des pages les plus amères et les plus cruellement humaines que je connaisse. Jamais le mépris de l'homme n'a été poussé plus loin, jamais la société n'a reçu un soufflet si rude. Il faut chercher dans la littérature anglaise et lire le *Volpone*, de Ben Johnson, pour trouver une telle satire.

Je n'entends pas forcer le texte et prêter à Molière des intentions féroces de moraliste qu'il n'a pas eues. La pièce a été écrite dans le but de distraire Louis XIV ; il est invraisemblable que le poète comique ait songé à choisir cette occasion pour risquer une œuvre révolutionnaire. Non, la pièce n'est qu'une farce, elle n'a qu'un but, celui de faire rire, et si elle fait songer, si elle fait pleurer, c'est que le génie de Molière devait fatalement mettre sous le rire des réflexions et des larmes. Les contemporains ne paraissent y avoir vu qu'une bouffonnerie très plaisante. Peut-être fallait-il que George Dandin montât peu à peu au rang d'homme, pour que tout notre être se révoltât, en le voyant s'agenouiller et demander pardon à sa femme.

Un conte, un bon conte, la pièce n'a pas dû être autre chose. Et même elle contient trois contes, car chaque acte est, à vraiment parler, un nouveau conte sur le même sujet. Ce qui me réjouit, c'est la grimace de la critique actuelle, forcée d'avaler *George Dandin*, écrasée sous le grand respect qu'elle doit à Molière. Le spectacle est plaisant. Voilà donc un maître, un classique, qui nous venge un peu des coups de férule distribués aux auteurs immoraux et pleins de licence. Que pense la critique actuelle de cette pièce, qui ne marche pas, dont la situation reste toujours la même, où trois fois les personnages se retrouvent tels quels en face les uns des autres? Même, il n'y a pas de dénoûment, elle pourrait continuer. La critique a bien une furieuse envie de protester; mais elle se tait, n'osant compromettre son respect hypocrite des maîtres.

La façon dont Molière a compris et traité son sujet est très simple. Il voulait un mari trompé et berné. Alors, il a mis à la scène trois tromperies, et de chaque tromperie a fait un acte. Elles sont de plus en plus fortes, voilà tout. Mais elles se répètent, elles ne constituent en aucune façon ce que nous entendons aujourd'hui par une intrigue.

Premier conte. George Dandin apprend que Clitandre envoie des messages à sa femme, Angélique, et s'en plaint aux Sotenville. Angélique et Clitandre, tout en paraissant se quereller, trouvent le moyen d'échanger des paroles tendres, à la barbe même du mari. Et George Dandin est obligé de faire des excuses à Clitandre. — Deuxième conte. Clitandre s'introduit chez Angélique. Puis, au moment où George Dandin les fait surprendre par les Sotenville, Angélique donne le change, en feignant de chasser Clitandre de chez elle. — Troisième conte. George Dandin réussit à prendre les deux amants au piège. Angélique, en revenant d'un rendez-vous, trouve la porte fermée. Mais elle feint de se tuer, et, quand son mari sort pour s'assurer de l'aventure, elle le prend à son tour, se glisse dans la maison et ferme la porte; de sorte que, à l'arrivée des Sotenville, c'est George Dandin qui est dûment convaincu d'être un paillard et un ivrogne.

Ouvrez nos anciens conteurs, et vous trouverez ces trois contes, ou du moins des contes qui ont avec eux une grande parenté. La source est là, dans ces joyeuses histoires de maris trompés, qui égayaient tant nos pères. Il a suffi d'en choisir trois et de les accrocher les unes dans les autres, pour mettre sur la tête d'un mari toutes les mésaventures imaginables. Je ne puis m'étendre, mais j'ai indiqué suffisamment, je crois, la manière dont la pièce a dû être écrite.

Et quels contes adorables! Je ne sais rien de plus charmant que les premières scènes du troisième acte. La nuit est noire, Clitandre et Lubin arrivent en tâtonnant; Angélique et Claudine, à leur tour, sortent de la maison. C'est le colin-maillard des amoureux. Ils s'appellent dans les ténèbres d'un léger souffle des lèvres; on dirait de petits baisers qui volent.

Puis, ils se trompent, se cherchent mieux et se tiennent enfin. Alors, à pas de loup, ils s'en vont ; Clitandre et Angélique s'assoient au fond de la scène, les mains dans les mains ; tandis que Claudine et Lubin, debout, ont des silhouettes d'oiseaux bavards et effarouchés. Cependant, George Dandin sort derrière sa femme, et sur le devant de la scène, entre lui et son valet Colin, se joue cette farce classique du valet à moitié endormi qui va à gauche, lorsque son maître le croit et lui parle à droite. Les amoureux accompagnent cette grosse farce du joli bruit de leur caquetage.

L'autre soir, devant cette scène, j'étais attendri. Les grâces de notre ancienne gaieté sont toutes là. Comme cela est frais et tendre, et comme on rit de bon cœur ! les maris trompés étaient et sont restés si drôles ! Voilà les amours lâchés, la maîtresse et la servante en partie fine dans la tiédeur de l'ombre, pendant que le mari ridicule est aux prises avec un fainéant qui dort debout. Cela évoque un art libre et bien portant, s'amusant des jolis vices humains, se haussant à la vérité par l'audace de l'observation et la justesse de la langue.

Bien d'autres scènes appartiennent ainsi à la farce, toutes les scènes de valet, par exemple. La pièce pourrait être jouée sur des tréteaux, sans rien perdre de sa largeur. Et quelle simplicité de comique ! Rien de plus puissant, dès le début, que les confidences de Lubin racontant au mari, avec de grands airs mystérieux, le message d'amour qu'il vient de porter chez la femme. Le rire est irrésistible. C'est là une exposition très heureuse. La facture a une franchise et une solidité sans pareille.

Eh bien ! je le demande, si *George Dandin* se produisait aujourd'hui, quelle serait l'attitude de la critique ? D'abord, je crois que la pièce n'irait pas jusqu'au bout ; jamais on ne permettrait à un auteur vivant la scène des excuses de George Dandin à Clitandre, et encore moins le dénoûment, le mari agenouillé, demandant pardon à la femme qui le trompe. Il y a là une outrance de satire que nos sensibleries ne tolèrent plus. Ensuite, la critique foudroierait le jeune auteur. La pièce serait immorale, ennuyeuse, écrite grossièrement ; et, qui plus est, il n'y aurait qu'un cri pour la déclarer mal faite. Des autorités considérables diraient doctement : « Cela n'est pas du théâtre ! »

Ils ont raison, Molière n'entendait rien au théâtre, je veux dire au théâtre tel qu'on le fabrique aujourd'hui, tel que les procédés de Scribe et de ses successeurs l'ont fait. Cela prouve que « le théâtre » n'existe pas ; il y a « des théâtres », des façons de traiter les sujets dramatiques selon les époques, façons qui changent continuellement et que jamais un code ne fixera. On peut tout tenter au théâtre, parce que le théâtre reste toujours ouvert aux nouvelles générations d'écrivains. L'art n'a d'autres limites que l'impuissance des artistes.

Ce qu'il faut dire, c'est que notre théâtre actuel est loin d'être aussi scénique que le théâtre de Molière. Dans ce dernier, chaque scène est merveilleuse d'allure, coupée de jeux symétriques, allant et venant avec la cadence d'un menuet bien réglé, en montant peu à peu, avec des transitions à peine sensibles, jusqu'à un éclat final. C'était là un art très compliqué, très savant, l'art des parades de foire, raffiné et appliqué à la haute comédie. Cet art peut n'être plus bon pour la peinture de notre société si complexe ; mais il n'en reste pas moins un outil intéressant, qui a suffi à un homme de génie pour écrire des chefs-d'œuvre. Molière, jugé comme un pauvre charpentier dramatique de nos jours, a été l'homme de théâtre le plus habile de son temps.

L'art est donc libre, et, puisque les formules changent, il est permis à chacun de chercher la formule neuve du lendemain, qui doit remplacer la formule usée de la veille. Quand Molière arriva, il inventa ou du moins arrangea sa formule. Ce qu'il faut lui prendre, c'est la franchise de sa facture, la simplicité de son action, l'ignorance où il était des petits procédés et des complications puériles.

On a beaucoup discuté sur la façon d'interpréter le rôle de George Dandin. Je suis d'avis qu'on doit le jouer comme Molière l'a certainement compris, en mari comique dont les mésaventures sont mises à la scène pour la plus grande gaieté des spectateurs. Le fond de l'œuvre peut être amer et cruel ; mais, à coup sûr, George Dandin est un grotesque. On dénature absolument la pièce en lui donnant un accent moderne, en faisant du paysan enrichi trompé par sa femme la figure souffrante et sourdement furieuse du peuple écrasé par la noblesse. La profondeur de George Dandin est d'être une farce et d'ouvrir sur la vilenie humaine une large fenêtre. L'acteur qui, en s'agenouillant devant Angélique et en lui demandant pardon, ferait rire et donnerait à la fois envie de pleurer, serait sublime.

III

Notre jugement est émoussé sur les œuvres vénérables que la tradition nous a léguées. Elles restent dans le musée de nos chefs-d'œuvre, on les voit et on s'incline. Personne ne songe à les discuter. Rien n'étonne plus en elles, parce qu'elles nous sont familières depuis le collège. Tout nous y paraît naturel et nécessaire. Et pourtant, que de leçons on tirerait, si on les étudiait à notre point de vue moderne, je veux dire si on les comparait à nos œuvres actuelles, de façon à mesurer les différences qui séparent deux époques de notre littérature dramatique !

Imaginez que vous assistez à une représentation d'*Horace* sans connaître la pièce, sans en avoir, en quatrième, appris des morceaux par cœur, sans retrouver dans votre mémoire les jugements de deux siècles de commentaires. Vous ne connaissez que le répertoire de M. Sardou et de M. Dumas ; je cite ces noms, parce qu'ils caractérisent notre moment dramatique actuel. Et vous écoutez, et vous vous faites un jugement à vous, et vous avez des impressions toutes neuves.

D'abord, il n'est pas de sujet plus pathétique au monde et qui remue des sentiments plus profonds ni plus nobles. Ces deux familles, les Horace et les Curiace, déjà unies par le mariage d'Horace et de Sabine, et que va lier plus étroitement celui de Curiace et de Camille, ces beaux-frères qui s'égorgent pour la patrie, tandis que les femmes sanglotent, offrent un intérêt poignant et tendent jusqu'à les briser la tendresse du père pour le fils, l'affection de la femme pour l'époux, l'amour de la jeune fille pour le fiancé. Seulement, un spectateur de nos jours, habitué aux ménagements et aux nuances du répertoire contemporain, trouverait bien de la barbarie dans cet héroïsme. Tout cela lui semblerait cruel et inutile, à peine supportable. Nous avons d'autres mœurs, nous n'acceptons de pareilles aventures que dans la légende.

Peu importe d'ailleurs le sujet. Il est très dramatique, il aurait pu tenter un auteur de nos jours. Où commence l'intérêt de la comparaison, c'est dans la fabrication même de la pièce. Je suppose que M. Sardou, qui a écrit *la Haine*, se soit laissé tenter par le sujet d'*Horace*. Immédiatement, tout son effort aurait porté sur la façon de présenter les personnages et l'action le plus habilement possible, de manière à atténuer les reliefs trop forts, à expliquer les passions, à escamoter, en un mot, les difficultés. M. Augier et M. Dumas eux-mêmes ne se seraient embarqués dans une pareille œuvre qu'après s'être assurés du mécanisme parfaitement huilé des actes et de la possibilité d'un dénoûment.

Chez Corneille, au contraire, on n'aperçoit aucune de ces préoccupations. Il n'a qu'un levier pour toute mécanique, le patriotisme, et quelque chose même de plus raide encore, le fanatisme du Romain pour Rome. Le mot : *Rome*, et le mot : *Romain*, reviennent à chaque ligne, comme des arguments suprêmes. Ils remplacent nos ficelles, nos habiletés, nos précautions. Ce sont eux qui amènent les péripéties et qui les dénouent.

Et quelle rudité dans l'action, quels actes vides, si

on les compare aux actes les moins chargés d'aujourd'hui ! Premier acte, trois scènes : Sabine et Julie posent la guerre de Rome et d'Albe et la lutte qui va s'engager entre les deux familles, puis Camille exprime quand même son amour pour Curiace, et enfin Curiace vient annoncer qu'on ne se massacrera pas, que des champions choisis de part et d'autre videront la querelle. Au second acte, le plus pathétique, Rome a choisi les Horace, et Albe, les Curiace ; Sabine et Camille sanglotent ; mais le vieil Horace envoie ses fils et ses gendres au combat. Le troisième acte est tout en récits : les personnages accourent successivement raconter les phases du duel, la toile tombe sur la prétendue défaite d'Horace. Quand elle se relève sur le quatrième acte, Horace est vainqueur ; et là se présente cette étrange péripétie de l'assassinat de Camille par son frère, que rien n'annonçait et qui recommence une pièce. Enfin, on ne trouve dans le cinquième acte que des plaidoyers pour ou contre le crime d'Horace, qui est finalement acquitté par le roi, grâce au service qu'il a rendu à la patrie.

Est-ce là « le théâtre », comme la critique l'entend aujourd'hui ? Quelle serait la stupeur de cette critique et du public, si on jouait une pièce de débutant ayant cette naïveté de mécanisme ! Le traiterait-on assez de maladroit et d'inexpérimenté ! On l'enverrait à l'école de Scribe, en lui prouvant qu'il ne sait absolument pas ce que c'est que « le théâtre ». Ah ! le théâtre, monsieur ! le théâtre veut ceci, le théâtre veut cela. Et l'on pousserait peut-être la plaisanterie, vis-à-vis de cet innocent ahuri, jusqu'à le rappeler au respect des maîtres.

Je vois M. Sardou plein de dédain pour le premier

acte. Quelle pauvreté d'exposition ! Rien de préparé pour le dénoûment, pas une petite complication qui fasse haleter le spectateur. Le second acte lui-même est bien pâle. Il aurait pu fournir des coups de théâtre si étonnants, ce second acte ! Et rien du tout : Horace et Curiace sont là qui causent tranquillement, celui-ci félicitant celui-là d'avoir été choisi comme champion de Rome, lorsqu'un soldat entre lui annoncer qu'on vient de le désigner comme champion d'Albe. Et c'est tout, voilà la situation capitale de la pièce posée sans tapage, dans des conversations sans fin. Un directeur rendrait l'acte en disant : « C'est froid, c'est anti-scénique, trouvez-moi quelque chose de plus mouvementé, de plus chaud. » Quant au troisième acte, il est plus vide encore. Vous imaginez-vous un récit coupé en trois ou quatre scènes, une même situation piétinant sur place. On a refait cette scène cent fois, une famille attendant le résultat d'un duel ; seulement, elle a une page. Donnez-lui la longueur d'un acte, et vous serez traité de romancier, ce qui est la plus cruelle injure, dans la bouche d'un critique dramatique.

Mais nous voici au quatrième acte. Horace revient victorieux, et comme sa sœur Camille ne lui saute pas au cou et lui reproche d'avoir tué son amant, il la tue à son tour. C'est expéditif. Essayez de mettre cela au théâtre aujourd'hui, je suis sûr que la pièce n'ira pas plus loin ; elle tombera sous les sifflets et sous l'indignation. Le plus joli est que les commentateurs de Corneille lui ont simplement reproché de ne pas avoir fait frapper Camille sur le théâtre ; elle se sauve dans la coulisse, et, comme Horace l'y poursuit, ils disent que cela fait du meurtre un acte raisonné. Selon eux, une violence sur place serait plus acceptable. Corneille a répondu par son unique argument : l'amour de Rome. Camille outrageait Rome, Horace la tue, et tout s'explique.

Je me suis souvenu d'un sujet que M. Dumas fils indiquait comme très dramatique, mais comme impossible. Un jeune homme se marie avec une jeune fille ; le soir des noces, il apprend qu'il a épousé sa sœur. Comment sortir de là ? Le problème serait en effet très difficile à résoudre, avec notre mécanique théâtrale. Mais que pensez-vous de cet autre sujet : un frère, un soldat qui vient de tuer l'amant de sa sœur sur le champ de bataille, rentre chez lui, et de la même épée égorge cette sœur, uniquement parce que la douleur la fait délirer. Quel sera le dénoûment, après un meurtre si abominable et si lâche ?

La science de tous nos habiles échouerait dans le second sujet, aussi bien que dans le premier. Corneille, lui, n'a pas été embarrassé le moins du monde. Camille assassinée, il amène le roi chez les Horaces, et là on plaide tranquillement ; chaque personnage donne ses raisons pour ou contre, en tirades de cinquante à soixante vers ; Horace se défend, c'est un tournoi oratoire, pendant que le corps de la victime est encore chaud dans la coulisse. Puis, le roi se prononce, et tout est fini.

Bon Dieu, quel cinquième acte ! J'y cherche vainement la scène à faire. Corneille semble s'être complu à y entasser les scènes à ne pas faire. Je ne connais point de dénoûment qui raille davantage les ingéniosités, les brusqueries longtemps ménagées à l'avance de nos dénoûments à nous. Ces deux derniers actes d'*Horace* suffiraient à prouver quel abîme il y a entre la formule dramatique du dix-septième siècle et notre formule. Ce sont deux arts complètement différents, deux théâtres qui n'ont aucune ressemblance, ni comme règles, ni comme forme, ni comme esprit. Où est « le théâtre » alors ? Je le demande, je veux le voir. Dans deux siècles, admettons qu'on joue encore des pièces de M. Sardou et de M. Dumas ; de nouveau, il y aura un abîme entre elles et les pièces de l'époque. Devant ces faits, pourquoi la critique veut-elle immobiliser l'art et pourquoi se montre-t-elle si effarée et si sévère, lorsqu'elle constate que des écrivains veulent marcher en avant ?

Si l'on cherchait à caractériser les époques littéraires du dix-septième siècle et du nôtre, il faudrait étudier les deux publics différents. Évidemment, les spectateurs qui applaudissaient Corneille dans sa nouveauté, toléraient au théâtre les morceaux littéraires. Je les comparerai à des amateurs qui écoutent de la musique de chambre. Ils sont là, patients, savourant en connaisseurs les tirades de cinquante à soixante vers, suivant les développements psychologiques sans fatigue, avec le plaisir d'entendre un cours sur les passions en beau langage, ne voulant pas que l'action se précipite trop, de peur d'être dérangés. Camille, c'est l'amour et ses emportements ; Sabine, c'est la femme de la famille, à la fois attendrie et forte ; Horace, c'est le patriotisme sans faiblesse ni pardon : Curiace, c'est le courage tempéré par le cœur ; et ainsi de suite, chacun fait sa partie dans cette symphonie humaine. Il faut s'installer commodément dans sa stalle, et savoir goûter les nuances des passions et des sentiments. Tout le drame est là. Quant à l'action, elle est presque toujours dans la coulisse.

Nous voilà loin du fameux code que la critique entend imposer aujourd'hui. Par exemple, voici deux des articles les plus rigoureux de ce code : jamais de description ; pas d'analyse, rien que de la synthèse. Dernièrement, en pleine académie, on a encore formulé ces prétendus axiomes. Jamais de description, bon Dieu ! mais les œuvres de nos maîtres, au théâtre, ne sont que de longues descriptions ; voyez les récits interminables, les rêves si longuement racontés à grand renfort d'épithètes ; on n'y rencontre, en somme, que passions décrites, que sentiments décrits. Pas d'analyse, Seigneur ! mais d'un bout à l'autre une tragédie est une analyse ; les personnages, pendant des scènes de quatre et cinq pages, restent plantés sur leurs pieds, à s'analyser avec une minutie incroyable ; et les confidents ne sont là que pour compléter l'analyse par leurs remarques. Je vous recommande une fois encore le cinquième acte d'*Horace*. A ce moment où, selon le théâtre actuel, les faits doivent se précipiter, les personnages s'oublient tous à analyser une situation délicate, avec une sérénité superbe.

Tout est changé aujourd'hui, la formule est autre, le public bout sur les banquettes. Il veut de l'action, de l'action, de l'action. Le moindre soupçon d'analyse fait longueur. On n'a plus aucun plaisir aux morceaux littéraires. Ce ne sont plus des amateurs de musique de chambre, mais des gens pressés qui entendent être divertis vivement, à grand orchestre. Il faut qu'on les assourdisse, le théâtre a cessé d'être dans un salon, il est sur la place publique. Je constate sans me plaindre, rien de plus. J'ajoute que les choses changeront certainement demain, selon la loi fatale, et je crois que l'évolution prochaine poussera les auteurs et le public vers plus de simplicité et plus de vérité.

Nos chefs-d'œuvre nationaux sont un bon enseignement. Ils demeurent pour marquer les étapes de notre intelligence. A telle époque, la formule était celle-là ; aujourd'hui, elle est devenue celle-ci ; demain elle se transformera encore. Seule, la critique ne change pas, elle nie l'avenir, même après l'étude du passé. Mais les audacieux, les novateurs ont pour eux les grands hommes. A l'abri du génie de Corneille, ils peuvent tout vouloir et tout faire.

IV

L'Odéon a donné, dimanche, une matinée littéraire fort intéressante. On jouait *Iphigénie*, d'une façon très médiocre, et pourtant on ne saurait croire quel effet prodigieux a produit cette tragédie sur le public peu lettré des dimanches. Il n'y avait, dans la salle, que de bons bourgeois, quelques artisans, des curieux venus là, sans savoir seulement quelle pièce on allait jouer. On les aurait à coup sûr embarrassés, si on leur avait demandé à quelle époque vivait Racine. J'ajoute même que les personnages de la tragédie, Agamemnon, Clytemnestre, Iphigénie, Achille, devaient être pour eux des personnages stupéfiants. Et toute la salle se passionnait, toute la salle pleurait. Je vois là un fait caractéristique, qui me confirme dans mes idées sur notre théâtre.

Certes, le public naïf et illettré dont je parle, se soucie très médiocrement de la tragédie. Il fait bon marché de l'allure classique des vers, des trois unités, des règles et des anciens. Il est en dehors de nos querelles littéraires, et on l'étonnerait beaucoup, si on lui apprenait qu'il a tort d'applaudir, parce qu'il fait là une manifestation rétrograde. Son raisonnement est tout simple, ou plutôt il n'a pas de raisonnement. S'il s'ennuie, il bâille ; s'il est touché, il sanglote. Telle est son esthétique. Et c'est pour cela que les impressions ressenties par lui sont des indications si précieuses. Ce sont des impressions franches, que rien ne dévie ni ne transforme.

On doit se demander alors pour quelles raisons une tragédie comme *Iphigénie* a encore une action si vive sur le public, après deux cents ans d'existence. Au lendemain de la période romantique de 1830, nous nous sommes accoutumés à cette idée que rien n'était plus froid ni moins vivant qu'une tragédie ; et voilà qu'une de ces pièces, déclarées si glaciales, met en larmes deux mille bourgeois, honnêtement rassemblés pour passer une après-midi pluvieuse. Nous nous sommes donc trompés ? Nous avons accepté contre la formule tragique un préjugé ridicule. Il y a là tout un procès à réviser.

Je viens de relire *Iphigénie*, et je m'explique parfaitement ce qui peut y toucher encore si profondément un public de nos jours. L'émotion y naît de la grandeur et de la simplicité tragiques. Ces deux mots de grandeur et de simplicité me semblent résumer complètement l'ancienne formule dramatique. L'action était simple ; elle se développait, coupée par deux péripéties au plus, marchant sans effort vers le dénoûment. Jamais le poète ne sacrifiait à l'effet. Il évitait les heurts, les imaginations extraordinaires ; il restait dans un monde supérieur, qui lui permettait de diminuer l'importance des faits et d'accorder toute la place à l'analyse des sentiments et des passions. Il simplifiait et élargissait.

Certes, l'œuvre perdait en mouvement. Elle n'était plus vivante aux yeux. Elle devenait une dissertation dialoguée sur un événement dramatique. Seulement, elle s'adressait à l'intelligence par l'importance souveraine qu'elle donnait aux passions des personnages. Je prends, par exemple, *Iphigénie*. Quel est le sujet ? Un père qu'un oracle force à sacrifier sa fille, et qui dispute cette fille à une mère et à un amant. Jamais sujet plus poignant n'a été mis au théâtre. En admettant qu'un auteur pût transporter aujourd'hui ce sujet dans le milieu moderne, il chercherait des complications terribles, il croirait augmenter l'effet dramatique en précipitant l'action dans toutes sortes d'épisodes. Au dix-septième siècle, au contraire, l'auteur s'est contenté de la nudité de sa fable. Pas le moindre écart. La pièce dédaigne les faits environnants et se passe d'un bout à l'autre en conversation. Mais ces conversations mettent continuellement à nu le cœur des personnages, dans toutes les phases possibles des sentiments qu'ils éprouvent.

De là, certainement, l'éternelle émotion de ce spectacle. Je veux bien que le langage de cour employé par Racine soit conventionnel, que nous soyons choqués à chaque instant par les mensonges du milieu et le carnaval des personnages. Mais si l'illusion scénique ne peut guère se produire pour nous, qui sommes habitués maintenant à une reproduction beaucoup plus exacte de la vie, nous n'en sommes pas moins pris tout entiers par l'humanité des personnages. Ce sont nos désirs, nos colères, nos joies, nos grandeurs, nos bassesses, qui sont en scène et qui occupent toute la largeur du théâtre. Clytemnestre est une mère qui défend sa fille, et elle nous bouleverse d'autant plus qu'elle n'est pas autre chose ; elle n'agit pas, elle est la mère typique et comme dégagée d'une action quelconque, qui l'amoindrirait en la spécialisant. Peu à peu, l'intérêt naît de la passion elle-même.

Je tâche d'expliquer ici la puissance de cette formule classique qui a survécu aux victoires romantiques de 1830. Aujourd'hui, le drame de cette époque est tout aussi démodé que la tragédie ; et je doute même que *Ruy-Blas*, joué à l'Odéon en matinée, produise la même émotion qu'*Iphigénie*. Les poètes romantiques, au théâtre, ont simplement écrit des tragédies épileptiques ; ils ont cru transformer l'art, en se contentant de transformer la rhétorique ; aussi, le mouvement qu'ils pensaient avoir déterminé, s'est-il arrêté brusquement, et nous nous trouvons, à cette heure, plus inquiets que jamais, devant le drame qui a vieilli en trente ans, et devant la tragédie dont nous ne voyons pas l'adaptation à notre époque.

J'ai souvent déjà touché à ces questions. C'est que je les regarde comme d'un intérêt capital pour l'avenir de notre théâtre. Interrogez nos auteurs dramatiques, rappelez-vous les dernières pièces qui ont été jouées cet hiver. Vous verrez que les efforts se partagent : les uns acceptent la tragédie ou le drame dans l'intégrité de leurs formules, d'autres tâchent de trouver un compromis entre les deux genres. La querelle que l'on croyait tranchée après les drames de Victor Hugo, ne l'est nullement, puisqu'au contraire la forme tragique paraît plus en faveur aujourd'hui que la forme romantique. Nous sommes cahotés entre ces deux formes, et notre anxiété est grande, car il serait temps de trouver la forme dramatique du mouvement littéraire actuel.

Je ne puis que me répéter. Il faut remonter aux sources, à la formule classique, si l'on veut d'abord se dégager des étrangetés du drame romantique. Une seule chose est à prendre au mouvement de 1830, c'est l'affranchissement absolu des genres, la conquête de la liberté dans l'art. Ensuite, il s'agit de faire de cette liberté un usage tout nouveau. La tragédie était une formule de courtisans et de rhétoriciens, d'un équilibre parfait, dont nous ne pouvons prendre ni la langue ni les procédés. Mais il faut lui emprunter sa hautaine simplicité, son dédain des intrigues compliquées, son analyse continue des personnages. J'imagine une pièce moderne ainsi faite : un grand fait simple, se développant grâce à la seule étude logique des passions et des caractères. Je sens confusément que l'avenir est là. Seulement, il s'agit de réaliser cet avenir.

Je ne défends point la tragédie, le principe m'en paraît uniquement un point de départ excellent pour un auteur dramatique qui voudrait tenter le naturalisme au théâtre. Ce principe est celui de l'importance dominante de la psychologie, l'analyse des personnages avant l'intérêt grossier des faits, ou mieux encore toute la scène donnée à la peinture des caractères. Maintenant, je sais combien le fait est nécessaire ; je crois seulement qu'il faut le subordonner et ne l'employer que pour peindre le personnage. Il en est de même pour le milieu, que je veux exact et très caractérisé, mais dans le seul but d'expliquer et de compléter les êtres qui s'y meuvent.

V

Ce qui m'a souvent frappé, c'est l'importance des valets dans la comédie du dix-septième siècle. Chez Regnard surtout, les valets sont les chevilles ouvrières de la pièce. Ils sont certainement de beaucoup supérieurs aux maîtres. Ils ont l'activité, l'esprit, le bons sens; ils tiennent toute la place, sont toujours en scène, finissent par effacer les autres personnages. Dans les *Folies amoureuses*, les plus jolies choses, les vers qui portent, ceux où l'auteur a mis sa verve la plus gaie, sont assurément ceux qu'il a placés dans la bouche de Lisette et de Crispin.

Mais je m'en tiendrai au *Joueur*. N'est-ce pas Nérine qui chapitre sa maîtresse Angélique, et d'importance, avec un bon sens parfait? N'est-ce pas Hector qui dit ses quatre vérités à Valère et qui a toujours raison devant le public? Ils ont, en outre, la plus grosse besogne; ils exposent la pièce dans une scène interminable; ils sont les confidents, que dis-je! les amis intimes de leurs maîtres. Angélique épanche son cœur en présence de Nérine; elle la met de moitié dans ses tendresses de jeune fille, et lui parle comme elle ne parlerait certainement pas à sa mère. De son côté, Valère n'a rien de caché pour Hector, il fait devant lui la chose la plus indélicate, il l'associe, en un mot, à tous les actes de son existence.

Et je pensais à ceci. Transportez un moment le

Joueur dans le milieu moderne, et demandez-vous si des valets pareils seraient tolérés sur la scène par notre public. Évidemment non. Je me souviens qu'on a cruellement reproché à M. Alexandre Dumas ce mot d'un laquais de l'*Étrangère*, qui s'approchait de la duchesse et qui osait murmurer respectueusement : « Madame est-elle souffrante ? » On a dit que ce laquais était de fort mauvais ton et que jamais un laquais ne parlait ainsi à une duchesse. Bon Dieu ! que serait-ce, si l'on remettait Nérine et Hector à la scène ! On se demanderait tout simplement si l'auteur est fou, où il a vu de tels gens ; et ce serait une risée formidable, à tuer du coup la comédie.

Je voulais arriver à cette conclusion qui paraîtra peut-être banale : nous avons fait des pas énormes dans le respect de la réalité. Les valets de l'ancienne comédie étaient au fond des personnages abstraits, car je ne m'imagine pas que les Hector et les Nérine aient jamais été copiés sur les valets du temps. Dans la formule dramatique classique, les choses se passaient au-dessus des faits, dans la pure spéculation des caractères. De là une insouciance absolue pour les vérités matérielles. Il fallait une confidente à Angélique pour expliquer les combats de son cœur, et Regnard lui a donné une servante, comme un auteur de nos jours lui donnerait une tante, afin de respecter davantage la vie réelle. Et voyez la force de la tradition : ces valets de fantaisie, qui viennent du théâtre grec et du théâtre latin, après avoir régné dans notre théâtre classique, achèvent d'agoniser aujourd'hui dans nos vaudevilles ; si bien que, si l'on écrivait l'histoire des valets au théâtre, on écrirait en même temps l'histoire du mouvement naturaliste.

D'ailleurs, bien que Regnard soit né trente-trois ans seulement après Molière, il y a dans son théâtre un souffle plus moderne. Certes, il n'a pas le génie profond et amer sous le rire de notre grand comique ; il est d'un vol beaucoup moins haut ; mais il tâche déjà de compliquer ses pièces et de les égayer par des épisodes pleins d'une libre fantaisie.

Je citerai l'épisode du marquis, le monologue célèbre où reviennent comme un refrain ces mots : « Allons, saute, marquis ! » exclamation si bizarre et jeu de scène si peu attendu, qu'ils ressemblent aux licences lyriques prises par les poètes de notre temps. Ce vulgaire coquin, ce chevalier d'industrie, que sa fortune exalte un moment jusqu'à lui faire danser un menuet extravagant, n'appartient guère à notre comédie classique et se rapproche des nerveuses créations de Shakspeare. Le bel équilibre est rompu, le refrain : « Allons, saute, marquis ! » revient encore à deux reprises ; et, au lieu des personnages latins, si pondérés et si pleins de beaux arguments, il me semble tout d'un coup apercevoir notre détraquement moderne, nos pantins désarticulés dansant sur la corde raide de l'imagination. J'ajouterai même que, pour moi, Regnard n'a pas inventé ces sauts du marquis, tant ils étaient peu dans la littérature du temps ; il aura utilisé là un fait qui se sera sans doute passé sous ses yeux ou qu'on lui aura conté.

Toute la complication du portrait d'Angélique, mis en gage par Valère, est aussi d'une allure moderne. Un de nos auteurs pourrait très bien emprunter à Regnard cette invention pour nouer et dénouer une intrigue ; et je suis certain, par exemple, qu'elle ferait merveille entre les mains de M. Victorien Sardou. Il en tirerait tout un quatrième acte mouvementé en diable.

Autre scène qui semble d'aujourd'hui : la lecture de Sénèque faite par le valet Hector à son maître Valère, lorsque celui-ci rentre décavé. Rien n'est comique comme les sentences du grave philosophe, en face de la ruine furieuse du joueur. Sans doute, cette lecture nous paraît pauvrement amenée, et jamais un auteur sachant son métier ne se contenterait d'envoyer sans motif chercher le livre par Hector ; il voudrait justifier davantage la scène, mais certainement il ne la traiterait pas ensuite d'une autre façon. Ce sont, là, je le répète, des épisodes où perce déjà le besoin d'intéresser, en dehors de la peinture des caractères.

En somme, notre temps n'a pas encore songé à se servir de ce beau sujet du joueur, qui reste éternel. Il y a bien *Trente ans ou la vie d'un joueur*, mais je parle ici d'une œuvre littéraire, profondément fouillée et vigoureusement écrite. Je suis persuadé que tous les sujets de la comédie classique sont ainsi bons à reprendre. Tout peut être refait, puisque tout a changé : le cadre, les mœurs, la forme.

Est-ce que le joueur de Regnard est notre joueur à nous ? Non, certes. La passion, absolument parlant, reste la même. Mais l'homme passionné se transforme avec la société. Autant de sociétés, autant de formes de passion, autant d'œuvres à écrire.

Valère est un jeune homme de bonne famille, que son vice réduit à loger en garni. Il joue nuit et jour, rentre défait, mal peigné, blêmi par les veilles. Au demeurant, il est parfaitement honnête, son père ne l'accuse que d'emprunter à usure et de laisser son argent sur les tapis verts; je veux dire que son vice ne l'a encore conduit à une aucune vilaine action. Le seul acte que le spectateur puisse lui reprocher, est la mise en gage du portrait d'Angélique; encore l'honnêteté stricte n'a-t-elle rien à voir là dedans, l'amour seul d'une femme peut s'en blesser. On reste ainsi en pleine comédie, et même jamais comédie n'a été plus innocente, jamais on n'a touché à une passion terrible avec plus de ménagement.

En outre, le seul ressort comique est de montrer Valère allant de son amour du jeu à son amour pour Angélique. Quand il gagne, Angélique n'existe plus; quand il perd, Angélique redevient sa reine. Le ressort est joli, mais on peut dire qu'il n'est pas bien puissant. Aujourd'hui, nous ne nous en contenterions certainement pas pour emplir cinq actes. Et pourtant cette simplicité est aimable, d'autant plus qu'elle amène un des dénoûments les plus logiques qu'il y ait dans notre ancien répertoire.

Lorsque Angélique découvre que Valère a mis son portrait en gage, elle est si profondément blessée que, de dépit, elle donne sa main à Dorante. Valère, resté seul avec son valet Hector, exprime l'espoir que le jeu l'acquittera un jour des pertes de l'amour. Et pas davantage. Mais cela suffit. Valère, en effet, ne pouvait finir autrement. Joueur il est, joueur il demeure. Si l'auteur, pour obtenir un dénouement aimable, l'avait corrigé et marié à Angélique, il eût fait là une berquinade odieuse. J'aime beaucoup cette fin dans sa simplicité. Elle est d'un homme qui aimait le vrai.

Maintenant, imaginez qu'un de nos auteurs contemporains veuille remettre le joueur au théâtre. Ne le pourra-t-il pas? La matière est-elle épuisée? Certes, la matière reste presque entière, car Regnard, malgré son talent, n'a vraiment pris que la vie superficielle du sujet. Valère ne gênera personne. Ce type du joueur n'est pas tellement coulé en bronze qu'on n'y puisse revenir, et dans la comédie, et dans le drame. Evoquez l'idée du jeu, aussitôt vous verrez se dresser les figures les plus accentuées, vous n'aurez que l'embarras du choix. Les intrigues se noueront d'elles-mêmes, vous remuerez toutes les misères et toutes les émotions. Dernièrement encore, les rumeurs les plus étranges n'ont-elles pas couru : des cercles fermés, des pertes considérables, des personnages politiques atteints, des histoires de vol chuchotées à voix basse? Toute l'humanité râle et rugit dans le jeu. Les auteurs dramatiques n'ont qu'à se baisser et à prendre.

Un détail bien caractéristique : c'est que, dans le *Joueur*, pas un moment on ne voit Valère les cartes ou les dés à la main. Les scènes de jeu se passent à la cantonnade. Il vient seulement raconter ses émotions au public. Aujourd'hui, au contraire, si l'on mettait le joueur à la scène, l'acte du tripot, l'acte où l'on verrait le héros en proie à sa passion, serait certainement l'acte important, celui sur lequel l'auteur compterait le plus. Il montrerait le joueur grisé par le bruit de l'or, gagnant et perdant au milieu de l'angoisse, risquant jusqu'à son honneur dans une partie suprême.

Les deux formules dramatiques sont là en présence. Nous voulons voir, tandis que nos pères se contentaient d'écouter. Le besoin du fait matériel est devenu de plus en plus impérieux. Tandis que les spectateurs d'autrefois se plaisaient à l'étude simplifiée des caractères, à la dissertation dialoguée sur un sujet, les spectateurs d'aujourd'hui exigent l'action elle-même, le personnage allant et venant dans son milieu naturel.

Malheureusement, si nous avons gagné en réalité, nous avons perdu en vérité supérieure. Les personnages sont devenus des pantins, et les faits les ont dominés. On a fini par aboutir à la pièce d'intrigue, qui n'est plus que de l'action, et dans laquelle l'étude des caractères a complètement disparu. Cette pente et cette chute étaient fatales, car les réactions ne s'arrêtent jamais à moitié chemin.

Ce qu'il y a à faire aujourd'hui, je crois, c'est de garder le cadre réel, la vie telle qu'elle s'élargit autour de nous ; mais c'est en même temps de remonter aux origines classiques, pour retrouver la hauteur de la conception et rendre à l'analyse psychologique et physiologique des personnages son rôle souverain. Il nous faut la belle simplicité des maîtres, l'idée se développant d'elle-même et n'ayant d'autre ressort que la logique des sentiments. Dans cette nouvelle formule, on peut recommencer la peinture de toutes les passions et refaire des chefs-d'œuvre.

VI

Nous fêtons nos grands hommes d'une bien piteuse façon en France. Les saints les moins connus du calendrier sont plus honorés que Molière, Corneille et Racine. Molière a sa statue à Paris, sur une fontaine ; mais Corneille et Racine attendent encore les leurs. On s'est contenté de donner leurs noms des rues. Chaque année, à la date anniversaire de leur naissance ou de leur mort, la Comédie-Française joue deux pièces de leur répertoire. Elle ajoute un à-propos, petit acte ou simple pièce de vers. Et c'est tout, le théâtre et le public croient avoir suffisamment acquitté leur dette envers le génie.

Rien de funèbre, d'ailleurs, comme ces représentations. L'hommage est devenu officiel. Une vraie corvée, un bout de l'an auquel les comédiens et les spectateurs vont par devoir. Il semble même que les comédiens jouent d'une façon plus grise et plus ennuyée ces jours-là ; l'obligation d'aller à un enterrement n'a rien de gai, en effet. Quant au public, il s'abstient ; un coup d'œil sur l'affiche le déconcerte et le met en fuite. Quelques journalistes venus là par métier, les habitués de la maison, des provinciaux égarés, voilà le plus souvent quelle est la composition de la salle. Et l'on sommeille à demi, en trouvant que le spectacle manque de gaieté.

Il y aurait toute une étude à faire sur les à-propos composés pour la circonstance. Il serait facile de savoir comment la Comédie-Française se procure le petit acte ou la petite pièce de vers d'usage. Je crois qu'elle en fait simplement la commande à un des poètes qui ont la spécialité de ces sortes de travaux. Cela se fabrique sur mesure et doit être livré à jour fixe. Comme on ne joue cela qu'une fois, on n'exige pas une facture très solide : il suffit que la pièce, ainsi que les vêtements complets à 49 francs, ne craque pas du premier coup, à l'essayage.

Même on m'a raconté une histoire assez piquante. La Comédie-Française, paraît-il, quand elle est lasse de refuser des comédies et des tragédies à quelque poète médiocre qui l'assomme de manuscrits, finit par lui commander une pièce d'anniversaire, comme fiche de consolation. N'était-ce pas le cas de M. Henri de Bornier, avant son succès de la *Fille de Roland?* Il était alors la terreur des membres du comité de lecture, car on ne le rencontrait pas dans les corridors, sans lui voir un drame sous le bras. Et, pour adoucir les refus continuels qu'on lui opposait, on lui livrait Molière, ou Corneille, ou Racine, on lui permettait d'assassiner le génie à coups de mauvais vers. Aujourd'hui, M. Henri de Bornier est devenu fier et ne rend plus de ces sortes de services à la Comédie-Française. Ce n'est plus dans sa condition. De moindres que lui peuvent bien s'en charger.

Il y avait encore M. Edouard Fournier, qui mettait des rimes à ses recherches d'archéologue littéraire. Mais c'était là une innocente manie de savant. Aujourd'hui que M. Henri de Bornier se juge trop grand poète pour parler de ses illustres ancêtres, la Comédie-Française devra descendre encore, et je prévois le jour où elle s'adressera aux rimeurs qui font des devises pour les mirlitons. Un acte, une scène, qu'on joue une seule fois, ne tire pas assez à conséquence. C'est se galvauder. On passe l'encensoir au premier poète crotté qui se morfond à la porte. La faute en est au programme, assurément. Mais il n'en est pas moins honteux qu'on ne respecte pas plus les hommes de génie que les souverains, et qu'on salisse leur mémoire sous un flot de cantates fabriquées à la douzaine par des inconnus.

Je faisais ces réflexions, l'autre jour, en sortant de la Comédie-Française, où l'on venait de fêter le deux cent soixante-dixième anniversaire de la naissance de Corneille. Certes, M. Lucien Pâté, l'auteur de la pièce de vers que M. Maubant a récitée devant le buste de Corneille, est un poète de bonne volonté. Je crois même qu'il a publié deux volumes de vers d'une moyenne honorable. Mais ce n'est pas lui faire injure que de lui assigner une place fort secondaire, parmi nos poètes contemporains. Le comité de lecture lui aurait-il refusé une comédie ou un drame en cinq actes? Cela expliquerait tout. Autrement, il est difficile de comprendre comment, entre tant de fabricateurs de vers merveilleux, la Comédie-Française est allée choisir un poète peu connu et d'une facture singulièrement lourde. Corneille, dans sa tombe, a dû s'ennuyer fort.

D'ailleurs, la représentation a été sinistre. On donnait le *Menteur* et *Polyeucte*. La Comédie-Française enlève encore assez lestement la comédie de l'ancien répertoire. Mais la tragédie commence à écraser terriblement les épaules des nouveaux interprètes, montés sur les planches depuis une quinzaine d'années.

Ah! certes, bercé dans une stalle par le ronron fatigant de cette déclamation, je pensais qu'il y aurait une autre manière, plus utile et plus large, de fêter Corneille. Une telle représentation, obscure et chagrine, entre deux représentations flambantes et tapageuses de l'*Étrangère*, est une honte pour la mémoire de notre grand tragique. Chaque année, la poignée de vers qu'on jette sur son cercueil, sonne plus lourdement; et, chaque année, celles de ces pièces qu'on égorge pour l'honorer, laissent dans l'esprit du spectateur une impression plus lamentable d'assassinat commis avec préméditation. Ce sont là des hommages gourmés et officiels qui, fatalement, doivent tourner mal. Mais il est d'autres hommages, le culte vrai du génie, celui qui consiste à ressusciter les grands hommes, en les prenant pour modèles et pour guides.

Si Corneille agonise dans nos cœurs, c'est que nousne le connaissons plus, c'est que sa haute figure a été chassée des planches par les marionnettes grotesques du théâtre contemporain. Sans doute, il ne s'agit pas de retourner à la tragédie ; elle est une formule morte, bonne à laisser dans notre musée littéraire. Mais il s'agit d'apprendre de Corneille la simplicité des moyens, le sublime du simple, l'étude constante des caractères, la belle langue et le développement large des vérités humaines. Il faudrait réagir contre le théâtre d'action qui a tué le théâtre de logique et de littérature.

Le jour où le public n'a plus écouté l'analyse d'une passion, le jour où les cabrioles de la foire sont venues remplacer les beaux morceaux savamment écrits, ce n'est pas seulement la tragédie qui est morte, ce sont les lettres elles-mêmes qu'on a expulsées du théâtre.

Aujourd'hui, nos classiques si dédaignés sont la seule source où l'on doit remonter, si l'on veut tenter une renaissance dramatique. Je le répète, il faut leur prendre leur esprit, et non leur formule. Il faut voir le théâtre comme ils l'ont vu, comme un cadre où l'homme importe avant tout, où les faits ne sont déterminés que par les actes, où l'éternel sujet reste uniquement la création de figures originales se heurtant sous le fouet des passions. La seule différence, à mon sens, serait celle-ci : la tragédie généralisait, aboutissait à des types et à des abstractions, tandis que le drame naturaliste moderne devrait individualiser, descendre à l'analyse expérimentale et à l'étude anatomique de chaque être. La science et la philosophie se sont modifiées, ainsi que la civilisation ; on ne peut plus attaquer la peinture de l'homme de la même façon, tout en gardant la même hauteur de vue, et en procédant avec une largeur de pinceau égale.

Voilà donc l'hommage que Corneille attend de nous, au nom des lettres françaises : remettre la littérature en honneur sur les planches, balayer les gloires de pacotille, remplacer par des pièces humaines et vraies les prodigieuses inventions de mensonge, dans nos théâtres que la foule pervertie applaudit tous les soirs.

VICTOR HUGO

I

Il est bien difficile de juger aujourd'hui l'auteur dramatique, chez Victor Hugo. Toutes sortes d'obstacles s'opposent à ce qu'on dise franchement sa pensée, parce que la franchise serait presque de la brutalité. Le maître est encore debout, et dans un tel rayonnement de gloire, après une si longue et si éclatante vie de roi littéraire, que la vérité, en face de ce vieillard auguste, semblerait un outrage. Certes, le recul est suffisant pour étudier l'évolution romantique au théâtre; nous sommes déjà la postérité, et nous pouvons nous prononcer; mais je crois que le respect nous gênera, tant que Victor Hugo sera là pour nous entendre.

Je me souviens de ma jeunesse. Nous étions quelques galopins lâchés en pleine Provence, fous de nature et de poésie. Les drames d'Hugo nous hantaient, comme des visions splendides. Au sortir de nos leçons, la mémoire glacée des tirades classiques que nous devions apprendre par cœur, c'était pour nous une débauche pleine de frissons et d'extases que de nous réchauffer, en logeant dans nos cervelles des scènes d'*Hernani* et de *Ruy Blas*. Que de fois, au bord de la petite rivière, après quelque bain prolongé, nous avons joué à deux ou à trois des actes entiers ! Puis, nous faisions un rêve : voir cela au théâtre ; et il nous semblait que le lustre devait crouler dans l'enthousiasme de la salle.

Eh bien ! après des années, je viens enfin de contenter ce souhait de ma jeunesse, j'ai vu reprendre mercredi, à la Comédie-Française, *Hernani*, que je ne connaissais encore que par le livre. Ma stupeur a été grande. Ce drame, où le poète a tout sacrifié à l'effet, où il a entassé les invraisemblances pour développer uniquement la splendeur du spectacle et le relief puissant de l'antithèse, ce drame est justement d'un effet dramatique très médiocre. M. Perrin a eu beau monter la pièce merveilleusement, soigner la figuration du quatrième acte et même faire écrire une fanfare nouvelle par un musicien de talent, le cœur n'est pas pris, la tête reste libre, l'effet produit est simplement une désillusion, car l'on avait rêvé tout cela plus large et plus foudroyant.

Je me suis très bien expliqué cette désillusion, d'ailleurs. J'étais dans des conditions excellentes. Ma mémoire d'écolier s'éveillait, je guettais les scènes qui nous enthousiasmaient jadis, et je demeurais tout surpris de les voir se glacer sur les planches, traîner en longueur, dégager de la fatigue et de l'ennui, malgré leurs beautés poétiques. Quoi ! c'était là Hernani en chair et en os, c'étaient là ces salles gothiques que notre imagination agrandissait, c'étaient là ces paroles et ces actions héroïques qui évoquaient pour nous un monde de géants ! Mon Dieu ! comme la réalisation de cette vision du moyen âge rapetissait toute chose et poussait le sublime sur la pente du ridicule !

Oui, certes, le théâtre de Victor Hugo est fait pour la lecture. J'avais entendu porter ce jugement ; mais je ne l'ai bien compris que l'autre soir. Le poète semble être monté trop haut. Il a besoin de l'imagination du lecteur pour emplir le cadre de ses poèmes dramatiques. Quand on lit, les invraisemblances choquent moins, les personnages surhumains sont acceptables, les décors simplement indiqués prennent une largeur démesurée. Au contraire, le théâtre ramène tout à la matière ; le cadre se circonscrit, manque d'humanité des personnages saute aux yeux, la banalité des planches semble railler l'enflure lyrique du drame. Je ne comptais pas sur cet argument en faveur de la cause que je soutiens, mais il m'a frappé et je le formulerai volontiers ainsi : « Il y a un certain degré d'idéal, au-dessus duquel toute pièce devient absurde, les moyens matériels du théâtre ne pouvant plus la traduire. »

Je ne veux pas entrer dans la discussion critique d'*Hernani*. Cela nous mènerait trop loin. Je parle, bien entendu, de la charpente dramatique de l'œuvre, car les vers sont depuis longtemps hors de toute discussion. Je crois, d'ailleurs, que l'on est à peu près d'accord sur l'étrangeté de ce bandit platonique, qui se conduit en toute occasion comme un enfant de dix ans. Le vieux Gomez est aussi une création bien singulière, un Bartholo phraseur, dans lequel apparaît à la fin un bourreau ; et quelle naïveté encore, quelle piteuse mine il fait au dénouement, lorsque doña Sol avale sa part de poison, comme si « ce vieillard stupide » n'avait pas dû prévoir qu'il allait tuer la jeune fille, en exigeant la mort d'Hernani !

Je ne veux pas entrer dans la discussion, et pourtant, je ne puis m'empêcher de faire ici tout haut quelques-unes des réflexions que j'ai faites tout bas, l'autre soir. *Hernani* contient la formule romantique par excellence. Il s'agit d'arriver à la plus grande somme possible d'effet, quels que soient les moyens employés. De là l'invention du fameux cor. Quand le cor sonnera, Hernani devra mourir, et attendez-vous à ce qu'il sonne lorsque le bandit sera redevenu un grand seigneur, au comble de la félicité et de la puissance. Le poète obtient ainsi ce cinquième acte si étonnant, ce duo d'amour que vient interrompre un souffle de mort.

Oserai-je le dire ? l'impression n'est pas aussi grande que le poète l'a espérée. Elle est surtout pénible. Nous sommes ici trop dans la fiction. La scène se passe trop haut, dans ces régions du prétendu honneur castillan où toute humanité disparaît. La fidélité au serment peut être un bon ressort dramatique, mais obliger un brave garçon à mourir le soir de ses noces, parce qu'il a promis de se tuer au premier appel, cette histoire-là n'est qu'un cauchemar abominable, qui n'a pas l'excuse du vrai, et qui révolte les gens les plus loyaux. Il n'est pas dans la salle un honnête homme qui ne jetterait de bien bon cœur le vieux Gomez par-dessus la terrasse. J'ai constaté autour de moi une révolte générale. Les lois de l'honneur ainsi comprises sont monstrueuses. Je ne vois ni la leçon ni la vérité tragique.

Ah ! comme cela ferait du bien, d'entendre un cri humain dans toute cette poésie voulue ! Comme on se reposerait de l'idéal, s'il y avait dans quelque coin un bout d'analyse ! Voyez les personnages du poète, il les laisse tels qu'il les a pris, sans la moindre étude sur leur cœur ni sur leur intelligence. Hernani et doña Sol traversent la pièce dans la même attitude farouche et tendre. Ce sont des types à la mode de 1830, avec une pointe de fatalité et de mystère ; dans ce singulier mouvement littéraire, plus le personnage restait inconnu, et plus il devenait intéressant. Don Carlos seul est étudié, et pour moi la vraie grandeur du drame est en lui.

Une autre chose m'a frappé, c'est l'ennui qui se dégage de la pièce. Le drame romantique est devenu certainement aussi ennuyeux que la tragédie. Nous ne nous intéressons pas du tout à ces gens-là. Le dialogue est plein de noms espagnols que le public entend difficilement, et toute la partie historique, dont l'auteur abuse, nous laisse glacés, l'attention fatiguée, les yeux ailleurs, attendant que le drame reprenne pour suivre de nouveau l'action. Pas un instant, l'émotion ne saisit le spectateur à la gorge. L'illusion ne se produit pas, il n'y a place que pour une profonde admiration littéraire. Par exemple, on a souvent plaisanté le récit de Théramène ; mais est-ce que l'immense monologue de Charles-Quint, devant le tombeau de Charlemagne, n'est pas un récit de Théramène grandi hors de toute mesure ? La fatigue est la même pour la salle, quintuplée par la longueur du morceau.

Et, à propos de cet ennui, on peut citer encore la fameuse scène des portraits. Victor Hugo, en l'écrivant, a cru être très scénique. Il arrive que le contraire se produit, rien ne ralentit plus l'action que ce dénombrement inutile d'aïeux. Il faut voir l'embarras de l'acteur qui joue don Carlos, pendant cet interminable bavardage du vieux Gomez. A la lecture, on ne se doute pas de cela. Au théâtre, l'invraisemblance de la scène est criante. Don Carlos aurait fait taire le radoteur vingt fois. Et tout cela, le poète l'a voulu pour décupler l'effet, pour arriver à dire puissamment qu'un Silva ne peut livrer son hôte. Le malheur est que, justement, l'effet est détruit. On l'a attendu trop longtemps.

Certes, on a beaucoup applaudi. Mais il ne faudrait pas s'y tromper. J'ai dit en commençant qu'il était impossible de juger aujourd'hui le théâtre de Victor Hugo. Trop d'influences agissent sur le public, pour que l'enthousiasme qui accueille la reprise de ses drames, soit un verdict juste et désintéressé. Il y a d'abord la question politique, qui est toute puissante. On salue dans Victor Hugo le grand patriote, le grand républicain. D'un autre côté, il y a dans la salle la queue romantique ; et j'entends par là les hommes qui ont été bercés avec le romantisme et qui acclament cette littérature de leur jeunesse, sans distinction de parti. Je ne parle pas de la jeune génération poétique enrégimentée. Le respect aidant, la profonde admiration littéraire faisant le reste, on comprend que l'ennui très réel que cause la pièce soit caché derrière des ovations.

J'aurai l'air de soutenir un paradoxe, en disant que la salle était froide, malgré les applaudissements. C'est pourtant l'exacte vérité. Bien des fois, aux endroits réglés à l'avance, la claque est partie seule au milieu d'un silence glacé ; on entendait son bruit strident, si particulier, qui commence et qui finit brusquement, pareil à une décharge de mousqueterie. D'autres fois, la salle entière s'allumait ; seulement, c'était toujours sur un couplet, sur quelques-uns de ces vers merveilleux qui resteront comme les plus beaux de notre poésie française. On applaudit toujours le poète, jamais l'auteur dramatique.

Je voudrais, en parlant de deux interprètes du drame, M. Mounet-Sully et M. Worms, trouver de nouveaux arguments en faveur de la vérité au théâtre. On sait quel succès a remporté M. Worms, un succès si grand que M. Mounet-Sully, dans le rôle d'Hernani, en a passé au second plan. Il y a là un fait bien caractéristique.

Le grand malheur de M. Mounet-Sully, cet artiste si bien doué, est d'être né un demi-siècle trop tard. Il aurait dû venir avec les Frédérick-Lemaître et les Bocage. Nul doute qu'il eût alors trouvé sa place, tandis qu'aujourd'hui je le juge bien dépaysé, bien embarrassé de sa personne. Il a le débit trop saccadé et trop fougueux pour nos oreilles. Sa voix chantante nous étonne, ses roulements d'yeux et ses effets de dents blanches nous semblent exagérés ; il ne peut marcher sur la scène sans paraître un furieux, parmi ses camarades si sages et si corrects. C'est qu'il a un peu du sang de 1830, c'est qu'il joue Hernani comme il fallait le jouer à la création.

Aussi, à cette heure, nous a-t-il semblé friser de bien près le ridicule.

A côté de lui, M. Worms est tout autre. Celui-là est fait pour le drame naturaliste. Il analyse son personnage, le possède, le détaille avec un art parfait. C'est un artiste savant, très amoureux de la vérité, auquel répugnent les exagérations inutiles. Et voyez le miracle, il a dit le monologue de Charles-Quint avec une ampleur si calme, que tout le succès a été pour lui. N'est-ce pas merveilleux, l'interprète réaliste battant l'interprète romantique, sur le terrain même de 1830 ? Allez, la formule romantique est bien morte, pour qu'on fasse ainsi une ovation à M. Worms, dans *Hernani !*

Madame Sarah Bernhardt, elle aussi, a été acclamée. Et pourtant je doute que les vieux romantiques impénitents soient contents d'elle. Nous sommes loin de la doña Sol sombre et fatale de la création, aimant son bandit surtout parce qu'il lui vient de l'ombre. Madame Sarah Bernhardt a voulu être une femme, et elle a eu raison. Elle est adorable de grâce et de passion dans ce rôle d'une femme qui aime et qui ne veut connaître que son amour. Dans le dernier acte, elle a eu quelques beaux cris de vérité qui ont enlevé la salle.

On m'a reproché d'être un fils ingrat du romantisme. Non, certes, je n'ai pas d'ingratitude. Je sais que nos aînés ont combattu un bon combat, et je suis pénétré d'admiration et de reconnaissance pour Victor Hugo. Seulement, où je me fâche, où je m'insurge complètement, c'est lorsque des sectaires veulent arrêter la littérature française au romantisme. Si vous avez conquis la liberté, laissez-nous en profiter. Le romantisme n'a été qu'une émeute, il faut maintenant que nous régularisions la conquête, en produisant des œuvres vraies. Le mouvement commencé par vous se continue en nous, quoi d'étonnant? C'est la loi humaine. Nous prenons votre esprit, mais nous ne voulons pas de votre rhétorique.

J'ai dit quelle place Victor Hugo a tenu dans ma jeunesse. Je ne l'ai pas renié; je crois seulement qu'il est temps de le mettre dans le musée de nos grands écrivains, à côté de Corneille et de Molière. Ses drames seront repris de temps à autre, comme les formules glorieuses de l'art d'une époque. On se souviendra que *Hernani* a été écrit à vingt-sept ans et qu'il a apporté avec lui toute une évolution littéraire. On admirera éternellement l'éclat de cette poésie. Mais il doit être bien entendu que *Hernani* n'est pas la borne dernière de notre littérature dramatique, que cette littérature continue à évoluer, qu'une formule plus logique et plus profondément humaine peut succéder à la formule romantique.

Les reprises comme celle à laquelle nous venons d'assister, ne signifient rien. *Hernani* est classique, et l'on ne peut que l'applaudir. Il faudrait que Victor Hugo fît jouer un des deux drames qu'il a en portefeuille, dit-on, pour qu'on jugeât de l'impression exacte sur la foule d'une œuvre nouvelle, conçue d'après la même formule. Pour moi, je résumerai mon opinion en disant que les drames du poète sont du bien mauvais théâtre drapé dans de la bien belle poésie.

II

De tous les drames de Victor Hugo, *Ruy Blas* est le plus scénique, le plus humain, le plus vivant. En outre, il contient une partie comique, ou plutôt une partie fantaisiste superbe. C'est pourquoi *Ruy Blas*, même avant *Hernani*, restera au répertoire, à côté du *Cid* et d'*Andromaque*.

Le premier acte est une excellente exposition : la rage de don Salluste disgracié cherchant une vengeance, les offres qu'il fait à don César, la révolte chevaleresque de celui-ci, puis les confidences de Ruy Blas à don César, et pour finir la machination de don Salluste jetant son laquais amoureux sur le chemin de la reine. Au deuxième acte, la cour d'Espagne, sombre et formaliste, l'ennui dans lequel se meurt la reine, donnent un tableau intéressant ; puis, la façon dont la reine reconnaît dans Ruy Blas l'homme qui lui apporte des fleurs de son pays au péril de sa vie, ces deux lettres de même écriture, cette dentelle ensanglantée et cette main blessée, sont d'une très bonne mécanique théâtrale ; M. Sardou ne ferait pas mieux. L'effet du troisième acte, préparé de loin, est bien ménagé ; il y a peu de coups de théâtre aussi attendus que l'apparition de don Salluste venant faire ramasser son mouchoir par Ruy Blas, à la suite des deux premières scènes, de cette tirade où le laquais s'est révélé comme le maître tout-puissant de l'Espagne, et de ce baiser qu'une reine a posé sur son front, en le traitant d'homme de génie. Le drame était fini, Ruy Blas n'avait plus qu'à tuer don Salluste et qu'à s'empoisonner ensuite ; et c'est alors que se produit ce quatrième acte merveilleux, cet intermède de haute fantaisie, don César reparaissant et se débattant comme un hanneton dans les toiles d'araignée du dénouement. Enfin, le cinquième acte, du moment où l'on a accepté les situations, est d'un intérêt poignant ; cette reine qui apprend qu'elle a aimé un laquais, ce laquais se faisant justicier et tuant don Salluste ; puis, cette reine pleurant sur ce laquais qui s'est empoisonné et auquel elle pardonne jusqu'à le tutoyer et à l'aimer encore : ce sont là, certes, les éléments d'un dénouement peu commun, et on serait mal venu de ne pas rester saisi.

Tel est le procédé romantique, et j'insisterai, parce que l'étude de ce point littéraire me semble curieux. On raconte que l'idée première de *Ruy Blas* a été trouvée par Victor Hugo dans les *Confessions* de Jean-Jacques Rousseau. Plus tard, madame d'Aulnoy lui a fourni la donnée historique. Ainsi donc, Rousseau servant à table mademoiselle de Breil et l'aimant d'un amour secret, c'est Ruy Blas à l'état embryonnaire. Voyez dès lors le travail qui s'est fait dans le crâne du poète. Mademoiselle de Breil ne lui a pas suffi, il lui a fallu une reine, pour donner à l'antithèse l'intensité la plus aiguë possible. D'autre part, Rousseau n'était ni assez bas ni assez haut, et il a inventé Ruy Blas, cette abstraction de la domesticité qui finit par se perdre dans les étoiles. Il est laquais, si l'on veut, puisqu'il sert don Salluste et qu'il a porté un jour la livrée ; mais ce mot de laquais n'est qu'une étiquette accrochée dans son dos. En somme, il est allé au collège, il a rimé des vers ;

c'est un rêveur, dans lequel il y a l'étoffe d'un grand homme. Il le fait bien voir, dès qu'il est premier ministre.

Voyons, de bonne foi, Ruy Blas est-il un laquais ? La livrée, dans sa vie, a été l'accident d'une heure. Poëte la veille, grand ministre le lendemain, il ne doit point compter son court passage chez don Salluste. Beaucoup d'hommes supérieurs ont eu des moments plus difficiles et sont partis d'aussi bas. Alors, pourquoi faire tant d'embarras, avec ce mot de laquais ? pourquoi sangloter ? pourquoi s'empoisonner ? Etrange inconséquence : il n'a rien d'un laquais et il meurt parce qu'il est un laquais. Nous touchons ici l'abus du mot, la misère des fables inventées ; on a dit souvent qu'un premier mensonge exige toute une série de mensonges, et rien n'est plus vrai en littérature ; si vous quittez le solide terrain du réel, vous vous trouvez lancé dans l'absurde, vous devez à chaque instant étayer par de nouvelles invraisemblances vos invraisemblances qui croulent. Lorsque Victor Hugo a besoin d'accuser le relief de sa violente antithèse, Ruy Blas n'est qu'un misérable laquais ; mais lorsqu'il veut le faire aimer d'une reine, il l'enlève dans l'idéal, et voilà le laquais dont les cheveux flambent comme une queue de comète. Tout cela n'est que du lyrisme, et un lyrisme dont le procédé est même assez grossier.

Imaginez un moment qu'on impose un pareil sujet à un romancier naturaliste. Pour mon compte, je serais consterné, je n'y verrais qu'une ordure. Vous souvient-il de ces histoires de cochers et de marquises qui ont défrayé dernièrement notre chronique scandaleuse ? Autant de Ruy Blas dans les réalités de l'existence. Cela ne serait guère propre à étudier et à peindre ; au plus pourrait-on donner à une pareille aventure un coin discret dans le tableau d'une société pourrie. Il est vrai qu'un romancier naturaliste aurait la ressource de porter le sujet dans le passé. Mais là encore il trouverait des vérités délicates et peu morales. On a vu des domestiques aimés par des reines ; j'entends ici par ce mot domestiques des serviteurs titrés, des clients, comme on disait à Rome. Ces domestiques, devenus des favoris, ne s'empoisonnaient pas ; les reines faisaient avec eux un ménage ignoble, tandis que les peuples payaient les frais de la couche et de la table. Telle serait la vérité historique. Elle est parfaitement sale.

Quels gens heureux, ces poètes ! Ils ont des grâces d'état. L'histoire ne les embarrasse même pas. Quand elle les gêne, ils la transforment. Les domestiques devenaient des favoris, engraissés par des cadeaux de femme ; cela leur paraît peu convenable, et ils inventent des laquais sublimes qui meurent pour des reines. Un laquais est moins qu'un domestique, donc le laquais sera plus grand. Et, dans l'ordure de cette situation, les poètes font pousser des lis. Ce sera là le triomphe.

Nous n'aurions pas trouvé ces belles choses, je l'avoue. Ah ! que nous sommes petits et malpropres ! Un laquais nous aurait peut-être fait penser à l'antichambre et à la cuisine. Faut-il que nous ayons l'idée tournée aux vilenies ! Sachez que, lorsque on a un laquais pour personnage, on le mène droit chez une reine. Si vous ne comprenez pas, c'est que vous n'avez pas la cervelle ouverte au sublime.

Prenons maintenant ce fantoche de Ruy Blas, et

démontons-le. Comme chez tous les héros de Victor Hugo, rien n'égale son génie, si ce n'est sa bêtise. Comment ! voilà un gaillard qui se méfie de don Salluste, qui écrit sous sa dictée deux lettres, le jour où sa destinée se décide, et il ne songera plus du tout à ces lettres, il se trouvera sous le coup de la première au troisième acte, avec une surprise pleine d'épouvante, il se laissera assassiner avec la deuxième au cinquième acte, sans avoir prévu ni paré ce suprême coup de poignard ! Pour la seconde au moins, son souvenir devrait être éveillé. Il est stupide. C'est don Salluste qui est l'homme fort et supérieur. Voyez-vous Ruy Blas se prendre au sérieux, aimer la reine, commander à l'Espagne, lorsqu'il sait don Salluste dans l'ombre, derrière lui. Un enfant de trois ans aurait plus de défiance. Chaque heure de la vie de Ruy Blas devrait être employée à se demander ce que cet homme veut de lui, pourquoi il l'a affublé d'un grand nom, pourquoi il l'a jeté aux pieds de la reine. Point du tout, Ruy Blas roucoule et fait l'honnête homme. Et quand l'autre reparaît, il s'étonne, il se mord les poings. C'est la situation de *Si j'étais roi*, avec le miraculeux en moins.

Ce n'est pas tout. Voilà Ruy Blas en présence de don Salluste. Il a été idiot, voyons s'il sera énergique. Ah ! bien oui, il se conduit en enfant nerveux qui ne sait que pleurer et dire des vers. Le plus simple serait de poignarder don Salluste tout de suite, puisqu'il faudra le poignarder à la fin ; mais nous ne sommes qu'au troisième acte, il est nécessaire d'allonger les choses. C'est alors que Ruy Blas, ce ministre tout-puissant, se débat avec des hurlements de désespoir dans une trame puérile qu'un mot, qu'un geste suffirait à rompre. Nous entrons dans la série d'invraisemblances dont j'ai parlé ; cette intrigue extravagante les entasse les unes sur les autres, avec une prodigalité stupéfiante. Le plus comique, c'est que Ruy Blas, pour laisser la place libre à don César, s'en va prier dans les églises et battre les rues, au moment où son sort et celui de la reine se décide. Je l'ai dit, c'est un enfant nerveux ; les autres agissent, il prie et se promène.

Mais le comble est encore l'empoisonnement de la fin. Pourquoi diable Ruy Blas s'empoisonne-t-il? Il y a là un raffinement extraordinaire que ma vulgarité de sentiments, mes instincts bas et ordurier m'empêchent certainement de comprendre.

Don Salluste vient d'être puni, il expire dans la pièce voisine. Voilà Ruy Blas et la reine libres. Il y a bien don César ; mais don César est l'ami de Ruy Blas, et les choses s'arrangeront, surtout avec l'homme qui a déclamé au premier acte deux belles tirades sur le respect qu'on doit aux femmes. Alors, à quoi bon du poison? Tous les autres dénouements sont logiques et probables, excepté celui-là. Je sais bien que je viens faire ici une singulière mine, avec ma logique et ma probabilité. Les raisons sublimes sont que Ruy Blas est un laquais et qu'un laquais qui a aimé une reine doit s'empoisonner pour terminer tragiquement un drame. Toujours la même farce. Vous aurez beau plaider ; vous direz, par exemple, que si la reine refuse un instant de pardonner à Ruy Blas, elle va évidemment l'embrasser tout à l'heure ; vous rappellerez qu'elle lui a trouvé du génie au troisième acte ; vous direz que, si son amour ne suffisait pas, la raison d'État devrait la décider à conserver un grand ministre à l'Espagne ; vous établirez enfin que le laquais a complètement disparu chez Ruy Blas, et qu'il faut avoir l'esprit bien mal fait pour lui reprocher encore son jour de livrée, tout cela sera inutile : la formule romantique veut que Ruy Blas s'empoisonne, pour la beauté de l'idée. Il a vécu comme un enfant, il meurt comme un imbécile.

Je ne parle pas de la complication des lettres, les deux lettres dictées par don Salluste et celle que Ruy Blas écrit à la reine, sans compter le billet que don Guritan porte en Allemagne, ni les lettres du duc d'Albe qu'on trouve dans le pourpoint de don César. J'ai déjà dit que M. Sardou ne ferait pas mieux. Je ne parle pas non plus des autres personnages ; il suffit d'avoir analysé Ruy Blas ; les autres figures ne sont guère qu'une attitude, don Salluste est Satan avec sa haine, don César est la fantaisie poétique qui jette au vent un duché tombé dans des guenilles, la reine est la femme délaissée et ennuyée qui prend un amant. Aucune analyse, d'ailleurs ; la tragédie étudiait les passions et déduisait les caractères ; le drame romantique fait passer sous les yeux une suite d'images violemment coloriées, où il n'y a que des personnages vûs de face ou de profil, dans un état passionnel déterminé. Enfin, je n'insisterai pas sur les situations, que je trouve baroques le plus souvent. Pour moi, entre un drame de Victor Hugo et un drame de Bouchardy, il n'y a absolument qu'une question de forme. Le cri de *Lazare le Pâtre* : « Archers du palais, veillez ! » est identiquement de la même famille que le cri de *Ruy Blas* : « Je m'appelle Ruy Blas et je suis un laquais ! »

Pourquoi donc *Ruy Blas* va-t-il alors prendre sa

place à la Comédie-Française, à côté du *Cid* et d'*Andromaque*? C'est que les vers de *Ruy Blas* seront l'éternelle gloire de notre poésie lyrique. Ici, la discussion s'arrête, il faut se découvrir et saluer le génie. Vendredi dernier, était-ce l'auteur dramatique que la salle entière acclamait, étaient-ce les situations du drame, l'étude des passions, l'analyse des personnages qu'on applaudissait dans un élan immense d'enthousiasme? Non, mille fois non! J'ai étudié attentivement cet enthousiasme; il éclatait sur les tirades, sur les vers, toujours sur les vers, et il était d'autant plus violent que l'acteur faisait valoir les vers davantage. Mettez *Ruy Blas* en prose, présentez-le avec sa philosophie absurde, avec sa vérité historique faussée, avec son intrigue enfantine, avec son tralala d'opéra qui vise simplement à l'effet, et vous partirez d'un grand éclat de rire. Les vers sont là qui emportent dans le sublime la malencontreuse carcasse de l'œuvre.

Quelle brusque et prodigieuse fanfare dans la langue, que ces vers de Victor Hugo! Ils ont éclaté comme un chant de clairon, au milieu des mélopées sourdes et balbutiantes de la vieille école classique. C'était un souffle nouveau, une bouffée de grand air, un resplendissement de soleil. Pour mon compte, je ne puis les entendre, sans que toute ma jeunesse me passe sur la face, ainsi qu'une caresse. Je les ai sus par cœur, je les ai jetés jadis aux échos du coin de Provence où j'ai grandi. Ils ont sonné pour moi comme pour bien d'autres l'affranchissement littéraire, le siècle de liberté dans lequel nous entrons. Et ils restent aujourd'hui, ils resteront toujours des bijoux ciselés avec un art exquis. Ce sont des merveilles de facture, dont on ne saurait se lasser d'admirer le travail libre et parfait, la science profonde et ailée. Au détour d'un hémistiche, au coin d'une césure, il y a de soudaines échappées : c'est un paysage qui se déroule, c'est une fière attitude qui s'indique, c'est un amour qui passe, c'est une pensée immortelle qui s'envole. Oui, musique, lumière, couleur, parfum, tout est là. Je parle des chefs-d'œuvre de l'âge mûr du poète, et non des ouvrages séniles qu'il nous donne aujourd'hui. Les vers de Victor Hugo sentent bon, ont des voix de cristal, resplendissent dans de l'or et de la pourpre. Jamais langue humaine n'a eu cette rhétorique vivante et passionnée.

Je voudrais dire ici mon admiration, pour que personne ne puisse se méprendre. Les hardiesses folles, les exagérations d'école jetées à la tête des classiques, demeurent elles-mêmes des cris de jeunesse, charmants de gaieté et de courage. Je ne connais pas de vers plus fins, plus colorés, travaillés avec plus de soin et plus de largeur que les tirades de don César au premier acte et au quatrième. La reine et Ruy Blas sont deux lyres qui se répondent. C'est le lyrisme à la scène, en dehors de tout, de la vérité, du bon sens, le lyrisme qui soulève le public d'un coup d'aile. On est ravi à la terre, on applaudit avec transport.

Tout Victor Hugo est là. Au fond de l'auteur dramatique, du romancier, du critique, il n'y a toujours qu'un poète lyrique. C'est le remueur de mots et de rhythmes le plus colossal que je connaisse. Il a été un prodigieux rhétoricien de l'idéal.

III

Certains critiques. professent cette opinion qu'il y a des chefs-d'œuvre consacrés par le temps auxquels il est puéril et inutile de toucher. Je crois, au contraire, qu'il est d'un intérêt très vif de remettre, à cinquante ans de distance, les grandes œuvres en question, de les soumettre à un examen attentif, de les juger dans le nouvel air de la postérité, au point de vue des conquêtes historiques accomplies et des méthodes d'analyse créées. Certes, il ne s'agit pas de les nier, ni même de les diminuer ; il s'agit simplement de les expliquer, de les classer, en profitant du recul des temps nouveaux.

Voici, par exemple, *Notre-Dame de Paris*. Il faut distinguer dans l'œuvre deux éléments, l'histoire et la fantaisie.

Voyons d'abord l'histoire.

On sait que Victor Hugo s'est toujours piqué d'une grande exactitude historique. Autrefois même, il citait avec complaisance les titres des livres qu'il avait consultés, laissant entendre qu'il épuisait les bibliothèques. Ce serait une curieuse étude à faire que de critiquer l'historien chez notre grand poète lyrique. J'espère qu'elle tentera un jour quelque jeune érudit, car il y aurait là des révélations bien amusantes. Il est évident que Victor Hugo s'est toujours contenté de données très superficielles. Pour faire croire à la profondeur de son érudition, pour convaincre les gens qu'il a fouillé le fin fond de la science humaine et des annales des peuples, il a d'ailleurs un procédé extrêmement drôle, qui consiste à mettre en avant des particularités stupéfiantes, des noms de personnages que personne n'a jamais entendu prononcer. On se dit : « Diable ! pour qu'il sache cela, il faut qu'il en sache plus long que personne. » Eh ! non, il ne sait souvent que cela, il s'appuie sur des autorités extravagantes, parce que l'érudition romantique est là, dans les petits faits bizarres, et non dans le large courant de l'histoire.

Mais je reviens à la partie historique de *Notre-Dame de Paris*. Aujourd'hui, il n'est plus personne qui ose défendre l'exactitude des faits, des personnages, des descriptions. Tout cela est de la caricature, de la fantaisie. Presque tous les détails peuvent être contestés. Il y a là un quinzième siècle baroque, poussé au pittoresque quand même, bâti avec des légendes traînant dans des auteurs sans autorité. Le poète néglige les traits réels pour grossir démesurément les petites lignes, ce qui, fatalement, fait grimacer l'ensemble.

Peu importe, d'ailleurs. On peut écarter la prétention historique de Victor Hugo et admirer le roman. J'aborde ici le second élément, l'imagination. Il y aurait beaucoup à dire ; mais je dois me restreindre, je m'en tiendrai à des idées générales.

Il est hors de doute que *Notre-Dame de Paris* s'est produite en France comme un écho des romans de Walter Scott en Angleterre. La méthode de composition est la même. Victor Hugo, qui s'incline devant Shakspeare, ne prononce jamais le nom de Walter Scott ; et il y a là un indice précieux. Walter Scott, en effet, est le romancier qui a embourgeoisé Shakspeare. Cela paraîtrait bien dur, si je traitais Victor Hugo de bourgeois. Mais, en vérité, son tempérament équilibré de latin a endigué dans des moules trop corrects, trop balancés, le rude génie saxon. On verra ces choses plus tard, on jugera que le romantisme de Victor Hugo a, en somme, péché par les symétries de la rhétorique, par l' « embourgeoisement » des imaginations déréglées des races du Nord. Victor Hugo est un latin qui, malgré lui, a mis de l'ordre, de l'harmonie, dans le débordement du barbare Shakspeare. *Notre-Dame de Paris* est un roman bourgeois, au même titre qu'*Ivanhoé* et que *Quentin Durward*.

Au fond, voyez donc quelle pauvre histoire. Cette Esméralda que des bohémiens ont volée à sa mère ; cette Sachette, qui pendant quinze ans appelle sa fille et pleure sur un soulier, sans être complètement folle ; cette mère qui retrouve cette fille, juste au moment où le bourreau la lui arrache : n'est-ce pas un conte à dormir debout, une invention comme Bouchardy en trouvait, un arrangement puéril et grossier de la vérité ? Bourgeois ! bourgeois ! bourgeois !

Et le reste, quel abus du symbole ! Il n'y a plus une créature libre, naïve, allant son bonhomme de chemin. Tous les personnages sont rognés pour entrer dans un moule, tous gardent une attitude hiératique. Claude Frollo, c'est la concupiscence menant au crime ; Phœbus, c'est le bellâtre, le soudard se laissant aimer ; Gringoire, c'est la fantaisie littéraire. J'ai gardé Quasimodo, parce que celui-là est la quintessence des idées du poète. Je me plais à voir dans Quasimodo le romantisme lui-même, l'introduction du monstre ayant le cœur d'un ange, une violente antithèse entre le corps et l'âme, l'allégorie même du grotesque uni au sublime. Et tout cela est fait à froid ; pas une bavure, pas une émotion de la main, pas un de ces « emballements », comme il y en a dans les toiles d'Eugène Delacroix. On sent que le romancier est resté parfaitement maître de lui, qu'il a combiné son grotesque et son sublime dans les doses voulues, que ses envolements sont réglés, qu'il est resté pondéré, symétrique, classique dans l'ordonnance générale de son œuvre. Ce n'est pas Shakspeare, c'est Walter Scott. Bourgeois ! bourgeois ! bourgeois !

Nous ne sommes donc ici que dans un marivaudage symbole, et non dans une peinture de la vérité. D'abord, une pensée fataliste domine l'œuvre, ce qui ne se comprend pas très bien, si l'on songe que le romantisme est d'essence spiritualiste et chrétienne. Ensuite, nous entrons dans une série de tableaux symboliques : la beauté aimant la beauté qui la dédaigne ; la beauté aimée par la laideur et ne comprenant pas que la plus grande somme d'amour est là ; la beauté déterminant une crise de passion dans la foi, ce qui amène le drame final, une catastrophe où tout le monde meurt. Certes, ces éléments existent dans la nature, je dirai même qu'il n'y a là que des vérités banales qui courent les rues. Mais quelle charpente étonnante pour réunir côte à côte tant de choses ! Dès lors, l'ensemble devient faux, tiraillé, arrangé, forcé. L'auteur est sans cesse présent, montrant ses doigts qui font aller les marionnettes. C'est de la nature corrigée et taillée, déviée de sa poussée naturelle. Qu'on taille les buis d'un jardin en boules classiques, ou qu'on leur donne à coups de ciseaux savants un échevèlement romantique, le résultat est le même :

on mutile le jardin, on obtient une nature menteuse. Un bout d'étude sincère sur l'homme, une aventure vraie contée simplement, en dit plus que tout le fatras allégorique de *Notre-Dame de Paris*.

Avez-vous fait une observation ? Le roman, qui a la prétention de restituer Notre-Dame au quinzième siècle, ne se passe absolument que dans les gargouilles de l'église. Pas une cérémonie intérieure, aucune scène dans la nef, dans les chapelles, dans la sacristie. Tout a lieu là-haut, sur les galeries, dans l'escalier des tours, dans les gargouilles. Est-ce que ces gargouilles-là ne sont pas typiques ? Elles en disent long sur le romantisme. C'est pour la gargouille assurément que l'œuvre a été faite, puisque l'âme de l'église, le chœur avec ses cierges, ses cantiques, son peuple de prêtres, est absent. N'est-ce pas une preuve nouvelle que le romantisme était dans le décor extérieur ? Nous avons les gargouilles, nous avons les cloches, nous avons les tours : mais c'est à peine si nous traversons par moments l'église, et nous ne connaissons pas le clergé qui la dessert ni la foule qui s'y agenouille.

Notre-Dame de Paris n'en reste pas moins une œuvre d'art très puissante, un véritable poème en prose d'une grande intensité d'effet, et dont, par là-même, les personnages s'imposent au souvenir.

Maintenant, que dire du drame tiré du roman ? On m'a raconté des choses folles sur la première version, due à M. Paul Foucher. Je n'ai pas lu la pièce. Il paraît que la Esméralda y était sauvée au dénouement par Phœbus, lequel se trouvait être le propre frère de Trouillefou, le chef des truands, qui lançait ses hommes contre le bourreau. Ajoutez que les deux frères se reconnaissaient à une étoile, je crois, que tous les deux portaient sur la peau, quelque part. L'étoile de Trouillefou, ajoutée au soulier de la Sachette, devait être d'un bon effet. On comprend que Victor Hugo ait voulu qu'on remaniât ce dénouement, qu'il avait pourtant autorisé en 1850.

La nouvelle version est certainement plus raisonnable, car on a rétabli le dénouement du livre. D'autre part, on a fait subir à la pièce une toilette générale, remplaçant la prose de Paul Foucher par le texte même de Victor Hugo. Mais, en vérité, le drame n'y a pas gagné beaucoup en intérêt, car il consiste toujours en une série de tableaux rapides, une quinzaine, qui défilent, sans qu'on ait le temps de bien comprendre et de s'intéresser à quelqu'un. J'ai remarqué que ce qui nuisait surtout à la pièce, c'était la partie pittoresque, le spectacle. On reste glacé aujourd'hui devant ces guenilles du moyen âge. Les truands sont des chienlits mélancoliques. La fameuse cour des Miracles donne envie de pleurer, tant c'est usé, faux et bête. J'en dirai autant des archers, du bourreau, des moines qui chantent en tenant des cierges. La science a marché, et ce moyen âge d'invention romantique nous fait sourire.

Aussi la salle ne s'est-elle un peu échauffée qu'au nœud du drame lui-même : à la tentative de viol, faite par Claude Frollo sur la Esméralda, et empêchée par Quasimodo ; puis à l'épisode de la Sachette retrouvant sa fille et la défendant contre Tristan l'Hermitte. Le reste de la pièce est vraiment indigne du roman et cause dans le public un malaise mêlé d'ennui.

Je ne puis entrer dans les détails. J'ai pourtant fait des remarques curieuses. Ainsi les dialogues du roman, porté sur les planches, prennent parfois une allure bien étonnante. Je citerai surtout la scène à prétentions comiques, qui a lieu entre Claude Frollo et son jeune frère l'écolier, quand celui-ci vient lui emprunter de l'argent. Le public est resté d'un froid de glace, très étonné de ce singulier comique. Au contraire, les tirades de la Sachette, baisant le petit soulier, ont porté énormément, grâce à madame Marie Laurent. Quel monologue extraordinaire que celui de cette femme murée dans sa cellule, et criant : « Je suis une lionne, je veux qu'on me rende mes lionceaux ! » Est-elle bien sûre d'être une lionne, cette pauvre femme qui hurle trop fort pour son affaiblissement et sa misère ? Elle ne devrait avoir que la stupeur imbécile d'un long chagrin, et elle bavarde comme si elle était sous le coup immédiat du vol de sa fille.

Mais le tableau le plus étrange est celui de l'attaque des tours. Il y avait là une impossibilité matérielle. On ne pouvait montrer la foule des assaillants en bas et Quasimodo en haut. Alors, on a montré Quasimodo en haut, sur la galerie. La foule pousse des rumeurs dans les dessous du théâtre. Rien de plus comique que cet homme jetant des pierres et des poutres à des ennemis qu'on ne voit pas. Sans le respect dû à Victor Hugo, on aurait ri de bon cœur. Vous imaginez-vous cette bataille, où un seul combattant est en scène, monologuant pendant tout le tableau. Ajoutez que les deux ruisseaux de plomb fondu qu'il doit faire couler à un moment donné, sont des plus mal imités, et qu'on se questionnait de voisin à voisin pour comprendre.

Je n'aime guère non plus le truc de la fin, Quasimodo poursuivant Claude Frollo dans l'escalier d'une des tours, en deux fois, grâce à deux toiles de fond qui descendent sous la scène. Le temps qu'il faut pour que le décor disparaisse coupe l'émotion du spectateur. Cela n'est ni assez rapide ni assez compréhensible. Aussi toute la fin a-t-elle plus surpris que frappé. Il est également trop visible qu'un clown se substitue à Claude Frollo pour se pendre à la gargouille et tomber ensuite. Ce clown est là comme chez lui. Il se balance un instant, de l'air tranquille d'un gymnaste à son trapèze, et exécute enfin sa cabriole, proprement, selon les règles de l'art. L'illusion est absolument impossible. Ajoutons qu'on ne voit qu'un bout de la tour, et que par conséquent on n'a pas la sensation de la hauteur. Pour les chutes au théâtre, on n'a pu jusqu'ici utiliser les clowns d'une façon heureuse, justement parce qu'un homme qui tombe n'est pas un clown qui saute. En outre, pour que l'émotion fût grande ici, il faudrait que Claude Frollo pendu à la gargouille, parlât, se désespérât, suppliât Quasimodo implacable, en un mot que le drame continuât et que la chute fût lente comme dans le roman. Avec un clown, ces jeux de scène sont impossibles.

La représentation de *Notre-Dame de Paris* m'a, en somme, confirmé dans mon opinion que le théâtre de Bouchardy vaut le théâtre de Victor Hugo. Il n'y a qu'une différence de style. Quand le poète écrit lui-même *Ruy-Blas*, il rime un chef-d'œuvre de poésie lyrique. Quand il laisse coudre de sa prose dans *Notre-Dame de Paris*, il obtient un mélodrame des plus médiocres.

IV

J'ai eu la curiosité de relire la fameuse préface dont Victor Hugo a fait précéder son *Cromwell*, en 1827. On sait que cette préface est regardée comme le manifeste, j'allais dire comme le code du romantisme. C'est là un de ces morceaux célèbres dont tout le monde parle, pour les avoir lus il y a quinze à vingt ans, et que bien peu de personnes ont l'idée de parcourir à nouveau, dans l'air actuel, avec les façons de voir de la seconde moitié du siècle. Rien d'intéressant, selon moi, comme ces études rétrospectives. Je vais me permettre de discuter le romantisme à ses sources, en m'appuyant sur le document le plus solide, sur la Bible laissée par le chef d'école lui-même.

Dans sa préface, Victor Hugo dit avec raison que chaque société a son art particulier, et il distingue trois grands mouvements littéraires : les temps primitifs qui ont produit la *Genèse ;* les temps antiques, qui ont produit Homère et Eschyle ; enfin, ce qu'il appelle les temps modernes, le christianisme, ou plutôt le spiritualisme, qui a produit Shakspeare. C'est ce qu'il résume plus loin, en disant : « La poésie a trois âges, dont chacun correspond à une époque de la société : l'ode, l'épopée, le drame. Les temps primitifs sont lyriques, les temps antiques sont épiques, les temps modernes sont dramatiques. L'ode chante l'éternité, l'épopée solennise l'histoire, le drame peint la vie. »

Laissons pour l'instant les temps primitifs et les

temps antiques. Voyons ce que Victor Hugo entend par les temps modernes. Il les fait partir du Christ. Je cite : « Une religion spiritualiste supplantant le paganisme matériel et extérieur, se glisse au cœur de la société antique, la tue, et, dans ce cadavre d'une civilisation décrépite, dépose le germe de la civilisation moderne. Cette religion est complète, parce qu'elle est vraie ; entre son dogme et son culte, elle scelle profondément la morale. Et d'abord, pour premières vérités, elle enseigne à l'homme qu'il a deux vies à vivre : l'une passagère, l'autre immortelle ; l'une de la terre, l'autre du ciel. Elle lui montre qu'il est double, comme sa destinée ; qu'il y a en lui un animal et une intelligence, une âme et un corps. » N'avais-je pas raison, lorsque j'ai écrit que toute évolution littéraire était basée sur une croyance religieuse ou philosophique ? Faites bien attention, voilà le romantisme qui va être la floraison poétique du spiritualisme. Retenez cette dualité, cette âme et ce corps : le système entier de Victor Hugo va poser là-dessus.

En effet, pour lui, le romantisme, qui est représenté par le drame, consiste uniquement dans l'apport d'un nouvel élément, le grotesque. Je cite : « Le christianisme amène la poésie à la vérité. Comme lui, la muse moderne verra les choses d'un coup d'œil plus large et plus haut. Elle sentira que tout, dans la création, n'est pas humainement beau ; que le laid y existe à côté du beau, le difforme près du gracieux, le grotesque au revers du sublime... Ainsi, voilà un principe étranger à l'antiquité, un type nouveau introduit dans la poésie ; et comme une condition de plus dans l'être modifie l'être tout entier, voilà une forme nouvelle qui se développe dans l'art. Ce type, c'est le grotesque. Cette forme, c'est la comédie. » Et plus loin, il dit encore : « Dans la poésie nouvelle, tandis que le sublime représentera l'âme telle qu'elle est, épurée par la morale chrétienne, le grotesque jouera le rôle de la bête humaine. » Ainsi donc, voici qui est nettement posé : le romantisme est la littérature née du christianisme, et cette littérature, qui s'incarne particulièrement dans le drame, est faite de deux éléments ; le sublime représentant l'âme, et le grotesque représentant le corps.

J'insiste et je cite encore, car je ne veux rien inventer. Voici l'enthousiasme de Victor Hugo pour le grotesque : « Dans la pensée des modernes, le grotesque a un rôle immense. Il est partout : d'une part, il crée le difforme et l'horrible ; de l'autre, le comique et le bouffon. Il attache autour de la religion mille superstitions originales, autour de la poésie mille imaginations pittoresques. C'est lui qui sème à pleines mains dans l'air, dans l'eau, dans la terre, dans le feu, ces myriades d'êtres intermédiaires que nous retrouvons tous vivants dans les traditions populaires du moyen âge. » Je m'arrête ; le poète continue pendant deux pages. Il dit plus loin, pour prouver la nécessité du grotesque à côté du sublime : « La salamandre fait ressortir l'ondine, le grotesque embellit le sylphe. »

Et maintenant, sans aller plus loin, tâchons de voir un peu clair dans tout cela. C'est terriblement confus. Les contradictions abondent, les classifications et les démonstrations sont celles d'un poète qui se satisfait avec des phrases et des mots heureux. D'abord, je ne comprends pas bien l'histoire littéraire de l'humanité divisée en trois tranches. Victor Hugo nous dit que le spiritualisme est la marque de la littérature moderne ; mais la *Genèse*, qu'il donne comme le produit des temps primitifs, est un poème spiritualiste. Puis, quelle étrange idée d'arrêter les temps modernes au moyen âge et de ne pas même dire un mot de la Renaissance ? Il ne va pas plus loin que les salamandres et les gnomes ; il reste dans le seizième siècle ; quand il touche au dix-huitième siècle, en passant, c'est pour avancer cette opinion « que les plus hauts génies n'ont pu être en contact avec cette époque sans devenir petits, du moins par un côté ». Et il ne trouve rien autre chose à dire de ce siècle de labeur colossal d'où nous sortons ! Dès lors, son histoire des évolutions littéraires dans l'humanité est incomplète. Il s'arrête, je le répète, à l'art du moyen âge ; il ne montre pas le réveil du sentiment païen, après les flamboiements gothiques ; il passe sous silence le grand mouvement analytique et expérimental du dix-huitième siècle. En somme, ce qu'il appelle les temps modernes sont tout justement le contraire des temps modernes.

Mais examinons le fameux grotesque, qui est la marque de ce qu'il nomme la littérature moderne. Il est inadmissible que ce soit le christianisme, le spiritualisme qui ait introduit le grotesque dans l'art. Les documents sont là pour prouver le contraire. Lui-même doit le déclarer : « Ce n'est pas qu'il fût vrai de dire que la comédie et le grotesque étaient absolument inconnus des anciens. » Et il ajoute : « Mais l'on sent ici que cette partie de l'art est encore dans l'enfance... Le grotesque antique est timide, et cherche toujours à se cacher. » On voit que les documents le gênent. C'est absolument comme pour le lyrisme. Il a dit carrément : « Les temps primitifs sont lyriques, les temps antiques sont épiques, les temps modernes sont dramatiques. » Puis, il s'aperçoit que son romantisme, sa prétendue littérature des temps modernes, est beaucoup plus lyrique que dramatique. Cela le dérange. Alors, il écrit tranquillement : « Notre époque dramatique, avant tout, est éminemment lyrique. C'est qu'il y a plus d'un rapport entre le commencement et la fin ; le coucher du soleil a quelques traits de son lever ; le vieillard redevient un enfant. Mais cette dernière enfance ne ressemble pas à la première ; elle est aussi triste que l'autre est joyeuse. » Tout cela fait sourire ; c'est du galimatias poétique. Une classification est une classification, ou elle n'en est pas une. Oui ou non, les temps primitifs sont-ils lyriques, et les temps modernes dramatiques ; ou bien sont-ils les deux à la fois ?

Je reviens au grotesque. Je trouve ce mot absolument malheureux. Il est petit, incomplet et faux. Dire que le grotesque c'est le corps, et que le sublime c'est l'âme ; prétendre que le christianisme a fait œuvre de vérité, en dédoublant ainsi les éléments de l'art : ce sont là des imaginations de poète lyrique et non de critique sérieux. Certes, je suis avec Victor Hugo, lorsqu'il réclame la peinture de l'homme tout entier ; j'ajouterais, moi, de l'homme tel qu'il est, replacé dans son milieu. Mais diviser le sujet ; avoir un monstre d'un côté, et un ange de l'autre ; battre des ailes dans le ciel, et rêver encore en s'enfonçant dans la terre : rien n'est plus anti-scientifique, rien ne conduit davantage à toutes les erreurs, sous prétexte d'aller à la vérité. Et nous le voyons bien aujourd'hui, puisque les œuvres romantiques sont là. Étudiez-les, voyez où cette fameuse théorie de l'âme et du corps, du sublime et du grotesque, a conduit le plus grand de nos poètes lyriques. Certes, il a été un rhétoricien merveilleux. Mais quelle vérité a-t-il apportée, en dehors de ses flamboyantes antithèses, de ses coups d'ailes dans l'extase et dans le cauchemar ? Toujours un jeu de bascule sur les mots, jamais une stabilité dans le vrai.

Le plus étonnant, c'est que Victor Hugo, au début de sa préface, s'intitule « un solitaire apprenti de nature et de vérité ». Le spiritualisme, dans ce cas, a joué un mauvais tour à cet apprenti, en lui faisant chercher la nature et la vérité hors de l'observation et de l'expérience. Au lieu de partir de ce point que l'homme était fait d'une âme et d'un corps, et que par conséquent on pouvait se permettre avec lui toutes les farces sublimes ou grotesques, en les mettant sur le compte de son corps et de son âme, il aurait dû partir des simples faits observés, du connu, du document, s'il avait voulu justifier la prétention d'être un apprenti de nature et de vérité. En réalité, il n'a été qu'un visionnaire, qu'un poète mettant ses imaginations à la place des faits ; et cela était fatal, du moment, je le répète, où il partait d'un dogme spiritualiste, au lieu de partir de l'enquête positiviste.

Certes, j'entends bien ce que Victor Hugo veut dire avec son grotesque. Il avait à lutter contre la tragédie, qui n'admettait que le sublime. Lui, voulait le drame, c'est-à-dire l'introduction de l'élément comique dans la tragédie. De là son manifeste en faveur du grotesque. Il était excellent, je l'ai dit, de réclamer la peinture de l'homme tout entier, avec ses larmes et ses rires, avec ses faiblesses et ses grandeurs. Seulement, maintenant que la liberté littéraire est conquise, nous trouvons qu'on se battait pour peu de chose, en 1830. Comment! cela n'allait pas de soi! on ne pouvait pas peindre l'homme tout entier! Aujourd'hui, notre effort n'est plus là ; nous sommes les maîtres de camper nos personnages dans les mille attitudes qu'il nous plaît, tour à tour superbes et bouffonnes. Mais notre gros souci est que ces attitudes soient vraies, logiquement déduites les unes des autres. En un mot, nous ne procédons pas comme les romantiques, qui, pour être vrais, croyaient devoir embellir le sylphe par le gnome, entasser les bouffonneries sur les sublimités ; nous prenons l'homme tel qu'il est, nous l'analysons et nous disons ce que nous rencontrons; nous notons au passage les produits qu'on a nommés vices et vertus.

Pour me résumer, Victor Hugo a eu l'intuition du vaste mouvement naturaliste. Il sentait parfaitement que la littérature classique, l'abstraction de l'homme pris en dehors de la nature comme un mannequin philosophique, et comme un sujet de rhétorique, avait fait son temps. Il éprouvait le besoin de replacer l'homme dans la nature et de le peindre tel qu'il était, par l'observation et par l'analyse. C'était en somme la voie scientifique ou naturaliste, que le dix-huitième siècle avait ouverte. Seulement, Victor Hugo apportait un tempérament de poète lyrique, et non un tempérament d'observateur, de savant. Aussi, du premier coup, a-t-il rétréci le champ. Il n'a établi la lutte qu'entre deux formes littéraires, le drame et la tragédie, au lieu de l'établir entre deux méthodes, la méthode dogmatique et la méthode scientifique. Ensuite, chose plus grave, il a fait dévier le mouvement, en substituant aux règles scolastiques une interprétation fantaisiste des vérités de la nature et de l'homme ; le point de vue se modifiait, mais l'erreur se trouvait quand même au bout. Le génie lyrique de Victor Hugo, s'il nous a donné des chefs-d'œuvre de langue, aura été un véritable arrêt dans le mouvement scientifique ou naturaliste du siècle.

Pour moi, la préface de *Cromwell* est donc un piétinement sur place. Il y a là des vérités entrevues, mais aussitôt gâtées par des classifications de pur caprice et des interprétations de poète qui cherche à appuyer sa poétique. Caractériser notre littérature moderne, en y étudiant simplement le rôle du grotesque, que le christianisme aurait apporté, est un point de vue dont on se moque aujourd'hui, tellement il est étroit. Eh quoi ! notre méthode d'analyse, nos besoins de vérité, notre patiente étude des documents humains, tout cela devrait se réduire à mettre en jeu le grotesque ? Je le veux bien ; mais il faut alors que Victor Hugo dise que, par le grotesque, il entend la vie elle-même, la vie avec ses forces et ses produits. Chaque mot a un sens qu'il est imprudent de changer. Qu'on relise la préface de *Cromwell*, on y verra ainsi une jonglerie de mots extraordinaire, des aperçus brillants de sophiste, des arrangements de faits que d'autres faits dérangent, une théorie de critique où le spiritualisme gambade sur la corde raide de la fantaisie lyrique. Au demeurant, aucune base solide, et pas de méthode. Victor

Hugo, tout en voulant aller à l'homme et à la nature, passe à côté d'eux, par une lésion de ses yeux de visionnaire.

V

Étudions maintenant, dans la fameuse préface, cette étrange prétention de Victor Hugo, qui est d'introduire la vérité au théâtre. Il s'agit de savoir ce qu'il entend par la réalité. Tout est là. J'ai déjà insisté sur sa théorie du dualisme dans l'homme, l'âme et le corps, d'où il fait découler tout le romantisme. Mais je ne saurais trop citer pour rendre la question claire. Qu'on lise attentivement ceci :

« Du jour où le christianisme a dit à l'homme :
« Tu es double, tu es composé de deux êtres, l'un pé-
« rissable, l'autre immortel, l'un charnel, l'autre
« éthéré, l'un enchaîné par les appétits, les besoins
« et les passions, l'autre emporté sur les ailes de
« l'enthousiasme et de la rêverie ; celui-ci enfin tou-
« jours courbé vers la terre, sa mère, celui-là sans
« cesse élancé vers le ciel, sa patrie, » de ce jour le drame a été créé. Est-ce autre chose, en effet, que ce contraste de tous les jours, que cette lutte de tous les instants entre deux principes opposés qui sont toujours en présence dans la vie, et qui se disputent l'homme depuis le berceau jusqu'à la tombe ? La poésie née du christianisme, la poésie de notre temps est donc le drame ; le caractère du drame est le réel ; le réel résulte de la combinaison toute naturelle de deux types, le sublime et le grotesque, qui se croisent dans le drame, comme ils se croisent dans

la vie et dans la création. Car la poésie vraie, la poésie complète, est dans l'harmonie des contraires. »

Remarquons, en passant, que Victor Hugo base ici toute la poésie sur une figure de rhétorique, l'antithèse. On sait quel parti énorme il a tiré de cette figure. Le tempérament poétique qu'il apportait est là tout entier ; il a été uniquement l'homme de la nuit et du jour, du noir et du blanc, érigés en système, poussés à l'aigu.

Mais j'arrive à la définition du réel. « Le réel résulte de la combinaison toute naturelle de deux types, le sublime et le grotesque. » Voilà une affirmation singulière. Pour l'accepter, il faut d'abord être spiritualiste. Si l'on n'admet pas la dualité de l'âme et du corps, si l'on ne consent pas à regarder le grotesque comme l'expression du corps et le sublime comme l'expression de l'âme, la définition de Victor Hugo devient une pure fantaisie de poète, interprétant la nature à son gré. Voyez comme il s'en tire avec des mots, en appelant la terre notre mère, et le ciel, notre patrie. Cette patrie fait sourire, car elle n'arrive là que comme une fin de strophe.

Non, mille fois non, le réel n'est pas fait de deux éléments ainsi tranchés. Si vous partez d'un dogme, si vous admettez formellement que le réel est fait de ceci et de cela, avant que l'observation, l'analyse, l'expérience vous aient donné le droit de le dire, toutes vos prétendues vérités qui vont suivre reposeront sur l'inconnu, sur l'erreur, et n'auront par là même aucune solidité. Vous ne savez pas si l'homme a un corps et une âme, vous établissez dès lors une hypothèse de rêveur, en disant que le grotesque, c'est le corps, et que le sublime, c'est l'âme. Votre réel, bâti de la sorte sur une dualité que la science met en doute, fait de deux éléments de pur caprice que vous divisez vous-même et que vous heurtez par un besoin de rhétoricien, n'est donc qu'un réel de fabrication humaine, qu'une nature de convention et d'imagination. Et nous le verrons, quand j'en viendrai à l'étude du réel dans les œuvres de Victor Hugo : à Quasimodo, par exemple, qui est le grotesque, c'est-à-dire le corps ; à Esméralda, qui est le sublime, c'est-à-dire l'âme. Dire que ces figures sont réelles, soit séparément, soit complétées l'une par l'autre, cela fait hausser les épaules. Elles sont symboliques, si l'on veut, elles incarnent des rêves, elles ressemblent à ces fantaisies mystiques que les artistes du moyen âge sculptaient dans un coin de chapelle. Mais réelles, construites avec des documents vrais, ayant la vie logique de leurs organes tels que les donnent l'analyse et l'expérience, jamais, jamais !

Notre réel à nous, la nature telle que la science nous la fait connaître, n'est point ainsi coupée en deux tranches, l'une blanche, l'autre noire. Elle est la création entière, elle est la vie, et toute notre besogne est de la chercher à ses sources, de la saisir dans sa vérité, de la peindre dans ses détails. Nous ne disons point qu'il y a une âme et un corps ; nous disons qu'il y a des êtres vivants, et nous les regardons agir ; nous tâchons d'expliquer leurs actes, sous l'influence du milieu et des circonstances. En un mot, nous ne partons pas d'un dogme, nous sommes des naturalistes qui ramassons simplement des insectes, qui collectionnons des faits, qui arrivons peu à peu à classer beaucoup de documents. Ensuite, on pourra philosopher sur l'âme et sur le corps, si l'on veut. Nous autres, nous aurons fourni la réalité, entendez-vous, la réalité ! c'est-à-dire ce qui est, en dehors des actes de foi religieux, en dehors des systèmes philosophiques et des rêveries lyriques.

D'ailleurs, pour Victor Hugo, tout se résume dans l'emploi pittoresque des prétendus éléments du réel. Pour lui, le grotesque n'est pas, au fond, un document humain qu'il donne par un besoin de vérité ; il n'est jamais qu'une opposition heureuse d'un bel effet artistique. « Il fera rencontrer l'apothicaire à Roméo, les trois sorcières à Macbeth, les fossoyeurs à Hamlet. Parfois enfin, il peut sans discordance, comme dans la scène du roi Léar et de son fou, mêler sa voix criarde aux plus sublimes, aux plus lugubres, aux plus rêveuses musiques de l'âme. »

Un passage de la préface plus caractéristique encore est celui où Victor Hugo étudie le milieu, le décor. On sait quel rôle joue le milieu, dans notre roman naturaliste ; c'est le milieu qui détermine le personnage, la nature qui complète et explique l'homme ; aussi nos descriptions n'ont plus un rôle purement pittoresque, elles sont là pour donner le drame entier, les personnages avec l'entourage qui agit sur eux. Eh bien ! Victor Hugo ne voit ici encore que le pittoresque, le décor qui encadre et qui n'agit pas. « Le poète, dit-il, oserait-il assassiner Rizzio ailleurs que dans la chambre de Marie Stuart ? poignarder Henri IV ailleurs que dans cette rue de la Ferronnerie, tout obstruée de haquets et de voitures ? brûler Jeanne d'Arc autre part que dans le Vieux-Marché ? dépêcher le duc de Guise autre part que dans ce château de Blois, où son ambition fait fermenter une assemblée populaire? décapiter Charles Ier et Louis XVI ailleurs que dans ces places sinistres d'où l'on peut voir White-Hall et les Tuileries, comme si leur échafaud servait de pendant à leur palais. » Toute l'antithèse du décor romantique est dans ce dernier exemple. Rien ne montre mieux comment les romantiques, qui entrevoyaient les vérités, les gâtaient aussitôt par des applications de rêveurs spiritualistes. Voilà la grande question du milieu posée ; seulement, Victor Hugo, au lieu de pousser jusqu'à Darwin, s'arrête à la vision de l'histoire ressuscitée dans des décors pittoresques de mélodrame.

Du reste, le poète, après avoir réclamé le réel que vous savez, s'élève contre le commun. « Le commun, dit-il, est le défaut des poètes à courte vue et à courte haleine. Il faut qu'à cette optique de la scène, toute figure soit ramenée à son trait le plus saillant, le plus individuel, le plus précis. Le vulgaire et le trivial même doivent avoir un accent. » Retenez bien cette dernière phrase. Elle a l'air sage et innocente. Eh bien ! elle contient en germe toutes les erreurs du romantisme, la maladie du panache qui, en cinquante ans, a tué le mouvement de 1830. Oui, tout le mal est venu de là. Ils ont voulu donner un accent au commun, entendez à la vérité, qui ne leur semblait pas de tournure assez fière ; et vous le connaissez, ce terrible accent, qui a changé les personnages en caricatures, qui les a promenés le poing à la hanche, la plume au vent, tenant des discours de fous lyriques. Certes, il faut à la scène tout un travail de réduction ; mais mais rien ne saurait excuser les culbutes, les détraquements, le coup de pouce donné aux choses pour qu'elles se campent dans une attitude, au lieu de garder leur saveur, leur naïveté. Vraiment, je ne puis m'empêcher de sourire, lorsque j'entends Victor Hugo s'écrier : « La nature donc! la nature et la vérité! » Eh! bon Dieu! il a horreur de la nature, du commun ; dès qu'il la prend entre ses doigts puissants, il se hâte de la déformer pour lui donner ce qu'il appelle de l'accent, et quel accent! Ses personnages ne sont plus que des monstres et des anges. Quand il parle d'un crapaud, il lui met une auréole de soleil. Voilà qui n'est pas commun.

Ce que j'applaudis bien volontiers, dans la préface de *Cromwell*, ce sont certains passages qui m'ont beaucoup frappé. Ainsi Victor Hugo écrit : « Il n'y a ni règles ni modèles; ou plutôt il n'y a d'autres règles que les lois générales de la nature qui plane sur l'art tout entier, et les lois spéciales qui, pour chaque composition, résultent des conditions d'existence propres à chaque sujet. » Ces paroles sont excellentes. Voici encore une constatation que j'ai faite souvent moi-même : « Une langue ne se fixe pas. L'esprit humain est toujours en marche, ou, si l'on veut, en mouvement, et les langues avec lui... Le jour où les langues se fixent, c'est qu'elles meurent. Voilà pourquoi le français de certaine école contemporaine est une langue morte. » Il est vrai que Victor Hugo parlait de la langue classique, et que je parle, moi, de la langue romantique, trop chargée de paillons et de plumets. Une langue ne se fixe pas, l'esprit humain est toujours en marche.

Enfin, il y a, à la fin de la préface, d'excellentes

considérations sur la critique. Il dit : « Nous touchons donc au moment de voir la critique nouvelle prévaloir, assise, elle aussi, sur une base large, solide et profonde. » Et il ajoute plus loin, en démontrant la nécessité d'accepter un écrivain tout entier : « Telle tache peut n'être que la conséquence indivisible de telle beauté ! Cette touche heurtée, qui me choque de près, complète l'effet et donne la saillie à l'ensemble. Effacez l'une, vous effacerez l'autre. » Je ne trouve, dans ces dernières pages, qu'une phrase qui me révolte. Victor Hugo écrit : « La queue du dix-huitième siècle traîne encore dans le dix-neuvième. » Heureusement. C'est cette queue qui s'est épanouie et qui a élargi notre siècle.

Mais il est temps de conclure. Je me bornerai à mettre le romantisme en face du naturalisme.

Voilà donc qui est bien nettement posé. Le romantisme est une littérature née du christianisme, basée sur la dualité de l'homme, l'âme et le corps. Elle emploie deux éléments, le grotesque qui est le corps et le sublime qui est l'âme. On reste d'abord surpris qu'elle ait attendu le dix-neuvième siècle pour s'affirmer dans le mouvement lyrique de 1830. Il semble qu'elle aurait dû uniquement se produire en plein moyen âge, avant la Renaissance, surtout avant le dix-huitième siècle. Chez Victor Hugo, malgré toutes les explications qu'il s'efforce de donner, le romantisme apparaît comme une résurrection du moyen âge, comme un retour au sentiment chrétien, s'opérant surtout à titre de protestation contre la littérature classique agonisante. Il fallait achever la tragédie, et les poètes inventaient ce drame spiritualiste, fait d'une âme et d'un corps. On trouverait dans l'histoire l'explication de cette déviation singulière de la littérature, à la suite d'un siècle d'enquête philosophique, au seuil de notre siècle de science.

Tel est donc le romantisme, la littérature née du christianisme. En face de lui, à cette heure, se dresse le naturalisme, qui est la littérature née du positivisme. Il continue la tradition du dix-huitième siècle, il se base sur les conquêtes de la science moderne et sur les théories philosophiques de l'évolution. Ce n'est pas un mort qu'on galvanise, qu'on emprunte au passé pour en faire une arme de guerre. Il marche avec l'époque, il est la conséquence du vaste labeur contemporain. Au lieu de partir d'un dogme, d'une dualité à laquelle on doit croire par un acte de foi, il part de l'étude de la nature, de l'observation et de l'expérience, il n'admet que les faits prouvés et que les lois résultant du rapport des faits. L'idéal, pour lui, n'est plus que l'inconnu qu'il a charge de poursuivre et de restreindre.

Maintenant, que l'on compare. Mettez en regard la misère d'une école de poètes lyriques qui, pour faire de la vérité, imaginent simplement d'embellir les sylphes par les gnomes. L'exposé des faits suffit pour montrer le romantisme se noyant et s'élargissant dans le naturalisme. Ceci fatalement a tué cela.

VI

Mercredi a eu lieu une solennité touchante et superbe. On célébrait à la Comédie-Française le cinquantième anniversaire de la première représenta-

. tion d'*Hernani*. Après le cinquième acte du drame, madame Sarah Bernhardt a dit une pièce de vers de M. François Coppée, et l'on a couronné le buste du poète.

Il n'aura manqué aucune gloire à Victor Hugo. On le fête aujourd'hui, de son vivant, comme on fête Corneille et Molière. Sa longue vie, comblée d'honneurs, restera la plus belle vie d'écrivain que l'on connaisse. Ailleurs, je l'ai déjà montré toujours debout sur les ruines de sa génération, ayant enterré tous ses adversaires, jusqu'à un Napoléon, devenu prophète et dieu. Et maintenant on n'attend pas sa mort pour lui poser au front la couronne de lauriers. Je ne crois pas que jamais homme ait pu se croire plus grand.

Ce qui me frappe surtout, dans la solennité de mercredi, c'est l'attitude du public à un demi-siècle de distance. J'avais l'idée de faire un travail bien piquant : j'aurais cherché, dans les journaux de 1830, toutes les injures adressées au poète et à son œuvre, puis j'aurais mis en regard toutes les adorations de 1880, les phrases d'exaltation dévote et d'enthousiasme lyrique. J'avoue que j'ai reculé devant le travail, ayant d'autres besognes ; mais j'indique la matière aux curieux, certain qu'il y aurait là un parallèle fort instructif.

On ne s'imagine pas aujourd'hui avec quelle violence et quel dégoût étaient accueillies les audaces romantiques de Victor Hugo. La jeunesse peu à peu venait à lui, mais la classe lettrée et les femmes surtout, sans parler de la bourgeoisie pudibonde, s'effaraient et se fâchaient. On cite de nombreuses anecdotes. Victor Hugo, dans sa préface de la deuxième édition de *Han d'Islande*, se défend lui-même sur un ton d'ironie, de n'avoir jamais déjeûné d'un petit enfant et dîné d'une jeune fille. La presse et le public criaient à l'immoralité, on parlait, comme aujourd'hui, du marquis de Sade, des alcôves ouvertes, des imaginations salies par de honteux tableaux. C'était dégoûtant, c'était monstrueux. Le poète était présenté comme un Antechrist littéraire, qui apportait dans les lettres françaises l'abomination de la désolation.

Qu'on lise les anciens journaux, qu'on interroge les derniers survivants. Les injures pleuvaient, quelques jeunes et rares défenseurs, dans les premiers temps, étaient écrasés par les adversaires du poète, qui tenaient les hautes positions de la critique. La résistance furieuse des classiques était menée au nom du beau, du respect de la langue outragée, de la dignité même de la nation. Victor Hugo triomphant, c'était le laid et le sale qui allait tout envahir et jeter les lettres au ruisseau. On traitait couramment les romantiques de gens malpropres, d'hommes ivres, de scélérats ; les plus tolérants se contentaient de les regarder comme des fous furieux. Et la lutte dura des années, et longtemps après des bonnes femmes se signaient encore devant certains livres.

Tel a été le passé, voyez le présent. Dans cette même salle où *Hernani* a été accueilli par des bordées de sifflets, et où il n'a vécu d'abord que quelques soirées, au milieu du scandale, un public nouveau est assis qui acclame le drame, qui pleure en regardant couronner le buste du poète. On a oublié les colères et les injures ; on ne songe plus à la laideur, à l'immoralité, à la monstruosité ; tout est beau, tout est bien, la discussion même paraîtrait un manque de tact, il faut s'agenouiller. Pendant deux jours, j'ai lu dans tous les journaux des actes de foi et d'amour. Les passions politiques se taisent, l'acclamation est universelle, la France entière salue le triomphe d'un de ses glorieux enfants.

Eh bien ! voilà qui est bon ! Ces démentis que la foule se donne me réjouissent. Quel beau soufflet sur la face du public et de la critique ! On n'avoue pas plus naïvement qu'on est bête. On a sifflé la veille, on applaudit le lendemain ; on a trouvé une œuvre abominable, ignoble, ordurière, on la déclare parfaite, noble, splendide. On a crié que la littérature française était traînée à l'égout, et l'on reconnaît que la littérature française s'est enrichie d'un chef d'œuvre. Cinquante années ont suffi, à peine une heure dans l'histoire d'un peuple. Vous tous qu'on couvre de boue, prenez patience, laissez passer la bêtise de votre époque.

Certes, mercredi, c'était un spectacle bien touchant que de voir applaudir tous ces notaires, toutes ces bourgeoises, tous ces critiques. Mais il ne faut pas se tromper, ils n'ont qu'une audace et une intelligence littéraires rétrospectives. Ils goûtent les chefs-d'œuvre rassis par un demi-siècle. Il faut que cinquante années leur aient mâché leurs admirations. Donnez-leur donc un nouvel *Hernani*, et vous les verrez bondir. Ils reprendront les vieilles accusations, sans même les dérouiller ; l'œuvre sera immorale et monstrueuse, et ils crieront les anciennes phrases : « Où allons-nous ? — On déshonore la langue française ! — Comment l'État peut-il tolérer une littérature pareille ! » C'est l'éternelle imbécillité humaine. Je regardais les critiques applaudir, et je rirais en moi, car je m'amusais à reconstituer leur attitude, s'ils avaient assisté à la première représentation d'*Hernani*. Celui-ci, bon enfant, sincère et pratique, aurait refait la pièce en démontrant au poète qu'il ne savait pas son métier ; celui-là, homme sympathique, aurait regretté les tendances nouvelles, après avoir parlé de briser sa plume ; cet autre, grand défenseur de l'honnêteté et du bon goût, se serait élevé contre le spectacle ignoble du dernier acte, ces deux amants qui s'empoisonnent et se traînent par terre. Tous, entendez-vous ! tous auraient protesté plus ou moins violemment. Et ils applaudissaient, et ils pleuraient !

Je ne suspecte la bonne foi de personne, je suis simplement heureux de voir avec quelle aisance l'homme outragé de la veille devient le dieu du lendemain. Je dis que cela est un spectacle consolant pour tous les jeunes auteurs qui ont le courage du talent qu'ils apportent.

Maintenant, dans ce grand élan d'enthousiasme, si juste et si beau, me permettra-t-on de rester un critique ? Je sais bien qu'un hommage exclut toute idée de discussion ; mais j'ai été vraiment blessé d'un article de M. Catulle Mendès. Il est typique, il représente exactement la pensée du petit groupe de dévots intolérants qui se pressent autour de Victor Hugo. C'est ce groupe qui a fini par exaspérer les gens d'intelligence, en voulant exiger d'eux, devant le poète, un abandon absolu de la personnalité et de l'esprit d'examen.

D'abord, M. Catulle Mendès enterre tous les poètes du siècle. « Au dix-neuvième siècle, dit-il, toute poésie française, vraiment digne de ce nom, dérive de Victor Hugo ; cela est, il est heureux que cela soit, et il serait impossible qu'il en fût autrement. » Mais cela n'est pas vrai, rien de plus radicalement faux, et surtout rien de plus difficile à juger en ce moment ! Sans doute, depuis 1830, la poésie reste lyrique et romantique ; seulement, à côté de Victor Hugo, il y avait Musset, il y avait Lamartine, sans nommer Vigny et les autres ; et, aujourd'hui, on trouverait parmi les jeunes poètes des imitateurs de tous ces maîtres. Dire ensuite qu'on ne lit plus Lamartine ni Musset, est une erreur absolue, surtout pour Musset. Il est très lu au contraire, et très aimé. D'ailleurs, est-il possible de comparer à cette heure, au point de vue de la postérité, Alfred de Musset et Victor Hugo ? Le premier est mort depuis un quart de siècle ; l'autre vit toujours, au milieu d'un groupe bruyant de disciples, ayant doublé sa célébrité littéraire par le tapage politique de ses revendications. Laissez donc mourir Hugo, laissez vingt-cinq années passer sur sa tête, laissez même deux siècles éprouver sa mémoire et celle de Musset ; alors seulement on verra lequel est le plus vivant, ayant été le plus humain. Moi, je ne me prononce pas, je dis simplement que la justice doit attendre.

C'est toujours une mauvaise besogne que de sacrifier les morts aux vivants. Les grandes gloires qui éblouissent les contemporains pâlissent souvent très vite, parce qu'elles sont faites d'éléments divers, dont certains, comme l'élément mondain et l'élément politique, manquent de solidité. Il faut se souvenir du brusque écroulement de la figure si haute de Châteaubriand, devant laquelle Victor Hugo lui-même alla s'incliner. Châteaubriand avait empli le commencement du siècle, sa gloire semblait éternelle, lui aussi était le maître du romantisme, et aujourd'hui il se recule et se fond dans le passé. Cette question de l'immortalité reste obscure, tant que les œuvres n'ont pas subi l'épreuve du temps. Tel amas de livres acclamés s'effondre, lorsqu'un volume modeste suffit à la gloire d'un homme. Nous autres les grands producteurs, voilà ce que nous devons nous dire courageusement.

D'ailleurs, je veux bien que Victor Hugo soit le plus grand poète lyrique du siècle. Mais cela ne suffit pas à M. Catulle Mendès. Vous moquez-vous? le plus grand poète du siècle! mais il est le siècle, le seul homme, entendez-vous! l'homme fait Dieu, et même le Père. Je cite, car on ne me croirait pas : « Il est normal qu'il soit le maître de son siècle, étant ce siècle lui-même..... Rien n'existe, littérairement, de beau, de bien, de vrai, qui ne soit le reflet ou la continuation de sa pensée. Poètes, quelles strophes chantez-vous? La sienne. Dramaturges, à qui devez-vous le drame? A lui. Romanciers, qui donc a proclamé la liberté de tout dire? Lui. En vérité, ceci est notre acte de foi : Tout procède du Père! »

Eh bien! non, eh bien! non, mille fois non! De qui se moque-t-on? Cela est comique. Hugo a été un chaînon puissant dans notre littérature, mais un chaînon, pas davantage. Tout le passé n'aboutit pas à lui, et tout l'avenir ne va pas découler de lui. Avant lui, il y a eu vingt batailles littéraires, et la dispute des Anciens et des Modernes, au dix-septième siècle et au dix-huitième, a précédé la dispute romantique, comme d'autres disputes la suivront. Sans doute Victor Hugo, par son éclat, a incarné le romantisme ; mais le terrain était prêt, il continuait Rous-

-seau et Châteaubriand, et il avait près de lui Lamartine, qui était même son aîné, et Musset, et Vigny, et tous les autres.

L'homme du siècle! La formule du dix-neuvième siècle serait cette poésie lyrique, spiritualiste et nuageuse? Notre siècle de science se résumerait dans ce philosophe déiste, dont les doctrines sont d'une parfaite puérilité, dans ce penseur étrange qui n'apporte comme solution à tous nos terribles problèmes qu'une humanitairerie vague et solennelle? Allons donc! c'est une plaisanterie, nos petits-fils riraient trop de nous!

Ce qu'il faut dire, ce qu'il ne faut pas cesser de répéter, c'est qu'à côté de cette formule lyrique et idéaliste de Victor Hugo, il s'est produit la formule scientifique et naturaliste de Stendhal et de Balzac. Que fait M. Catulle Mendès de cette formule, lorsqu'il emplit le siècle de l'unique personnalité de Victor Hugo? Il la passe sous silence, tout simplement. Or, à cette heure, c'est cette formule qui triomphe, c'est elle évidemment qui résume le siècle, qui en est le véritable outil. Sans doute, Hugo nous a donné un certain drame, mais ce drame est mort; sans doute, il a légué son procédé à beaucoup de nos jeunes poètes, mais ce procédé les a tués, au point que les meilleurs d'entre eux restent obscurs, et qu'il y a un immense désir de renouveau en poésie; quant à dire que Victor Hugo a créé le roman moderne, cela est une aimable fantaisie, car les *Misérables* ne sont qu'un enfant tardif à côté de la *Comédie Humaine*.

Non, il faut laisser à chacun sa gloire. Si l'on veut, mettons côte à côte la formule lyrique de Victor

Hugo et la formule naturaliste de Balzac ; puis, attendons que le travail du siècle décide laquelle des deux l'emportera. Pour moi, le résultat est déjà certain. Et je ne défends pas ici une thèse personnelle, je ne suis qu'un critique cherchant à être juste. On prétend que je suis un romantique. Eh bien ! je suis un romantique, tant pis pour moi ! Nous avons tous sucé ça à seize ans. Mais cela ne saurait m'empêcher de dire que Victor Hugo ne restera certainement pas l'homme universel du siècle, parce que, s'il en est le poète lyrique, il n'en est ni le philosophe, ni le penseur, ni le savant, et j'ajouterai ni le romancier ni le dramaturge.

On couronne le buste de Victor Hugo à la Comédie-Française. Cela est bien, cela est beau. Quand irons-nous donc, des couronnes à la main, fêter la grande ombre de Balzac ?

EMILE AUGIER

I

D'abord, voici brièvement, le sujet des *Fourchambault*, la pièce nouvelle jouée à la Comédie-Française.

Un jeune homme a séduit, en lui promettant le mariage, la maîtresse de piano qui donnait des leçons à ses sœurs. Le père, pour rompre cette liaison, pour débarrasser son fils d'une maîtresse et d'un enfant, a profité d'une circonstance, grossi certains faits, inventé une histoire. De là, une rupture : la maîtresse de piano s'en est allée, sans une explication, pleine d'une fierté excessive ; le jeune homme a satisfait son père en épousant une jeune fille qui a huit cent mille francs de dot. Tel est le passé, qui reste vague d'ailleurs. Nous savons seulement que le jeune homme a été faible, quoique bon, et que la maîtresse de piano est restée digne.

Dès lors, deux familles sont en présence : la famille légale et la famille naturelle. Les Fourchambault mènent un grand train, ont un hôtel au Havre et une villa à Ingouville. Madame Fourchambault, une belle dame de province, vit sur un pied de cent vingt mille francs par an. La fille, Blanche, une charmante enfant dont la mère a tourné la tête, est sur le point d'épouser le fils du préfet Rastiboulois. Le fils, Léopold, a des maîtresses, joue, passe ses nuits au cercle. Quant au père, M. Fourchambault, un banquier, il est demeuré un homme faible et bon, qui assiste au gaspillage de sa fortune, sans trouver la force d'intervenir énergiquement. Telle est la famille légale.

La famille naturelle, au contraire, apparaît dans l'ordre et dans la sévérité. Madame Bernard, toujours vêtue de deuil, vivant absolument cloîtrée, est une figure très haute. Elle est distinguée, elle est économe et charitable, elle a toutes les vertus. Son fils, grâce à elle, est devenu un homme de premier ordre, qui a gagné deux millions comme armateur. Par un raffinement de délicatesse, il refuse de se marier, pour éviter à sa mère la honte de rougir devant sa bru. L'antithèse est donc complète, la famille naturelle est sublime, la famille légale ne vaut rien ou pas grand'chose.

Et le drame s'engage là-dessus. M. Fourchambault, ruiné par sa femme, va faire faillite, et c'est Bernard qui vient à son secours. Il lui apporte deux cent quarante mille francs ; il consent à devenir son associé ; il relève sa maison. Mais ce n'est pas tout, il joue en conscience son rôle de bon ange, corrige madame Fourchambault de ses dépenses immodérées, marie Blanche à un honnête garçon, remet

Léopold dans le chemin de l'honneur. Tout le monde le bénit, l'enfant naturel monte dans une apothéose.

A ce drame principal s'ajoute une action secondaire. Bernard a ramené d'Amérique, je crois, une jeune et belle orpheline, Marie Letellier, qui est entrée chez les Fourchambault en qualité, non pas de maîtresse de piano, mais d'amie de Blanche. C'est le passé qui se reproduit, avec des situations symétriques. Léopold aime Marie comme son père a aimé madame Bernard ; seulement, Marie est une fille énergique qui le tient à distance. Elle aime elle-même Bernard qui l'adore et qui l'épouse au dénouement, lorsqu'elle a fourni le cinquième acte.

On ne saurait croire quel enthousiasme a soulevé dans la salle cette histoire romanesque. Les femmes pleuraient, les hommes battaient des mains. Je ne me souviens pas d'avoir vu un public plus fortement empoigné par le triomphe de l'honnêteté. Ce bâtard qui devient un bon Dieu, ce paria légal qui rend à la société un baiser pour un soufflet, avait fondu tous les cœurs. Certes, parmi les mères qui sanglottaient, beaucoup se seraient révoltées, si l'on était venu leur dire : « Votre fils a séduit la maîtresse de piano de vos filles, mariez-les. » Mais il est si bon, au théâtre, d'applaudir les actes dont on serait incapable dans la vie ! On a donc fait, lundi soir, à la Comédie-Française, de l'héroïsme à bon compte, et avec un élan extraordinaire.

Le premier acte, qui sert à poser l'intérieur des Fourchambault, avait été écouté assez froidement. Mais, quand on a vu l'intérieur des Bernard, cette femme portant l'éternel deuil de son premier et unique amour, ce fils si respectueux et si tendre, ces victimes de la société si dignes et si résignées, un frisson a couru. Les nerfs étaient touchés. Puis, il y a là deux scènes très belles et très habilement menées : celle où la mère et le fils parlent du père inconnu, la mère pour l'absoudre, le fils pour se révolter et refuser de savoir son nom ; et celle où la mère, à la nouvelle de la faillite de Fourchambault, laisse échapper son secret, en ordonnant à son fils de sauver le banquier du déshonneur.

Au troisième acte et au quatrième, on est de nouveau chez les Fourchambault. L'intérêt languissait un peu. Mais la salle était prise, elle pouvait attendre. C'est alors que le cinquième acte, qui ramène les spectateurs chez les Bernard, a mis le comble à l'enthousiasme. Des bruits odieux ont accusé Marie d'être la maîtresse de Léopold. Elle s'est enfuie de chez les Fourchambault, elle vient faire ses adieux à madame Bernard et à son fils. Ce dernier, qui la croit coupable, ne trouve rien de mieux que de forcer Léopold à l'épouser. Il a un entretien avec lui, il finit par s'emporter sur ses refus, lui crie qu'il est d'une famille de libertins et de calomniateurs ; et, comme Léopold furieux le soufflète de son gant, il dompte sa colère par un effort surhumain, il lui dit avec un sang-froid terrible : « Tu es bien heureux d'être mon frère ! » C'est la reconnaissance, amenée par un coup de théâtre. Léopold est converti aussitôt, il épousera Marie à laquelle Bernard donne trois cent mille francs. Cependant, le soufflet reste. Bernard montre sa joue et prononce le fameux mot : « Efface ! » dont on parle depuis huit jours. Un baiser effacera le soufflet. Au dénouement, comme je l'ai dit, Marie refuse Léopold et épouse Bernard.

Ce cinquième acte est assurément préparé et dénoué de main de maître. Il a achevé le succès en triomphe. Trois salves de bravos ont accueilli le mot : « Efface! » La salle trépignait. A ce point d'enthousiasme, toute critique est emportée, on regarde de travers ceux qui voudraient hasarder une réflexion.. Les têtes sont montées, on crie le mot chef-d'œuvre, on écrase toutes les œuvres passées de l'auteur sous l'œuvre nouvelle. J'avoue que cette griserie d'une salle dont les nerfs sont si violemment ébranlés, m'inquiète toujours un peu. La justice est impossible, dans un pareil coup d'admiration. Je demande donc à garder ma sincérité, qui est mon unique force. Je ne crois pas bon de casser des encensoirs sur la figure de M. Emile Augier. Sans doute ma voix pourra surprendre, au milieu de ce concert. Mais, demain, on verra bien que, peut-être seul, j'ai gardé la mesure.

Je dirai d'abord que la peinture de la famille Fourchambault me paraît grise. Nous l'avons déjà vue vingt fois au théâtre, cette famille rongée par le luxe, où la mère sacrifie tout à sa coquetterie, où les enfants poussent au petit bonheur, sous les yeux indifférents du père. La voilà revenue, et M. Emile Augier ne l'a pas marquée de traits assez fermes, ni assez décisifs, pour que cette nouvelle incarnation puisse compter. Cela est bien dessiné, bien mis en place, mais cela ne dépasse pas un niveau honorable.

Et je sais bien pourquoi la famille Fourchambault est grise. Ce n'est pas que M. Emile Augier ait manqué de puissance, c'est que l'économie de son drame voulait qu'il n'en accusât pas davantage le relief. En effet, au dénouement, il faut que les Fourchambault se convertissent, deviennent tous, grâce à Bernard, de braves gens. De là, la nécessité de les préparer pour cette conversion, d'atténuer leurs traits, de les laisser dans un vague qui les rende commodes et malléables. Le père n'a jamais eu de volonté, il n'est que faible et indulgent; autrement, on ne comprendrait plus l'estime de madame Bernard pour lui, on comprendrait moins encore que Bernard vînt à son secours. Voilà déjà un personnage en pâte tendre. Il est comme cela, parce que la fable romanesque perdrait toute vraisemblance, s'il était autrement. Je passe aux enfants. Blanche n'a pas la carrure d'une jeune demoiselle dont le goût du monde a troublé la tête. Une délicieuse scène, un esorte d'églogue du mariage d'amour, murmurée derrière elle par les deux voix de Bernard et de Marie, qui lui conseillent d'épouser le jeune homme dont elle est aimée, suffit pour la guérir à jamais de ses velléités de coquetterie. Cette cure si aisée ne peut s'accomplir que sur une bonne petite fille. Mêmes réflexions pour Léopold : au fond, un bon cœur, qui, au cinquième acte, se jettera très attendri dans les bras de son frère naturel, en effaçant tout ce qu'on voudra sous des baisers. Quant à madame Fourchambault, elle était plus difficile à manier, étant réellement le seul mauvais cœur de la pièce. Mais M. Emile Augier s'en est adroitement tiré, par un mot comique. Quand Bernard a exigé des réformes dans la maison Fourchambault, voilà la dame qui renchérit et qui se lance dans l'économie avec une passion de femme sans cervelle. Le banquier dit : « Pose pour pose, je préfère celle-là. » Et ce mot finit le personnage, madame Fourchambault disparaît.

Tous braves gens, telle est au demeurant cette terrible famille qui représente la mauvaise famille, basée sur un mariage d'argent. En somme, M. Émile Augier la montre sur la pente plutôt que dans le gouffre. C'était son droit. Seulement, sa peinture en reste molle et souriante, au lieu de prendre le relief nécessaire. Je joindrai même aux Fourchambault Marie Letellier, qui est, elle aussi, de contours bien indécis. Malgré le soin que l'auteur a pris de faire d'elle une Américaine, pour expliquer qu'elle tolère les assiduités de Léopold, sa situation reste fausse et l'on ne peut que s'intéresser faiblement à elle, lorsqu'elle se sauve devant une calomnie qui ne devrait pas la surprendre. Tous ces rôles sont médiocres. Il a fallu les artistes de la Comédie-Française pour leur donner de l'importance. Mademoiselle Croizette, madame Ponsin, mademoiselle Reichemberg, M. Barré, n'ont pas une scène qui vienne en avant et que l'on puisse garder dans la mémoire. Quant à M. Coquelin, il ne sert guère qu'au fameux : « Efface ! » du cinquième acte, et, malgré son très grand talent, il n'arrive pas à donner un corps à ce personnage si incertain de Léopold.

Remarquez que les Fourchambault occupent trois actes entiers, les trois cinquièmes de la pièce. Restent deux actes aux Bernard. C'est là, en réalité, que le drame se trouve. J'ai expliqué l'émotion profonde provoquée par ce roman du bâtard sauvant la famille légale. On a jugé cela d'une honnêteté supérieure, d'une grande leçon morale. Quelle étrange chose que le théâtre ! Un bâtard fait fortune, ce qui lui permet d'empêcher la faillite du père qui l'a renié. Conclusion : il faut épouser les maîtresses de piano que l'on séduit, quand on veut être heureux plus tard et ne pas faire faillite. Dans la vie réelle, j'estime que la leçon est plus forte. Lorsqu'on a séduit une maîtresse de piano, on l'épouse, si l'on est un garçon d'honneur ; et, comme on est généralement très malheureux avec elle, la morale est bien autrement vengée par ce châtiment.

N'importe, l'histoire est touchante et fera couler beaucoup de larmes. Elle amène des scènes très fortes, des situations de théâtre dont la réalité pourrait être discutée, mais que l'auteur a réalisées avec beaucoup d'énergie. Ma seule réserve est celle-ci : la qualité littéraire de cette histoire est des plus ordinaires. Nous autres romanciers aurions haussé les épaules. Il y a, parmi les œuvres de M. Émile Augier, des pièces qui ont une autre largeur. L'observation est ici superficielle, l'invention sent par trop l'apprêt et le mélodrame. Pas un type ne se détache. Bernard est le bourru bienfaisant, le loup de mer qui a la bonté d'un ange sous la rude écorce d'un marin. Il n'est point frappé à l'effigie de ces figures qui apportent un trait humain et qui vivent éternellement. M. Got a fait le rôle, par sa façon de le jouer en dedans. C'est surtout un immense succès d'artiste. On le verra plus tard.

Voilà ce que je pense en toute sincérité. Je préfère le *Fils de Giboyer*, *Paul Forestier*, d'autres drames encore. Madame Agar a beau prêter à l'inconsolable victime son jeu tragique, la fable de cette ancienne maîtresse qui écrase la femme légitime, garde pour moi je ne sais quelle odeur d'Ambigu. Une seule chose m'a beaucoup frappé : c'est le secret gardé vis-à-vis du père, c'est Bernard exigeant de Léopold qu'il ne parlera jamais. Les Fourchambault ont disparu, ils ne se montrent même pas au dénouement. Cela n'est pas ordinaire, M. Émile Augier a fini là en maître. Peut-être est-ce parce que la pièce est trop honnête qu'elle ne me plaît pas ; j'entends de cette honnêteté de théâtre, qui est si enfantine. C'est bien possible. A quoi bon combiner si péniblement des faits peu vraisemblables, lorsque la vie est là, plus vengeresse et plus profonde ?

Les *Fourchambault* n'en sont pas moins supérieurs à tout ce que nous avons vu jouer cet hiver. Je suis certain qu'il y avait, dans l'enthousiasme du public, le besoin plus ou moins conscient de protester contre les petites habiletés des *Bourgeois de Pont-Arcy* et contre les insanités de *Balsamo*. Enfin, on pouvait donc applaudir une pièce solidement bâtie, sainement écrite. Quel que soit mon jugement sur la comédie nouvelle, M. Émile Augier est à cette heure le maître de notre scène française.

II

On connaît le sujet de *Paul Forestier*, la pièce en quatre actes de M. Emile Augier, que vient de reprendre la Comédie-Française. Un grand sculpteur, Forestier, a un fils peintre, Paul, dont les passions, selon lui, compromettent l'avenir ; et il propose une épreuve à la maîtresse de Paul, Léa, une dame du meilleur monde, qui vit séparée de son mari. Puis, pendant que celle-ci a consenti à six mois d'absence, le jeune peintre, se croyant trahi, épouse une orpheline, Camille, que son père protège. Mais Léa revient veuve, et Paul se reprend furieusement à l'aimer, enragé par une histoire odieuse, une chute de Léa à l'étranger dans les bras d'un garçon vulgaire, de Beaubourg. Il veut la suivre, il va partir, quand son père et sa femme lui barrent le chemin. Et il finit par rester, Léa elle-même travaille au bonheur de Camille, le devoir l'emporte sur la passion.

J'ai assisté à la première représentation de cette œuvre, il y a près de neuf ans. Je me rappelle parfaitement les sentiments qu'elle souleva dans le public, un grand enthousiasme mêlé à une grande stupeur. On trouvait d'une audace rare le récit dans lequel de Beaubourg raconte sa facile conquête, jusqu'aux derniers détails possibles. Léa est dans un petit salon ; de Beaubourg, la voyant étrange, reste le dernier, devient entreprenant ; et, lorsque minuit sonne, elle se livre, dans une rage sourde, dans une sorte d'hallucination qui lui montre, à la même heure, la chambre nuptiale où Paul, marié du matin, baise les cheveux de Camille. On trouva plus hasardée encore la passion qui reprend le jeune peintre tout entier, lorsqu'il sait Léa déchue, souillée du contact d'un autre ; on voulait voir là le raffinement d'un goût abominable, la perversion même de l'amour.

J'avoue humblement que ce qui me plaît, dans la pièce de M. Émile Augier, c'est justement cette chute de Léa et ce brusque délire de Paul. Mais, à la vérité, je n'y vois pas et je n'y mets pas tant d'ordure. Je comprends parfaitement les œuvres saines ; seulement, comme la santé, hélas ! n'est pas l'état chronique de l'humanité, il faut bien permettre aux écrivains d'étudier et de peindre les maladies ; et, quand on leur a permis cela, il faut en outre leur lâcher la bride sur le cou et les laisser aller jusqu'au bout de leurs observations. La chute de Léa n'est, en somme, qu'un égarement et qu'une vengeance de femme ; dans nos anciens contes, cette histoire se trouve à toutes les pages, la trahison appelle la trahison. Et quant au désir rallumé et dévorant de Paul, il n'est pas uniquement un désir malsain, il serait nécessaire de l'analyser, pour en démêler le caractère très complexe.

La meilleure scène de la pièce, celle qui est d'un souffle puissant, est justement la scène où Paul, venu chez Léa pour l'insulter, commence par la traiter comme une fille et finit par se traîner suppliant à ses pieds. Il y a là une lente explosion de passion, d'une largeur incomparable. Les premières injures elles-mêmes sont des cris d'amour. Et c'est dans cette scène qu'il faut décomposer les sentiments qui agitent Paul. Les gens prudes dont l'esprit est tourné aux sous-entendus orduriers, ne voient que l'infamie de Léa. Mais la vérité est que le récit de Beaubourg a soulevé chez le jeune peintre un orage de colère, une tempête dans laquelle lui-même reste inconscient et aveuglé. Il accourt chez son ancienne maîtresse pour lui cracher son mépris à la face ; puis, devant elle, devant le souvenir du passé, son grand trouble aboutit au besoin impérieux de ressaisir ce passé qui lui échappe, de retrouver l'amour qu'on lui a arraché. Tout cela est profondément humain ; et, en dehors des mensonges de l'hypocrisie courante, chacun de nous avouerait qu'il a plus ou moins éprouvé ce vertige de Paul, en face des femmes encore aimées, dont la possession vous est disputée.

Remarquez, d'ailleurs, que précisément alors Paul

apprend le piège dans lequel on l'a fait tomber. Léa lui révèle l'épreuve à laquelle Forestier a voulu les soumettre tous les deux. C'est le comble. On lui a volé son cœur, on a disposé d'une tendresse qui faisait sa joie. Eh bien! il retournera à cette tendresse, même si elle est souillée. Sa passion renaissante est une révolte contre cet étrange dévouement paternel qui a désolé sa vie. On a chassé Léa, il ne veut plus que Léa. Tout ceci, je le répète, est d'une observation profonde, exacte, magistrale. M. Émile Augier a mis là un des coins d'humanité les plus vrais qu'il y ait dans son théâtre.

Mais je confesse que le cadre dans lequel l'auteur a placé cette étude de la passion enragée, ne me plaît guère. Il n'a point osé avoir la volonté de faire entièrement vrai. Il a imaginé d'accommoder le réel, le monstre, à la sauce connue du devoir et des beaux sentiments. Sans doute, c'était la seule façon de faire accepter la pièce; seulement, elle perd toute hauteur comme grande page humaine, elle n'est plus qu'une dissertation, peu habile même, et d'une conclusion singulièrement forcée.

Rien n'est plus odieux que ce père du premier acte qui dispose tranquillement des tendresses de son fils, et qui, plus tard, pendant l'absence de Léa, pèse sur lui, pour lui faire épouser Camille. Aussi, au quatrième acte, dans la grande scène entre le père et fils, celui-ci a-t-il mille fois raison de se révolter. Comment! il est heureux avec Léa, sans espoir de l'épouser sans doute, mais empli et vivant de son amour, et son père lui a arraché le cœur, par une théorie d'artiste, sous le prétexte qu'il faut être marié pour produire des chefs-d'œuvre! Bien plus encore, son père lui a poussé dans les bras une pensionnaire, à laquelle il ne songeait pas, et qu'il n'aime peut-être encore que comme une sœur ! Les pères ne doivent pas travailler d'une façon si tyrannique, et par un égoïsme secret, au bonheur de leurs enfants. Paul est strictement dans son droit et dans la logique des passions, en criant à Forestier : « Reprenez Camille, je n'en veux plus, je retourne avec Léa, que j'aime toujours et qui n'a pas cessé de m'aimer ! »

Avec le point de départ de M. Emile Augier, je ne vois qu'un dénouement pour rester dans la vérité. Ce serait de pousser les choses au noir, de faire fuir Paul avec Léa et de montrer le vieux sculpteur pleurant sur l'innocente Camille, frappée au cœur. Ce père, aussi imprévoyant que despotique, aurait fait le malheur de ses deux enfants. Mais, de cette façon, la cause du devoir ne serait pas plaidée et nous n'aurions pas une morale au dernier acte. Trop de vérité aurait pu faire chavirer la pièce. L'auteur a donc voulu, contre toutes les vraisemblances, que Forestier ait raison à la fin.

Aussi, le quatrième acte, selon moi, est-il bien médiocre, surtout à côté du troisième. Pour arriver à une conclusion heureuse, l'auteur a dû entrer dans une complication de sentiments extraordinaire. Une fois Paul décidé à rester, c'est Camille qui veut partir. Alors, Léa elle-même vient s'en mêler pour conjurer Camille d'être d'heureuse ; cette maîtresse originale, qui, le cœur plein d'amour, consent tout d'un coup à des absences de six mois, se montre plus tard d'une complaisance assez bizarre. Mais tout cela ne suffisait pas encore. M. Emile Augier a parfaitement compris qu'il fallait donner là une preuve de la guérison de Paul, un fait pour assurer le bonheur du jeune ménage. Et, forcément, il n'a trouvé qu'un escamotage vulgaire, car le problème étant contraire à la vérité, restait insoluble. Camille part pour se tuer, et laisse une lettre ; on l'arrête naturellement, on lit la lettre, et son mari tombe à ses genoux. Dans une œuvre qui affecte d'être une haute étude des passions, une pareille ficelle est indigne.

Forestier paraît enchanté. A sa place, je conserverais toutes mes craintes, Léa n'est point encore mariée à de Beaubourg, et la situation entre elle et Paul reste la même. Qui peut jurer que demain il ne retournera pas chez elle pour la désirer de nouveau avec plus d'emportement? Le dénouement est illusoire, parce qu'il s'accomplit dans le faux, uniquement pour apporter un argument à la sainteté du mariage, dont le mariage, d'ailleurs, n'a que faire. Comment un homme de la valeur de M. Emile Augier n'a-t-il pas compris toute la largeur que sa pièce aurait prise, s'il l'avait poursuivie et dénouée dans la vérité des passions humaines?

III

Les *Lionnes pauvres* sont certainement une des meilleures pièces du répertoire moderne. Ce qui me frappe dans l'œuvre, ce n'est pas la hardiesse du sujet, qu'on aurait pu traiter plus hardiment; ce n'est pas le coin de pourriture humaine où elle descend, mais avec toutes sortes de ménagements et d'habiletés; ce qui me frappe, c'est la simplicité de l'action, c'est la vigueur de la facture, c'est surtout la figure si vivante du vieux Pommeau et la nudité magistrale du dénouement, un des dénouements les plus naturels et les plus pathétiques que je connaisse.

Oui, je fais assez bon marché de la figure épisodique de la marchande à la toilette, madame Charlot. Sans doute le profil est pittoresque et pris sur nature ; mais cela est à la portée de tout le monde. Je mets également de côté l'esprit, les mots de la pièce, l'éternel Desgenais qui se nomme ici Bordognon, et sur lequel je reviendrai tout à l'heure. Enfin, je trouve d'une note ordinaire l'honnête femme de la pièce, Thérèse et son mari coupable, Léon Lecarnier ; c'est là un ménage qui a beaucoup servi. Avec tous ces personnages, nous ne sortons pas du courant de notre répertoire. Rien de plus honorablement fait ; mais, en somme, rien de moins original.

Où brusquement nous montons dans le rare et l'excellent, c'est donc avec la figure de Pommeau, qui est, à mon sens, la véritable figure centrale. Séraphine n'est guère là que pour lui donner la réplique, pour agir sur lui et le grandir. Les trois premiers actes sont uniquement une préparation à ce quatrième acte superbe, un chef-d'œuvre. Le début, Séraphine affolée vidant la maison afin de payer le billet de madame Charlot; puis, la scène où celle-ci apprend tout à Pommeau, avec la brutalité d'une marchande pressée ; enfin, la tranquille impudeur de Séraphine et l'écrasement de Pommeau forment une gradation admirable, déroulent un de ces drames intimes, si poignants dans leur simplicité. Et, au cinquième acte, cela monte encore. L'entrée de Pommeau, brisé de fatigue, hébété d'émotion, et sa sorti d'homme fini, écrasé, s'en allant seul dans les ténèbres à un néant de souffrance, sont, je le répète, les choses les plus douloureusement humaines qu'on ait mises au théâtre.

J'insiste, parce que ce Pommeau est un homme, à côté des pantins que nous voyons tous les soirs sur les planches. Parmi les maris trompés, qui peuplent notre répertoire, je n'en connais pas un qui ait un sanglot si profond ni si vrai. Songez aux maris trompés de M. Dumas par exemple, à ce Montaiglin qui pontifie dans l'adultère du passé, à ce Claude qui récite la Bible, à tant d'autres que j'oublie. Pas un cri venu de la chair et du cœur, rien que des mannequins servant d'arguments à des thèses sociales. Et voyez Pommeau ensuite, voyez-le dans son élan de douleur, quand toute sa vie s'effondre, voyez-le fuyant dans Paris avec la blessure dont il mourra. Cela est grand, un souffle de haute tragédie passe, parce que cela est humain.

Maintenant, comment se fait-il qu'une comédie telle que les *Lionnes pauvres*, si remarquable, si pleine de talent, ne soit pas une œuvre de génie une de ces œuvres qui restent d'un bloc? On me dira que c'est tout simplement parce que les auteurs ont manqué de génie. Sans doute. Mais je crois qu'en dehors de la question d'exécution, il y a, dans les *Lionnes pauvres*, tout un côté du plan général qui a rapetissé l'idée, qui l'a banalisée en l'accommodant aux nécessités scéniques. C'est surtout ce point qui m'intéresse et que je vais étudier.

L'idée des *Lionnes pauvres* était de peindre la désorganisation d'un ménage par l'adultère vénal de la femme. Dès lors, il semble que la pièce aurait dû être l'histoire de cette désorganisation, analysée depuis les premiers symptômes jusqu'à l'effondrement final. Séraphine devenait le sujet à disséquer. Rappelez-vous madame Bovary, dont elle tient beaucoup. Nous aurions eu réellement ainsi le type de la femme mariée, mécontente de son sort, poussée par des perversions natives, arrivant à se vendre dans l'adultère, étouffant son ridicule mari dans la honte. C'était la façon franche et hardie de comprendre l'idée.

Et remarquez que M. Augier y a songé, car il le dit lui-même, dans sa préface. « La peinture de la dépravation graduelle de Séraphine nous a paru aussi dangereuse que tentante. Nous avons craint que le public ne se fâchât tout rouge de la transition de l'adultère simple à l'adultère payé. Cette peinture ne présentant, d'ailleurs, qu'un intérêt psychologique, il nous a semblé que ce côté de notre sujet pouvait être traité suffisamment en récit, et nous l'avons placé dans la bouche de Bordognon, le théoricien de la pièce. Une donnée aussi scabreuse ne pouvait passer que par l'émotion ; et l'émotion ne pouvait être obtenue que par la situation du mari ; c'est donc là surtout, que nous avons cherché la pièce. »

Voilà les circonstances atténuantes plaidées. M. Augier a préféré prendre le côté le plus commode, par crainte du public et pour obéir aux nécessités des planches. Ce qui prouve qu'il a eu raison pratiquement, c'est que la pièce, toute esquivée et adroite qu'elle puisse être, n'en a pas moins failli rester aux mains de la censure. Qu'aurait-ce été, si M. Augier avait carrément pris le taureau par les cornes?

Donc, de l'aveu même de l'auteur, Séraphine passe au second plan. Elle n'est plus un sujet d'analyse dramatique. On nous la donne dans la crise dernière, on nous l'explique dans un couplet de satire. Son rôle est celui d'un réactif chimique, qui va déterminer à son contact tout un phénomène, et c'est ce phénomène qui sera la pièce. De là, le profil effacé de Séraphine ; elle a quelques mots typiques, un cynisme rapide de paroles, et elle disparaît. Le grand rôle de femme sera celui de la femme honnête, de Thérèse, l'honneur, la constance, le dévouement. Enfin, le drame se déplacera ; il ne sera plus chez les Pommeau, il sera chez les Lecarnier. Nous n'aurons pas la lionne pauvre, nous aurons le ravage que la lionne pauvre produit parmi les honnêtes gens.

Certes, cela est très touchant, très dramatique, au sens du métier des planches. Seulement, cela est banal. Je mets à part Pommeau, qui resterait ce qu'il est, même avec une Séraphine plus fouillée. Mais quelle nécessité de donner à Thérèse un si grand développement ? pourquoi la charger du grand rôle, amoindrir Séraphine derrière elle, prendre toute la largeur de la scène avec son honnêteté ? Je sais bien que cela fait plaisir au public. M. Augier confesse qu'il n'a pas voulu fâcher le public tout rouge. Eh bien ! il aurait mieux valu pour sa gloire qu'il le fâchât. Il aurait peut-être laissé une pièce grande.

Notre comédie moderne meurt d'honnêteté. Ce n'est point un paradoxe que je soutiens ici, et il faut me bien comprendre. Cette rage que nous avons de vouloir faire à la misère humaine la plus petite part possible, de ne risquer sur les planches une figure de chair et d'os qu'à la condition de la masquer derrière la convention d'un pantin vertueux, est à coup sûr la raison de notre médiocrité dramatique. Je ne nie point les personnages honnêtes ; seulement, je leur demande d'être humains, d'apporter le mélange du bon et du mauvais qui est dans toute créature humaine. Ce que je demande plus énergiquement encore, c'est que, lorsqu'on veut clouer un vice à la scène, on l'y cloue carrément, fortement, sans l'enguirlander de tous les poncifs connus des vertus consolantes.

Voyez, d'ailleurs, les grandes œuvres. Est-ce que Shakspeare nous écœure de fades personnages honnêtes ? Est-ce que dans *Hamlet*, dans *Othello*, dans *Roméo et Juliette*, les personnages honnêtes viennent à chaque minute se mettre en travers de l'action pour nous consoler des coquins ? Est-ce que Corneille, est-ce que Racine, est-ce que Molière ont chargé des personnages honnêtes de tranquilliser les spectateurs sur les abominations du vice ? Dans le *Cid*, dans *Phèdre*, dans *Tartufe*, s'il y a des honnêtes gens, c'est qu'ils sont strictement nécessaires à l'action, et encore ne nous poussent-ils jamais leur honnêteté sous le nez. On ne trouverait pas un seul plaidoyer dans les génies dramatiques, pas une de ces démangeaisons bourgeoises de rendre l'art comme il faut. La leçon qui sort des chefs-d'œuvre est la conséquence même des faits, et plus les faits sont abominables, plus la leçon est haute.

Non, il n'y a que notre époque qui se soit senti le besoin de paraître honnête. Nous avons inventé l'honnêteté d'étalage, celle qu'il faut absolument mettre dans la vitrine, si l'on veut achalander la maison. Je ne sais quel mauvais vent de protestantisme a soufflé sur nous. Nous ne sommes plus les hardis esprits qui ne s'effrayaient guère des mots, qui voulaient regarder les choses en face. Eh bien ! je le répète, cette honnêteté de pure parade, ce besoin de voiler le personnage vrai derrière une demi-douzaine de personnages faux, découragent les esprits les plus vigoureux et les poussent aux œuvres médiocres. Pas d'œuvres grandes sans une grande vérité.

J'ai nommé *Madame Bovary*. Le roman de Flaubert parut une année avant les *Lionnes pauvres*. Pour me mieux comprendre, comparez les deux œuvres, voyez Emma à côté de Séraphine. La première est une créature vivante, qui restera un type d'éternelle vérité ; la seconde est un profil à peine indiqué, qui se noie dans le souvenir. L'action du roman est toute simple, elle raconte une vie banale, elle n'a pas la complication du ménage Lecarnier, avec cette peinture de l'honnête Thérèse, brossée selon le poncif ; et pourtant cette action est inoubliable, elle vous prend aux entrailles, elle remue toute l'humanité qui est en vous. On me répondra que le théâtre n'est pas le livre, que *Madame Bovary*, avec sa nudité, était impossible sur la scène. Je n'en sais rien, j'ai pourtant remarqué que les effets simples étaient les plus foudroyants au théâtre, témoin le dénouement avec la sortie de Pommeau. En tout cas, tant pis pour le théâtre, si le génie ne pouvait y réaliser la vie dans sa simplicité tragique. Une littérature est jugée, lorsqu'on met *Madame Bovary* à côté des *Lionnes pauvres*.

En effet, voyez comme le drame se rétrécit tout de suite. Dans les premiers actes, l'intérêt est de savoir si Pommeau est assez bête, lui homme d'affaires, pour ignorer à ce point le prix des choses ;

et, dans les derniers, il ne s'agit plus que de savoir si Pommeau connaîtra oui ou non l'amant de sa femme, presque son fils adoptif, ce qui lui porterait le dernier coup. Nous voilà bien loin de l'étude humaine d'une variété de l'adultère. Nous sommes dans une histoire quelconque, plus ou moins intéressante, selon le talent du conteur. Le grand sujet échappe.

Mais un personnage plus agaçant que le personnage honnête, c'est le personnage spirituel. Ici, j'aborde la deuxième cause qui me paraît rapetisser les *Lionnes pauvres*. Voilà encore une de nos inventions dramatiques, l'éternel raisonneur, le monsieur qui est chargé d'expliquer la pièce et qui l'explique par des fusées d'esprit. Ce monsieur-là nous arrive sans doute des anciens valets, et j'ai dit ailleurs, que Figaro pourrait bien être le vrai père de nos Desgenais et de nos Olivier de Jalin. Personnellement, le personnage spirituel m'enrage. Je ne le trouve pas seulement faux, je trouve qu'il fausse toutes les pièces où il bourdonne comme la mouche du coche. Il est une abstraction, un être métaphysique, un simple truc que les auteurs emploient pour ne pas se donner la peine de tirer eux-mêmes des faits leur véritable signification. Est-ce que, dans la vie, il y a comme cela des pitres plus ou moins gais chargés de commenter les événements? La belle malice de se tirer des difficultés, en se déguisant soi-même pour argumenter continuellement sur son œuvre! Quand on a du génie, on met un fait sur les planches et le fait s'explique tout seul.

Le Bordognon me paraît un des plus désagréables de l'espèce. Il ne peut ouvrir la bouche sans lâcher un mot spirituel. C'est une mécanique qui a un bouton quelque part ; quand on a besoin d'une définition, on presse le bouton, et la définition sort. Remarquez qu'elle ne sort pas naturellement, ce qui serait supportable ; non, elle sort avec toutes sortes d'agréments, elle se cache sous un cliquetis de mots pour se faire accepter. Eh bien ! cela est petit, dans une œuvre grande. M. Augier n'aurait pas eu besoin de Bordognon ni de sa sœur Henriette, — car le monstre est doublé d'une sœur qui le vaut, — s'il avait traité les *Lionnes pauvres* en puissant analyste. Il faut désormais couper le cou à tous ces raisonneurs, à tous ces moralistes de pacotille ; dans cent ans d'ici, ce seront eux qui vieilliront notre répertoire actuel et le rendront ridicule.

Voilà pourquoi, selon moi, les *Lionnes pauvres* n'ont pas l'ampleur d'un chef-d'œuvre, bien que cette comédie ait des parties superbes qui la mettent au premier rang, parmi les productions dramatiques de notre siècle. Si j'osais tirer une conclusion de ces notes jetées à la hâte, je dirais : « Ne soyons ni honnêtes, ni spirituels ; tâchons d'être vrais, et nous serons grands. »

ALEXANDRE DUMAS FILS

I

Je n'aime guère le talent de M. Alexandre Dumas. C'est un écrivain extrêmement surfait, de style médiocre et de conception rapetissée par les plus étranges théories. J'estime que la postérité lui sera dure. On l'a mis sur un piédestal trop haut, voilà ce qui doit fâcher les esprits droits; et l'on pourrait encore lui faire une place très honorable, si ses furieux admirateurs ne vous dégoûtaient de la justice à son égard. Mais il faut pourtant prendre garde de ne pas céder à un parti pris de critique. M. Alexandre Dumas serait en somme l'auteur dramatique qui aurait osé porter le plus de réalité sur les planches, s'il ne s'était efforcé de gâter sans cesse le vrai par des systèmes d'une incroyable fantaisie.

Je vais tâcher d'être absolument juste pour la

Comtesse Romani, la nouvelle pièce en trois actes du Gymnase, en mettant de côté mes antipathies littéraires. Il s'agit d'une pièce de M. Gustave Fould, que M. Alexandre Dumas a complètement remaniée, et dont il était si content aux répétitions, m'a-t-on raconté, qu'il a été un instant sur le point de la signer de son vrai nom. On s'est décidé pour le pseudonyme transparent de Gustave de Jalin. Je crois donc pouvoir ne parler que de M. Alexandre Dumas dans cette affaire.

Voici le sujet, exposé le plus brièvement possible. Une tragédienne de Florence, la Cœcilia, a été épousée par le jeune comte Romani, qui l'adore. Mais elle est restée fille des planches, une bohémienne de l'art et du cœur. Elle trompe son mari, elle se laisse offrir des fortunes, sans révolte d'honnêteté. Puis, comme le comte est ruiné, elle le décide à la laisser rentrer au théâtre. Et, le jour d'une répétition générale, dans sa loge, au moment où elle va entrer en scène, le drame éclate, son mari apprend sa trahison ; le pis est que, le lendemain de la faute, il est allé emprunter cinquante mille francs à l'homme auquel elle s'est livrée, de sorte que toute cette infamie retombe sur lui. Alors, ne pouvant se résoudre à la tuer, il se poignarde sous ses yeux, au moment où elle passe le seuil de la loge, qu'il lui a défendu de franchir. Naturellement, il guérit de ce coup de poignard, il s'en va avec la comtesse sa mère, et la Cœcilia, restée seule, après avoir voulu s'empoisonner, est reprise par la passion des planches. Elle jouera le lendemain la tragédie que le suicide de son mari a retardée.

Maintenant, l'action générale étant connue, il me

sera plus facile de discuter l'œuvre, acte par acte. Comme on le voit, la pièce ne compte que deux rôles. Celui du mari a pu être sauvé par le jeu passionné et sobre de M. Worms ; mais il reste pénible, sans issue, un peu ridicule même. Seul, le rôle de la Cœcilia pouvait avoir un relief saisissant, une puissance de vie extraordinaire. Il y avait certainement là une grande création à faire. Or, justement, je me plains que cette figure soit mal dessinée, trop brutale et de contours indécis, laissant le spectateur dans l'ignorance de ce qu'il doit penser.

Nous sommes, au premier acte, chez la comtesse Romani. Le lever du rideau est d'un coup d'œil original : des spectateurs dans un salon, les dames assises, les hommes debout, sont tournés vers une galerie latérale et écoutent une tragédie, la *Fornarina*, dans laquelle la comtesse elle-même remplit le principal rôle. L'exposition se fait ainsi, grâce aux détails fournis par un comédien, Toffolo, le maître de la Cœcilia, et grâce surtout aux causeries méchantes des dames, qui venues là pour une fête de charité et ayant payé leurs places, se croient autorisées à mordre à belles dents la maîtresse de la maison. Nous apprenons donc que la *Fornarina* doit être jouée prochainement sur un théâtre de Florence, mais que le succès est bien douteux, si la comtesse ne consent pas à rentrer au théâtre. Nous apprenons également que les plus mauvais bruits courent sur l'ancienne comédienne ; seulement, comme une baronne la défend, la femme même du baron qu'on donne pour amant à la Cœcilia, nous ignorons encore ce que nous devons penser au juste. De toute cette première exposition, il ressort uniquement que le monde est fort cancanier.

Plus tard, lorsque la comtesse arrive enfin et reçoit les félicitations des dames qui l'égorgeaient tout à l'heure, il y a bien une courte scène entre elle et le baron, un chuchotement rapide, grâce auquel nous devinons qu'une liaison existe en effet, et même qu'elle semble mal tourner. Mais cela demeure si brusque, si peu expliqué, si énigmatique, qu'on ne s'y arrête pas autant qu'il le faudrait. La dernière scène de l'acte, la comtesse suppliant son mari de lui laisser jouer la *Fornarina*, lui faisant entrevoir le moyen de retrouver ainsi la fortune qu'elle lui a mangée, prend à côté une importance énorme. Cette femme semble adorer son mari, comme elle en est adorée. Elle lui dit bien qu'il aurait dû la prendre pour maîtresse plutôt que pour femme; seulement, on voit là un excès de passion. Quand le rideau tombe, on l'ignore toujours, on penche pour qu'elle soit une très bonne créature.

Je reproche donc au premier acte d'être confus, lent, perdu en commérages, qui aboutissent à obscurcir l'action. En admettant même que l'auteur eût voulu ce côté énigmatique, il devait alors le dégager davantage, en faire l'intérêt particulier de l'exposition. La figure de la Cœcilia n'intéresse pas, parce qu'elle flotte dans un brouillard. On en sait trop, et on n'en sait pas assez.

Le second acte est de beaucoup le meilleur. Il se passe dans le foyer du théâtre, qui sert de loge à la tragédienne. Ce qui a fait son grand succès, ce sont d'abord des scènes épisodiques amusantes. L'actrice dont la Cœcilia prend le rôle, une méchante gale du nom de Martuccia, arrive furieuse et habille sa camarade d'une façon si drôle, dans un langage si vrai, que la salle a beaucoup ri. C'est ensuite un type de comédien très réussi, le comique Filippopoli, qui prétend avoir « la larme », et qui a des prétentions tragiques, malgré son nez, dont le dessin bouffon est célèbre. Il faut encore citer l'épisode charmant d'un petit prince russe, qui s'est mis galamment un duel sur les bras pour les beaux yeux de la Cœcilia.

D'ailleurs, le drame lui-même s'élargit et se précise. Martuccia, pour se venger, a fait imprimer dans un journal, *il Pasquino*, l'histoire de la liaison de la comtesse et du baron, et de l'emprunt des cinquante mille francs par le mari. C'est la baronne elle-même qui remet au comte un numéro du journal, en le laissant seul avec sa femme. Tout cela est fort habilement et fort énergiquement mené. La Cœcilia vient de s'habiller, elle étudie une coupure et va entrer en scène, lorsque le comte, assommé par l'abominable histoire, lui demande si tout cela est vrai. Elle répond oui, carrément. Elle ne sait plus si elle a aimé son mari. En tous cas, elle n'a jamais aimé le baron, elle s'est donnée par caprice. Et, comme elle est pressée, elle jette un poignard au comte, en lui disant à peu près : « Tuez-moi tout de suite, ou ne me laissez pas manquer mon entrée. » J'ai dit comment il se frappait lui-même.

Le coup de scène est violent et devait réussir. Voilà donc Cœcilia démasquée. Elle a lancé toute une tirade pour expliquer que le public est le seul amant des comédiennes. Elle a rappelé son origine, les pieds nus dans la poussière des routes, la vie de caprices et de promiscuités qu'elle a menée. Tout cela a abouti au suicide d'un honnête homme, qu'on ne plaint guère, parce qu'il n'y a pas lutte de sa part dans son déshonneur.

Et, cependant, malgré les explications, malgré la lumière crue qui tombe en plein sur Cœcilia, l'énigme recommence au troisième acte et déroute de nouveau les spectateurs. Le comte est guéri, sa mère veut l'emmener. Il y a une explication entre lui et sa femme, dans laquelle il se montre bien singulier, raisonneur en diable, établissant des distinctions entre l'homme, le chrétien et le mari. En somme, ils se séparent et se disent un adieu éternel. Remarquez que la comtesse s'est montrée d'un dévouement de chien fidèle, pendant la maladie de son mari, qu'elle sanglotte et se traîne à ses pieds, en femme dont le remords a changé la nature. Aussi n'est-on pas surpris, lorsqu'elle parle de s'empoisonner, après le départ du comte. Elle fait ses petits préparatifs, lui écrit une lettre d'adieu. On croit réellement qu'elle va se tuer. Puis, sur une simple argumentation de Toffolo, elle comprend qu'elle vient de se donner un drame à elle-même, et s'écrie : « Je jouerai demain ! »

Certes, ce dénouement n'est point banal, et j'avais une peur horrible de la lettre qu'elle avait écrite, comme d'une indigne ficelle. Sans doute, là est le dénouement logique, le seul vrai : la Cœcilia doit remonter sur les planches. Même toute la comédie du suicide ne me déplaît pas ; elle aurait pu être d'une grande originalité. Le malheur, c'est qu'on ne sent pas assez qu'il s'agit d'un « emballage » d'artiste ; qu'on me passe le mot, le seul qui rende bien ma pensée. Il faudrait à la fois que Cœcilia fût très convaincue et que le public pût comprendre pourtant de quelle façon les choses se passent en elle. Autrement, la figure échappe, la surprise est trop vive, toute la logique de cette histoire paraît paradoxale. Il y a eu certainement, parmi les spectateurs, de l'hésitation et du malaise, le premier soir.

Cela est si vrai, qu'une tirade de Cœcilia, après le départ de son mari, m'avait beaucoup blessé. Elle reste un instant la tête entre les mains ; puis, elle parle tout d'un coup d'Othello, de Shakspeare, du cœur humain. Tout cela me semblait bien étrange, dans un tel moment. Puis, j'ai compris que M. Alexandre Dumas avait voulu précisément indiquer par là que le drame de sa séparation se passait plus encore dans la tête de la comtesse que dans son cœur. Mon absolue conviction est que cela ne suffit pas. Il aurait fallu autre chose. On entend bien des raisonnements, mais on ne voit pas des faits. Le dénouement serait devenu très large et très grand, si des faits l'avaient amené. Tel qu'il est, le troisième acte ennuie et étonne, rien de plus.

Je puis conclure, à présent. Je sais bien quel tempérament de femme M. Alexandre Dumas a voulu mettre à la scène, une artiste toute au public, dont le milieu a perverti les sentiments, qui joue l'amour, le bonheur, l'honnêteté, la mort elle-même, mais qui reste quand même la petite bohémienne des grandes routes. Cette femme fait le malheur d'un galant homme, dont la faute est de l'avoir prise au sérieux ; et voilà le drame. Cœcilia est convaincue dans tout ce qu'elle se joue à elle-même, c'est ce qui l'élève pour moi au-dessus du bourbier commun. En somme, elle demeure une comédienne de génie. Tant pis pour les fous qui veulent en faire une honnête femme.

Mais si j'accepte ce tempérament, je le trouve mal venu dans la *Comtesse Romani*, mal présenté et mal fini, sortant de l'ombre pour rentrer dans l'ombre, après le coup de lumière du deuxième acte. M. Alexandre Dumas, qu'on dit si habile, n'a pas su tirer tout le parti d'une pareille création.

Et voyez le côté faible de l'observateur, si vanté en lui. Il ne peut inventer une figure, sans tout de suite en faire un type général. La thèse arrive aussitôt. Il argumente et il prêche. Pour lui, la Cœcilia n'est plus une femme d'un certain tempérament, elle devient la femme de théâtre, et il laisse entendre que toutes les femmes de théâtre sont comme elle. Cela fait sourire. Il y a des comédiennes de la plus stricte honnêteté. Des polémiques vont certainement s'engager. On se fâchera, et on aura raison. Mais cela ne vient pas d'un mauvais sentiment de la part de M. Alexandre Dumas; cela vient des yeux étranges dont il regarde la société, les yeux les plus faux du monde, qui lui permettent parfois d'apercevoir un coin de vérité, puis qui déforment et qui grandissent les objets hors de toutes proportions.

Je veux insister aussi sur la langue employée par M. Alexandre Dumas. Il procède par répliques interminables, longues comme des discours en trois points, qui lassent singulièrement l'attention. Rien n'est moins vivant que ce dialogue, où l'on rencontre rarement les tournures du langage parlé. Puis, quelle chose fâcheuse que ces mots continuels, ces mots qui prêtent à chaque personnage l'esprit de l'auteur ! Ces mots seuls suffiraient à caractériser le talent de M. Alexandre Dumas. Est ce que Corneille, est-ce que Molière faisaient des mots? Les maîtres sont plus larges. Et remarquez que presque tous les mots ont fait long feu, dans la *Comtesse Romani*. A peine si deux ou trois vont courir les petits journaux. Enfin, quelle est cette manie de fabriquer un personnage russe en ajoutant la conjonction *donc*, au bout de toutes les phrases? Jamais les Russes n'ont abusé ainsi de ce *donc*. Cela rappelle la façon dont les feuilletonnistes de dixième ordre font des Espagnols avec *caramba* et des Italiens avec *povero*.

En somme, M. Alexandre Dumas est un auteur dramatique d'énergie et de talent, qui gâte le plus souvent par des défauts énormes les sujets qu'il sait mettre très carrément debout. Il obéit à des obsessions, il s'étouffe lui-même dans le nuage d'encens que ses admirateurs font fumer autour de lui. La situation exagérée qu'il occupe est due à des circonstances multiples, dont la première est ce mélange de vérité et de paradoxe, qui fait de chacune de ses œuvres un terrain où l'on peut se battre indéfiniment.

II

Six mois avant d'être joués à l'Odéon, les *Danicheff* avaient une histoire. On racontait qu'un auteur inconnu était allé déposer chez M. Dumas un drame dont la donnée originale avait vivement frappé ce dernier. Seulement, comme certaines parties de l'œuvre pouvaient blesser le public français, M. Dumas avait indiqué à l'auteur les corrections nécessaires et s'était ensuite chargé de porter la pièce à un théâtre et de la faire jouer. Cette histoire, commentée par les journaux, entretenait autour des *Danicheff* une curiosité excellente au point de vue du succès futur. La pièce était lancée à l'avance. La grosse préoccupation consistait à savoir dans quelles proportions M. Dumas avait collaboré au drame. Il faut dire que l'auteur du *Demi-Monde* est coutumier du fait. Il aime à jouer auprès des débutants le rôle de protecteur et de maître. Toutes les pièces conçues dans la formule qui lui est propre, je veux dire toutes les pièces où le problème des rapports sociaux de l'homme et de la femme se trouve posé, sont accueillies et patronnées par lui. Cela part d'un naturel obligeant; cela peut s'expliquer aussi par le désir de faire des disciples. Il y a, chez M. Dumas, un zèle de propagande extraordinaire. On se souvient encore du tapage que souleva sa collaboration anonyme avec M. Émile de Girardin pour le *Supplice d'une femme*. Il avait accommodé cette pièce à sa manière, et avec si peu de respect pour le texte primitif, que M. Émile de Girardin, ne reconnaissant plus son œuvre, refusa absolument de la signer, même après le succès. Le *Supplice d'une femme* est encore joué au Théâtre-Français sous la signature de M. X***. On comprend donc tout l'intérêt que présentait la première représentation des *Danicheff*. Derrière l'auteur inconnu, on voyait M. Dumas. Le public adore une pointe de mystère.

D'ailleurs, ce sont généralement là des secrets de Polichinelle. On savait que l'auteur inconnu était un Russe, M. Corvin Kroukowskoi. On donnait même une biographie de cet écrivain, peu exacte, je crois. On commettait des indiscrétions, on mentait même, ce qui est un bon moyen d'action sur le public. Ainsi, à entendre certains chroniqueurs, la pièce était d'une hardiesse telle de satire, que l'ambassade russe avait demandé de nombreuses coupures. D'autre part, on indiquait les situations capitales de l'œuvre, on promettait un dénouement imprévu, d'une originalité saisissante. C'était, en un mot, un chef-d'œuvre éclos sous le haut patronage de M. Dumas. Déjà, l'auteur véritable ne comptait plus pour grand'chose, car M. Dumas avait remanié la pièce complètement et l'avait rendue viable, en l'arrangeant à la mode française. Tels étaient les bruits qui couraient, la veille de la première représentation.

En ces sortes d'aventures, le succès justifie tout, aux yeux du public. Après l'éclatant triomphe du *Supplice d'une femme,* ce fut M. Émile de Girardin qui eut tort. On ne comprend pas qu'un écrivain se fâche contre un collaborateur, lorsque ce collaborateur a assuré le succès de l'œuvre commune. Peu importe, pour les spectateurs, que cette œuvre ait dévié de son droit chemin, soit moins originale et moins vraie. On l'applaudit, cela doit suffire. Mais, pour le critique, pour l'artiste qui juge une œuvre dans son absolu, le succès ne justifie rien, la grande question est uniquement de savoir si le drame a gagné ou a perdu en puissance et en vérité. Eh bien! le plus souvent, — je parle pour les œuvres qui ont un accent à elles, — les pièces dont un homme habile assure le succès, ne réussissent qu'à la condition d'être ramenées à la commune formule. Elles deviennent médiocres et possibles, d'impossibles et de personnelles qu'elles étaient. Je me propose donc de rechercher, dans les *Danicheff*, le drame de M. Corvin Kroukowskoi, quelle peut être la part de collaboration de M. Dumas, et d'étudier quels ont été les effets de cette collaboration, dans l'économie générale de l'œuvre. Les *Danicheff* sont un grand succès à l'Odéon, et il est intéressant d'analyser ce succès, comme on analyse un sel chimique, en en séparant les éléments.

Avant tout, pour me faire comprendre, je dois indiquer le sujet de la pièce, acte par acte, avec quelques détails. Au premier acte, nous sommes chez la comtesse Danicheff. Il y a là une scène d'ouverture, destinée à nous faire pénétrer dans le milieu russe et à nous montrer la comtesse entourée de bêtes familières et de deux vieilles femmes parasites. Je reviendrai d'ailleurs sur la couleur locale. La comtesse a un fils, Wladimir, qu'elle veut marier à la princesse Lydia, fille du prince Walanoff. Mais Wladimir s'est pris d'un grand amour pour une serve, Anna, à laquelle la comtesse a fait donner de l'éducation et qu'elle a traitée jusque-là avec beaucoup de bonté. Quand le jeune homme avoue son amour à sa mère et parle d'épouser Anna, la vieille femme, hautaine, toute pleine de l'orgueil de sa noblesse, s'emporte et se refuse à cette union, qu'elle trouve monstrueuse. Puis, elle réfléchit, elle feint de céder, elle fait partir Wladimir pour Saint-Pétersbourg, en exigeant de lui qu'il passe une année loin d'Anna et qu'il tâche, pendant cette année, d'aimer la princesse Lydia ; au bout d'un an, s'il persiste dans son amour, il reviendra épouser la jeune fille. Wladimir part, ravi de cette épreuve. Et, dès qu'il n'est plus là, la comtesse, tranquillement, appelle son cocher,

Osip, pour le marier avec Anna, séance tenante.
Justement, elle découvre qu'Osip adore Anna en
secret. Elle a pour tout ce monde un calme dédain
de maîtresse puissante et obéie. Elle marie ses
paysannes, comme elle enverrait des cavales à l'étalon. Anna a beau se traîner à ses pieds, la supplier
avec des sanglots, le pope est appelé et le mariage a
lieu. Au second acte, nous nous trouvons transportés
à Saint-Pétersbourg, chez la princesse Lydia. C'est
là que se produit un attaché d'ambassade français,
le jeune comte Roger de Taldé, qui est chargé de
l'élégance et de l'esprit de la pièce. La princesse Lydia
est une création satanique, une de ces filles à marier
qui tiennent de la vipère et de la gazelle. Les velléités
de couleur locale continuent, d'ailleurs. C'est ainsi
qu'un certain Zakaroff, un gredin enrichi dans le
fermage des eaux-de-vie, se fait mettre à la porte par
la princesse, pour avoir voulu acheter son influence
à l'aide d'un bijou. L'acte reste vide. A la fin seulement, la comtesse Danicheff arrive, Wladimir
apprend tout et a avec sa mère une scène terrible.
J'oubliais de dire que M. Roger de Taldé se trouve
mêlé là dedans, et que c'est lui qui instruit le jeune
homme, son ami, après avoir été mis lui-même au
courant de l'aventure par un domestique de la comtesse. Wladimir s'éloigne follement, avec des menaces de mort contre Osip et contre Anna. Le
troisième acte se passe dans l'isba du nouveau ménage. Le mari et la femme ont été affranchis par la
comtesse. On les retrouve très affectueux l'un pour
l'autre, avec une teinte de mélancolie. Anna joue du
piano, et Osip lui reproche doucement de ne plus
chanter les vieux airs populaires de la Russie. Enfin,

Wladimir se présente, la tête perdue. C'est la scène capitale. Le jeune seigneur va se précipiter sur son ancien serf et le frapper, lorsque le cocher Osip lui explique grandement qu'il n'a pas oublié ses bienfaits et qu'il est resté son serviteur fidèle et respectueux. S'il a épousé Anna, c'était pour empêcher la comtesse de la donner à un autre moins scrupuleux peut-être, c'était pour la lui garder. Elle n'est sa femme que de nom, il est prêt à la rendre à son maître. La comtesse, qui a suivi son fils, n'a plus qu'un désir maintenant, marier Wladimir à Anna le plus tôt possible. M. Roger de Taldé s'en mêle lui aussi. Anna aime toujours le jeune comte. Mais il faut obtenir le divorce, et la toile tombe sur cette péripétie. Tout le quatrième et dernier acte est basé sur cette alternative : obtiendra-t-on, n'obtiendra-t-on pas le divorce ? La comtesse et son fils ont eu la naïveté de charger la princesse Lydia de demander le divorce à l'empereur. Naturellement, cette jeune fille satanique s'arrange de façon à embrouiller les choses et à se faire refuser la faveur qu'elle sollicite. Tout espoir serait perdu, si Osip n'avait une inspiration divine : il trouve ce beau moyen, il va se faire moine, et par là même, d'après la loi russe, à ce que dit la pièce, Anna sera libre. Seulement, il existe encore un obstacle ; il faut que l'empereur autorise Osip, qui est marié, à entrer dans les ordres. Cette autorisation, grâce à M. Roger de Taldé, est obtenue par ce Zakaroff, que la princesse Lydia a blessé et qui veut se venger d'elle. Osip s'éloigne, Wladimir épousera Anna.

Telle est la pièce. Je veux l'examiner d'abord au point de vue littéraire, en me réservant d'en montrer ensuite le grossier peinturlurage et les invraisemblances, au point de vue russe. Il est aisé, du premier coup d'œil, de reconnaître la part de collaboration de M. Dumas. M. Corvin Kroukowskoï lui a évidemment apporté le premier acte et la scène capitale du troisième ; pour mieux dire, M. Dumas n'a gardé de la pièce primitive que cet acte et cette scène. Le reste lui appartient en propre, ou a été remanié par lui. En effet, le premier acte est celui où la saveur originale est restée sensible ; la scène du mariage, quand Anna se traîne inutilement aux pieds de la comtesse, demeure la plus poignante et la plus puissante, de l'œuvre, malgré certains détails peu vraisemblables. Quant au troisième acte, il doit même avoir été écrit à nouveau par M. Dumas, car le cocher Osip y parle une singulière langue pour un serf russe. Trois actes sur quatre, voilà donc son apport dans l'œuvre commune. En somme, M. Corvin Kroukowskoï a simplement fourni le point de départ, et M. Dumas a travaillé là-dessus, marchant à un autre dénouement, défaisant et refaisant les scènes en chemin, créant des personnages, introduisant dans ce milieu étranger la méthode et le goût français, accouchant de ce monstre : une pièce russe assez francisée pour que le public parisien la comprenne et l'acclame. On dirait une de ces porcelaines du Japon, montées pour les bourgeoises du Marais sur des pieds de zinc doré, par un de nos ouvriers habiles.

Un personnage surtout indique dans l'œuvre la marque de fabrique de M. Dumas, le jeune gentilhomme français, l'attaché d'ambassade, M. Roger de Taldé. C'est l'éternel Desgenais, l'éternel raisonneur et faiseur d'esprit qu'on rencontre dans toutes les pièces de l'auteur du *Demi-Monde*. Seulement, cette fois, au milieu de ce cadre étranger, ce type du spirituel et charmant Français prend la figure la plus drôle du monde. On s'attend toujours à le voir s'avancer devant le trou du souffleur et à l'entendre chanter une romance. On dirait un ténor échappé d'un opéra-comique de Scribe. Et quel étrange rôle il remplit, un rôle vide, ajouté pour tenir de la place, absolument inutile à la marche de la pièce! Je le comparais à un ténor, il chante en effet un grand morceau, le récit d'une chasse à l'ours, où Wladimir lui a sauvé la vie; il exécute ensuite des variations sur la nature de la femme russe, dans le salon de la princesse Lydia, avec une fatuité et un esprit de commis-voyageur. La France est vraiment bien représentée dans la pièce! Nous n'avons pas à être fiers, si M. Dumas donne son Roger de Taldé comme un spécimen de notre civilisation. Il n'y a pas de tête de cire, dans la vitrine des perruquiers, qui soit moins banale, moins bêtement souriante, moins prétentieuse et moins niaise, que ce jeune attaché d'ambassade colportant en Russie la fausse élégance et le faux esprit de nos trottoirs dramatiques.

Je veux dire un mot également de la princesse Lydia. Celle-là fait doucement sourire. La jeune fille satanique sort à coup sûr de quelque vieux mélodrame oublié. Il est vraiment aisé, lorsqu'on a à faire la création d'un personnage étranger, de remplacer l'étude de la race, du milieu et du tempérament, par une invention bizarre et puérile. M. Dumas ne s'embarrasse pas d'observations précises; il fait une femme russe, comme il ferait un personnage de féerie, à vue d'œil, sur les trois ou quatre lieux communs qui cir-

culent en France à propos de la Russie. Et voilà
comme une princesse russe originale ne peut être
qu'une goule, une fille de l'enfer, pleine de dessous
terribles. La façon dont elle conduit l'affaire du divorce, est particulièrement plaisante. Nous sommes
là en pleine convention dramatique; car la princesse,
à vrai dire, ne me paraît pas née en Russie, elle est
née sûrement dans les coulisses de l'Odéon.

Quant à la comtesse Danicheff, elle est solidement campée dans les deux premiers actes. C'est la
seule figure qui ait quelque solidité et quelque
relief. Mais, brusquement, à partir du troisième
acte, le rôle tourne, le personnage s'amollit et disparaît. On ne s'explique pas un si brusque changement, on ne comprend pas comment cette mère,
si autoritaire et si dure, devient une mère inquiète
et dévouée. L'analyse manque, il y a là un trou.
Même la comtesse glisse au ridicule, lorsqu'elle
s'emploie au divorce d'Anna avec la colère qu'elle
a mise à conclure son mariage. Elle était un personnage de second plan, il fallait la raidir jusqu'au dénouement dans une seule attitude; les souplesses
des natures complexes ne valaient rien pour un tel
rôle. Ou mère ou comtesse, l'auteur devait choisir.

J'arrive au personnage principal, au héros, au
cocher Osip. Le drame entier était dans cette haute
figure de l'obéissance et du dévouement. En lui
se trouvait l'originalité de la pièce, la saveur russe.
Un paysan de France qui épouserait une fille pour
la garder à son maître, ferait rire toute une province; et je doute même que le maître consentît à
reprendre ensuite la fille, dans le cas où le divorce
existerait chez nous. On ne verrait, dans cette aven-

ture qu'un sujet de conte égrillard, pareil à ceux que le vieux rire gaulois nous a légués. Osip est donc une création foncièrement russe, que son costume seul a pu faire accepter sérieusement par le public parisien. Mais, pour hausser ainsi une aventure scabreuse à une hauteur tragique, il faut que le héros garde toute la simplicité du personnage vrai ou s'élève à la grandeur d'un personnage d'épopée. Vrai, Osip l'est si peu que le public parisien l'acclame chaque soir ; et quant à épique, il ne tente même pas de l'être, l'épopée n'étant point l'affaire de M. Dumas. Ce cocher Osip, en somme, est un jeune premier du Gymnase, qui parle la langue soignée et fleurie de nos amoureux. Par exemple, lorsque Wladimir vient réclamer Anna, Osip répond à son maître : « Ne pouvant en faire une femme, j'en ai fait une sœur. » Voilà certes une phrase balancée et littéraire qui n'est jamais sortie de la bouche d'un cocher russe. Et le reste est à l'avenant. Osip, pour rester vrai, devait se montrer simple et fort, sans allures distinguées, n'employant jamais que des mots justes, allant à son but avec la lenteur muette et courageuse d'une bête entêtée. Moins il aurait parlé, moins il aurait fait de phrases, et plus il serait resté grand. Mais il eût peut-être été difficile de laisser à terre le personnage jusqu'au bout, sans l'enlever à la fin dans un élan d'âme particulier. La nécessité du personnage épique s'imposait presque, pour expliquer le renoncement d'Osip, son exaltation de dévouement héroïque. L'auteur des *Danicheff* a senti cela, et c'est pourquoi il montre, dans le dernier acte, un Osip religieux, se jetant en pleine dévotion. Seulement, la façon dont cette dévotion se produit n'est guère qu'une ficelle malhabile servant au dénouement, tandis qu'il aurait fallu montrer, dès les premières scènes, l'illuminisme travaillant ce cocher et l'amenant peu à peu, au milieu des batailles de la passion, à rendre Anna qui lui appartient et qu'il adore. La figure perdait en simplicité ; ce n'était plus le serf courbé sous le bâton dès la naissance et plié à la domesticité, au point de mettre les passions de son maître avant les siennes, cela bonnement, avec une sorte de grandeur naïve. Mais la figure gagnait en originalité et en puissance. Osip, tel qu'il est dans le drame, a donc le tort d'être mal dessiné, sans traits caractéristiques, uniquement pour le besoin des planches. Il n'est pas vrai et il n'est pas grand. Quand les autres personnages, au dénouement, tournent autour de lui, et disent : « Cet homme est étrange », cela prouve que les auteurs ont compris que la situation réclamait un héros étrange. Seulement, comme ils ont précisément oublié de faire leur Osip étrange, on ne peut s'empêcher de sourire, on trouve commode ce procédé d'indiquer en quatre mots la création originale qu'on n'a pas eu la puissance de mettre sur ses pieds.

Il est inutile de s'arrêter aux autres personnages. Wladimir est l'amoureux banal, et Anna ne joue guère qu'avec ses larmes. Les figures de second plan n'ont pas de relief. La pièce qui s'annonçait comme devant être la peinture d'un milieu pittoresque et original, tourne à la comédie de situation et d'intrigue. Aucune analyse sérieusement faite, aucun caractère véritablement étudié et suivi, aucun tableau exact et complet, voilà en somme mon opinion toute sévère. Il y a là un sujet superbe et mal venu, dont un auteur dramatique qui connaît le goût pervers du public, a fait une pauvre chose, fausse et ridicule. Je m'imagine les bourgeois parisiens allant à l'Odéon pour avoir une idée des mœurs russes. Ils sont graves et convaincus, ils admettraient les plus monstrueuses sottises, en disant : « Il paraît que cela se passe ainsi, dans ce pays-là. » Ah! les bonnes gens! Il y a un sentiment plus pénible que comique à voir ce digne public se croire en Russie, lorsqu'il est aux Batignolles, le coin écarté de Paris où habite M. Dumas.

Je ne puis vous signaler toutes les invraisemblances qui se trouvent dans les *Danicheff*, au point de vue russe. Je ne suis pas assez compétent. Mais il y a des détails si grossiers, qu'ils frappent tous les yeux. Ainsi, les deux vieilles filles parasites qui vivent chez la comtesse Danicheff, sont des caricatures ridicules, à peine tolérables dans un vaudeville, et dont le moindre défaut est de ne pas faire rire. Le mariage d'Anna et d'Osip, à la fin de l'acte, est un coup de théâtre qui produit un grand effet; seulement, cet effet est acheté au prix de toute vraisemblance; le pope est trop onctueux, trop bien reçu dans la famille, trop pareil à un de nos prêtres catholiques; enfin, le mariage ne saurait avoir lieu dans l'oratoire de la comtesse, et, d'autre part, Anna n'aurait qu'à s'entêter, à dire toujours non, pour qu'aucune puissance de la terre ne pût la marier à Osip. Un autre détail fâcheux, c'est d'être allé choisir précisément un cocher pour en faire le héros de la pièce; les cochers, en Russie comme en France d'ailleurs, sont placés trop bas dans l'échelle de la domesticité, pour que le personnage d'Osip, larmoyant et phraseur, garde l'ombre la plus légère de réalité. Aussi, au troisième acte, dans l'isba, la scène entre Osip et Anna ferait-elle éclater de rire un public russe. L'ancien serf se plaint que sa femme, ou pour parler comme lui, sa sœur ne chante plus à son piano les vieux airs populaires ; et lui-même, sans doute afin de donner l'exemple, fredonne un air sans paroles, l'air d'une romance sentimentale toute moderne, qu'aucun cocher russe ne chantait certainement à l'époque où se passe la pièce. Je relève ces petits détails, pour montrer avec quelle insouciance la couleur locale est traitée. Enfin, la plus grosse invraisemblance est encore la façon dont la question du divorce est traitée, au dénouement. On entre là dans le domaine de la fantaisie la plus absolue. Il ne suffit pas qu'Osip déclare vouloir se faire moine et obtienne une dispense ; il y a toutes sortes de formalités compliquées, dont on ne souffle mot. Cela se passe comme dans nos comédies françaises, où le mariage semble avoir lieu chez le notaire, le jour de la signature du contrat, comme si le contrat engageait les époux le moins du monde. Le pope apporte un registre sur lequel Osip signe quelque chose, on ne sait pas bien quoi ; et voilà le divorce accompli, il a suffi d'une signature ! C'est tout simplement enfantin ! Je n'ai pas rappelé la scène de Zakaroff, au deuxième acte, lorsque le fermier des eaux-de-vie enrichi vient pour acheter le patronage de la princesse Lydia à l'aide d'un bijou, une scène possible peut-être, mais traitée avec une brutalité révoltante. Je n'ai pas rappelé non plus les confidences d'un domestique de la comtesse à M. Roger de Taldé, sur le mariage d'Anna et d'Osip. Là encore nous sommes en plein dans le vaudeville. Vous imaginez-vous ce serf et cet attaché d'ambassade causant comme des amis, complotant tous les deux le bonheur de Wladimir ? En vérité, je le répète, les *Danicheff* sont un véritable opéra-comique, auquel il ne manque que de la musique de Boieldieu ou d'Auber.

Il n'est pourtant pas permis à un écrivain sérieux d'ignorer si absolument la Russie, d'en parler comme un faiseur de romances le ferait. M. Roger de Taldé, qui n'est autre que M. Dumas lui-même, s'en tire avec trois ou quatre phrases toutes faites, qui sont lasses de traîner dans nos plus mauvais romans-feuilletons. La Russie, pour lui, consiste en ceci que, l'hiver, il fait très froid dans les rues et très chaud dans les appartements. Voilà une belle découverte, par exemple ! Si on le pousse et qu'on lui demande ce qu'il pense des femmes russes, il répond de son air supérieur que les femmes russes sont, comme les rues et les salons, pleines de contradictions et d'antithèses, qu'elles tiennent en un mot du diable et de l'ange. Pour le coup, nous connaissons la Russie tout entière. M. Dumas ne daigne pas en ajouter davantage. En notre temps de détails précis et de souci du vrai, lorsque les écrivains ne peignent plus que d'après nature, cette manière cavalière d'analyser un grand peuple, aux traits fortement originaux, est véritablement stupéfiante. Nos romanciers naturalistes, qui sont les princes littéraires de notre temps et à côté desquels M. Dumas est le plus souvent un écolier, frissonneraient, s'il leur fallait mettre en scène un seul personnage russe, et ne s'y décideraient qu'après de longues études sur le milieu où ce personnage est né et où il a grandi. Mais ce sont là des bagatelles pour M. Dumas : un personnage n'est qu'un pantin, un rouage dans une intrigue ou dans une thèse.

Il y a vraiment un certain aplomb à faire jouer ces malencontreux *Danicheff*, après le succès populaire en France du grand romancier Ivan Tourguéneff. Les œuvres de cet écrivain sont toutes traduites et très lues. C'est par lui que nous connaissons la Russie vraie, que nous avons pénétré dans la vie sociale, dans les mœurs, dans l'âme même du pays. Oui, ce mot d'âme est le seul juste, car ce qui fait le charme puissant de Tourguéneff, c'est que sous le trait physique exact, sous le réalisme absolu de la forme, il y a la vie intense, le parfum et la clarté de la vie. Pour moi, je n'ai jamais pu lire une de ses œuvres, sans me sentir pénétré par le souffle particulier d'une race et d'une civilisation : c'est comme l'odeur forte et suave d'une fleur qui ne pousse qu'en Russie, que je ne connais pas, mais dont l'impression ineffaçable me reste. Les étoffes apportées de l'Orient gardent ainsi éternellement une lointaine senteur d'essence de rose. Toute la vie russe, toute la société russe sont là, les déserts, les villages, les villes, les paysans, les marchands et les seigneurs. Eh bien ! je le répète, après avoir lu *Les récits d'un chasseur, Dimitri Roudine, Une nichée de gentilshommes*, on ne peut que hausser les épaules devant l'étrange façon dont M. Dumas vient de peindre la Russie pour le gros public parisien. Ce n'est pas la peinture d'un artiste ni même d'un simple copiste intelligent, c'est le badigeonnage d'un barbouilleur.

Justement, en sortant de la représentation des *Danicheff*, j'ai voulu relire l'*Auberge de grand chemin*, d'Ivan Tourguéneff. Les deux sujets ont quelque analogie. Dans l'œuvre du romancier, il s'agit aussi d'un serf marié, sur lequel le malheur s'abat, que sa femme n'aime pas, et qui se jette dans le fanatisme religieux comme consolation suprême. Mais la figure d'Akim est d'une solidité et d'une vérité admirables. Il a gagné quelque argent dans le roulage, il bâtit une auberge qui prospère, lorsqu'il a le malheur de s'ammouracher de Doumacha, une servante de sa maîtresse Lisaveta Prokhorovna. Cette femme le trompe avec Naoum, le commis d'un marchand, le vole pour enrichir son amant, qui emploie l'argent à acheter l'auberge. Et voilà Akim dépouillé, Naoum lui a tout pris, sa femme, ses économies, sa maison. Pourtant, Akim ne lève seulement pas la main sur Doumacha. Il tente de brûler l'auberge, puis surpris et relâché par le nouveau propriétaire, il s'engage à renoncer à sa vengeance, il part en pèlerin, il visite jusqu'à sa mort les lieux saints de la Russie. Maintenant qu'on compare Osip à Akim, le pantin dramatique, phraseur et larmoyant, au personnage vivant, dont chaque acte et chaque parole ont la grandeur réelle de la vérité. Le langage de ce dernier a une simplicité pleine de force ; ce sont les faits eux-mêmes qui se traduisent par sa bouche. Sa dernière entrevue avec sa femme, avant son départ, est d'une douleur tragique, sans phrase aucune. Il est stupide de douleur, il pardonne à la malheureuse en lui disant que tout le monde pèche, il s'accuse lui-même, il règle leur séparation comme une affaire toute naturelle et nécessaire. Le travail du fanatisme religieux s'est déjà fait dans cette tête, et le dénouement ne surprend pas, parce qu'il sort des entrailles mêmes de la nature humaine. On sent que ce paysan se hausse jusqu'à Dieu, instinctivement, pour se mettre au-dessus de l'injustice et du malheur.

Seulement, de quelle façon faire comprendre à M. Dumas la supériorité de cette courte histoire sur ses grandes machines dramatiques? Il n'a pas le sens du vrai, le flair de la vie. Il estime que le travail d'un auteur doit consister à enfoncer de force la réalité dans un cadre étroit et arrêté à l'avance, quitte à la mettre en morceaux. Quand un personnage est trop grand et refuse d'entrer, il l'estropie, pour le caser quand même. De là des monstres. Avec ce système, il ne fait pas plus des Français que des Russes, il ne voit pas mieux un salon à Paris qu'un salon à Saint-Pétersbourg. Le vaste monde n'est à ses yeux qu'une boîte à marionnettes, d'où il tire à son caprice des blancs, des nègres et des peaux-rouges, uniquement pour les besoins de l'action. Soyez certain que la Russie n'a représenté qu'une seule chose pour lui : un pays où un serf pouvait épouser une jeune fille malgré elle, et la rendre plus tard intacte à son seigneur. La Russie a été le terrain où il lui était permis de planter cette machine dramatique, sans être sifflé, voilà tout. Quant à l'âme vraie de ce pays, elle ne l'inquiète guère, elle n'existe même pas.

Je puis me montrer trop sévère, mais il y a à tenter une expérience bien simple, c'est de jouer les *Danicheff* à Saint-Pétersbourg. Mon opinion est, et j'ai des raisons pour la croire bonne, que la pièce est impossible en Russie, qu'elle y soulèverait une tempête d'éclats de rire. Il est déjà très singulier que le collaborateur russe, M. Corvin Kroukowskoi, n'ait pas songé à se faire applaudir par ses compatriotes.

Qu'attend-il donc? a-t-il lui-même conscience d'un échec probable? La Russie de sa pièce n'est-elle bonne que pour l'étranger? Si l'œuvre est représentée à Saint-Pétersbourg, et si elle y réussit, je suis tout prêt à retirer certaines vivacités de ma critique.

III

Je retrouve M. Dumas avec l'*Étrangère*, et ici je le retrouve seul, sur un terrain que je connais, dans un milieu que je puis juger nettement. Je me sens tout à fait libre et à l'aise.

M. Dumas occupe, dans notre littérature dramatique, une place à part, que son grand talent ne suffit pas à expliquer. Ses succès tournent au triomphe, ses moindres mots prennent une importance capitale. Quand il hasarde une image dans ses pièces, par exemple les pêches à quinze sous comparées aux femmes tarées, dans le *Demi-Monde*, cette image devient populaire, si compliquée et si banale qu'elle soit. Evidemment, M. Dumas est né sous une heureuse étoile. On peut ajouter que le retentissement de ses œuvres est dû en partie à la forme dramatique, au bruit qui se fait chez nous autour des choses du théâtre. Mais ce sont là des explications encore insuffisantes, car des auteurs dramatiques, tout aussi puissants que lui, sont loin de soulever, à chacun de leurs pas, un pareil vacarme d'enthousiasme. Il faut donc chercher dans le talent même de M. Dumas. D'abord, il n'est pas un artiste, il écrit une langue quelconque, ce qui est une recommandation auprès du public. Ensuite, on le regarde comme très audacieux, parce qu'il est quelquefois brutal ; et rien n'allèche notre bourgeoisie comme cette prétendue audace qui se termine généralement en sermon. Voilà le vrai secret des succès de M. Dumas : il sait où il faut gratter la foule, il reste de plain pied avec les spectateurs. Remarquez que le paradoxe ne nous déplaît pas en France. Quand il plaide une thèse, même ceux qui lui donnent tort, s'amusent du plaidoyer. Sans véritable portée philosophique, enfermé dans le problème des rapports sociaux de l'homme et de la femme, et y pataugeant avec des théories étranges, restant toujours à moitié chemin de la vérité, écrivant dans un style qui ne choque personne, n'ayant d'autre valeur sérieuse que d'être un homme de théâtre, je veux dire un auteur dramatique habile et connaissant son métier, M. Dumas devait forcément devenir l'idole de notre public parisien, qui a trouvé en lui l'écrivain de génie qu'il peut comprendre et discuter.

Aussi quelle émotion, quand on annonce une pièce du dieu ! Toutes les curiosités sont aiguisées. Les journaux se mettent en campagne, laissent échapper des indiscrétions six mois à l'avance. Par exemple, pour l'*Étrangère*, on savait que M. Dumas était allé l'écrire, l'été dernier, dans un chalet qu'il possède au bord de la mer, près de Dieppe. On était renseigné sur sa besogne acte par acte. Puis, la pièce terminée, on a raconté de quelle façon l'auteur avait apporté le manuscrit à Paris, comment il s'était rendu chez M. Perrin, directeur du Théâtre-Français, avec quel enthousiasme enfin tout le personnel du théâtre l'avait accueilli. Le jour de la lecture de la pièce au

comité, on aurait dit qu'un pontife venait d'officier ;
un journal racontait longuement la solennité, notait
les incidents, montrait les comédiens et les comédiennes, foudroyés d'admiration, prosternés aux
pieds de M. Dumas. Et, pendant tout le temps des
répétitions, des chuchotements ravis et respectueux
continuaient à circuler. La soirée de la première
représentation approchait comme une soirée mémorable, dans laquelle la terre charmée allait cesser de
tourner pour mieux écouter le chef-d'œuvre.

Vous devez comprendre quel effet a sur le public
un travail si long et si savant. M. Dumas compte dans
les journaux des amis dévoués qui soignent sa
renommée avec un soin jaloux. Avant que les portes
du théâtre soient ouvertes, on a allumé dans la foule
une curiosité ardente, une telle certitude du succès
de la pièce, que les spectateurs privilégiés qui peuvent entrer le premier soir, avalent les actes comme
ils avaleraient des hosties.

Je dois constater pourtant que, pour l'*Étrangère*,
certains bruits fâcheux ont couru. On se disait à
l'oreille que le récit lyrique imprimé dans un journal, au sujet de la lecture de la pièce, était parfaitement faux, les membres du comité ayant eu le
mauvais goût de se montrer très froids. D'autre part,
des rumeurs de querelles s'échappaient des coulisses ; les acteurs n'étaient pas contents de leurs
rôles et annonçaient la chute de l'œuvre. Il vient
une heure où les idoles les plus respectées se trouvent
ébranlées et menacent ruine. Brusquement, les adorateurs s'aperçoivent des pieds d'argile de la statue,
et ils se ruent sur elle, ils la démolissent, avec une
rage d'autant plus grande, qu'il l'ont crue plus long-

temps en or massif. Les critiques sagaces ont donc pu se demander si l'heure de l'effondrement était venue pour M. Dumas, si ses fidèles allaient comprendre leur longue erreur sur le génie de leur dieu. Et c'est à ce point de vue qu'il est très intéressant d'étudier l'*Étrangère* et de constater la crise que semble devoir subir la longue popularité de l'auteur. Certes, la comédie a réussi matériellement, les recettes sont même superbes. Mais l'idole a chancelé un instant, et il ne faudrait peut-être plus qu'une chiquenaude pour la renverser et la faire s'écraser à terre.

M. Dumas risquait une grosse partie. Il n'avait plus rien produit depuis sa réception à l'Académie, et il y a une superstition qui veut que l'Académie porte malheur à ses nouveaux membres. D'un autre côté, c'était la première fois qu'il abordait la scène du Théâtre-Français. Le *Demi-Monde*, repris l'année dernière à ce théâtre, avait d'abord été joué au Gymnase. Mais, avant de me prononcer sur la façon désastreuse dont l'auteur a gagné la partie, il me faut donner une analyse de la pièce, la plus claire possible, de façon à pouvoir ensuite me faire nettement comprendre.

Premier acte. La duchesse de Septmonts donne dans les jardins de son hôtel une fête de charité. Pendant que le public payant se presse dans des jardins, le salon particulier de la duchesse reste ouvert aux intimes. C'est là que l'exposition de la pièce a lieu. Il y a d'abord une longue conversation entre M. Moriceau, ancien marchand de nouveauté devenu immensément riche, et un de ses amis, le docteur Rémonin, savant distingué, membre de l'Institut et homme fort original. M. Moriceau raconte à Rémonin qu'il n'a pas vu depuis longtemps, le mariage de sa fille. Catherine aimait un jeune homme, l'ingénieur Gérard, le fils de sa gouvernante; mais le père a séparé les deux jeunes gens, il rêvait pour Catherine un mari titré, et il a trouvé ce mari chez une étrangère, mistress Clarkson, une femme étrange sur laquelle circulent les bruits les plus scandaleux. Depuis que M. Moriceau a perdu sa femme, il mène une joyeuse vie, il est lancé dans le monde du plaisir, ce qui explique son choix singulier, le choix du duc de Septmonts, noble ruiné, amant prétendu de mistress Clarkson, d'une honorabilité et d'une moralité suspectes. L'étrangère a touché une prime de cinq cent mille francs pour avoir prêté les mains à ce mariage. On se trouve là, comme on le voit, dans un milieu où la pourriture sociale est fort avancée. Cependant, la duchesse, un peu lasse de la fête, rentre dans son salon avec plusieurs de ses amies, des femmes du plus grand monde accompagnées de leurs maris, entre autres madame de Rumières, qui est la cousine du duc de Septmonts. Et une conversation s'engage, on en vient à parler de cette mistress Clarkson, dont l'originale figure préoccupe tout Paris. Cette étrangère ne reçoit que des hommes; on lui prête une foule d'amants, on raconte sur elle les aventures les plus extraordinaires; plusieurs hommes se sont brûlé la cervelle, des princes se sont ruinés, des diplomates ont dû disparaître de la scène politique, après lui avoir livré les secrets de leurs gouvernements. D'ailleurs, cette femme dont on parle comme d'une courtisane, a un mari véritable, qui lui envoie d'Amérique où il possède des mines d'or, des sommes fabuleuses. Les médisances vont ainsi bon train, lorsque se produit un coup de théâtre. Mistress Clarkson est justement dans les jardins de l'hôtel, mêlée au public payant, et elle vient d'envoyer à la duchesse quelques lignes sur une carte, pour lui demander l'honneur d'être reçue et de boire une tasse de thé, qu'elle lui paiera vingt-cinq mille francs, au profit des pauvres. La duchesse lit tout haut ces quelques lignes et explique qu'elle a répondu être prête à recevoir mistress Clarkson, si un homme de son monde consent à lui donner le bras et à l'introduire. Tous les hommes présents, des intimes de l'étrangère pourtant, restent muets et immobiles. C'est alors que le duc de Septmonts, au milieu de la stupeur générale, va chercher mistress Clarkson, en alléguant les devoirs de l'hospitalité. Mistress Clarkson entre à son bras, hautaine, presque ironique. Elle est très à l'aise, elle boit la tasse de thé que Catherine lui offre, et la paie, après avoir dit un mot à chacun. Puis, avant de se retirer, elle prie la duchesse de bien vouloir lui rendre sa visite ; et, tout bas, elle ajoute qu'elles causeront de Gérard, un garçon qu'elle aime et qui aime toujours Catherine. Quand l'étrangère est sortie, la duchesse, dans un mouvement de colère et de passion, brise la tasse où elle a bu, et crie aux valets : « Qu'on ouvre les portes ! Tout le monde peut pénétrer ici, maintenant que cette femme y est entrée. »

Deuxième acte. Le docteur Rémonin et madame de Rumières se rencontrent dans le salon de la duchesse, où ils se décident à l'attendre de compagnie. Une interminable conversation s'engage entre eux, et le docteur, au nom de M. Dumas, nous expose la théorie du vibrion. Le vibrion est un végétal parasite, dans lequel certains savants ont cru voir un animal très inférieur, qui se développe au milieu des corps en décomposition. Or, le docteur indique clairement que le duc de Septmonts, pour lui, est un simple vibrion, un organisme sans conséquence et dangereux, à la suppression duquel tout le monde aurait intérêt. La thèse sociale de la pièce se trouve dans cette conversation. Un élément gangrené d'une société qui se pourrit et pourrit les autres, un être inutile et nuisible comme le duc de Septmonts, doit être écrasé, supprimé sans pitié. Cependant, la duchesse rentre, et tous ses amis la supplient de faire à mistress Clarkson la visite que celle-ci a sollicitée. Mais elle résiste à son père, à madame de Rumières, au docteur Rémonin, à un jeune homme, M. Guy des Haltes, qui l'aime passionnément et dont le duc est jaloux. Brusquement, Gérard, son ancien camarade d'enfance, son premier amour, se présente ; il revient d'Égypte, je crois. Et la duchesse, qui ne l'a jamais oublié, qui l'adore toujours, se jette dans ses bras. Après les effusions du premier moment, ils causent de l'étrangère. Gérard raconte qu'elle lui a sauvé la vie à Rome ; mais il ne l'aime pas, il conseille lui même à Catherine de se rendre chez elle. Catherine cède tout de suite ; si elle n'allait pas chez mistress Clarkson, c'était uniquement parce qu'elle la croyait sa rivale dans le cœur de Gérard. La duchesse et le jeune ingénieur se jurent une tendresse éternelle, une tendresse épurée, loyale et sans faiblesse. A la chute du rideau, Catherine part avec son père pour l'hôtel de mistress Clarkson.

Troisième acte. M. Clarkson vient d'arriver d'Amérique et rend des comptes à sa femme, comme s'il n'était que son associé. La scène est destinée à poser le personnage, l'Américain classique qui tue ses ennemis à coups de revolver, brutal, sans gêne, actif et intelligent. Quand le duc de Septmonts arrive, Clarkson le salue à peine, et comme il est sur le point de se fâcher, mistress Clarkson lui conseille ironiquement de se calmer, parce que son mari le tuerait ainsi qu'un « petit lapin ». Enfin arrive la duchesse, au bras de son père. Elle reste seule avec l'étrangère, qui se révèle dans un long récit. Jusque là, mistress Clarkson restait un personnage fort énigmatique. Or, voici ce qu'elle nous apprend sur elle-même. Elle est née d'une esclave, pour laquelle son maître, un planteur, a eu un caprice. Plus tard, le maître a vendu la mère et l'enfant. Cette dernière a juré alors une haine implacable aux hommes. Lorsqu'elle a été grande et belle, elle n'a pu se venger de son père qui était mort, mais elle s'est fait aimer de ses deux frères ; l'un a tué l'autre et a ensuite été pendu. Puis, elle est venue en Europe, elle a continué sa besogne de sang, ne laissant sur son passage que des ruines et des morts. Et ce qu'il y a de merveilleux, de stupéfiant, c'est qu'elle ne s'est jamais livrée à un homme, c'est qu'elle est vierge encore, malgré toutes les histoires scandaleuses qui circulent. Elle est la vierge du mal. Clarkson lui-même n'a que le titre de mari ; elle a exigé le divorce, le lendemain du mariage, pour rester libre ; il n'est à la lettre que son associé. Cependant, cette terrible fille vient enfin de sentir tressaillir son cœur. Elle aime Gérard, elle exige que la duchesse renonce à lui. Mais la duchesse refuse la paix, et se retire, dédaigneuse. Immédiatement, mistress Clarkson commence les hostilités, en conseillant au duc de se rapprocher de sa femme. Elle pousse même les choses jusqu'à lui apprendre l'amour de celle-ci pour Gérard.

Quatrième acte. Naturellement, tout le monde conspire contre le duc de Septmonts. Le docteur Rémonin, et jusqu'à l'amoureux Guy des Haltes, font la singulière besogne de ménager à la duchesse des rendez-vous avec Gérard. La jeune femme a écrit à celui-ci une lettre très ardente, que le mari a interceptée. Comme les deux amoureux sont en train de se prodiguer les plus doux serments, le mari arrive et se montre très méprisant à l'égard de Gérard, qui se retire sans répondre. Alors éclate, entre le duc et la duchesse, la grande scène du drame. Il avoue avoir intercepté la lettre, il offre de la rendre, si elle consent à tout oublier, à tout pardonner, à recommencer la vie conjugale pour tenter le bonheur. Et c'est elle qui se redresse avec une violence extrême de dégoût et de colère, qui lui jette à la face toutes ses infamies, qui lui reproche d'être entré dans sa chambre, le soir des noces, ivre comme un cocher. La rupture est complète, irrémédiable. Moriceau lui-même, qui survient, accable son gendre. Aussi, quand Gérard reparaît pour demander réparation au duc, un duel à mort est-il immédiatement décidé.

Cinquième acte. Tout se passe encore dans le salon de la duchesse. Moriceau a voulu être le témoin de Gérard. De son côté, le duc a pris pour témoin Clarkson, désireux que les choses fussent menées rondement, à l'américaine. La première partie de l'acte est emplie par les préparatifs du duel.

Madame de Rumières demande au docteur Rémonin s'il attend toujours une intervention des dieux, s'il compte voir supprimer le vibrion au moment voulu ; et le docteur, malgré les faits, reste calme et plein d'espoir. C'est que la Providence, en effet, ou, pour être plus vrai, M. Dumas va se manifester sous la personne de l'Américain Clarkson. Le duc se rencontre seul avec son témoin et lui indique ses dernières intentions, dans le cas où il serait tué. Il désire que la lettre de Catherine à Gérard soit rendue publique après sa mort, afin que les deux amoureux ne puissent s'épouser. Il fait en outre toute sa confession, avoue avoir emprunté autrefois cent cinquante mille francs à mistress Clarkson pour payer une dette de jeu, et s'être ensuite marié afin de rendre cet argent. En un mot, il écœure Clarkson, au point que celui-ci finit par le traiter de drôle. L'Américain ne veut pas que le duc tue Gérard, un garçon qui s'occupe de ses mines d'or et dont les études doivent lui procurer vingt-cinq pour cent d'économie sur ses frais d'extraction. Aussi, quand le duc lui demande raison, veut-il se battre sur-le-champ. Et c'est ainsi que Clarkson supprime tranquillement le vibrion d'un coup d'épée, dans un terrain vague, à côté de l'hôtel. La thèse est prouvée. Tout le monde est enchanté, sauf mistress Clarkson qui reparaît un instant, pour confesser qu'elle a perdu la partie et pour annoncer qu'elle retourne en Amérique, l'Europe étant décidément trop petite. Lorsque la police se présente, à la nouvelle du duel, le commissaire prie le docteur Rémonin de bien vouloir venir constater la mort. « Avec plaisir, » répond le docteur. C'est le dernier mot de la pièce.

J'ai analysé l'œuvre avec impartialité, en évitant d'indiquer un seul de mes jugements, de façon à exposer d'abord purement et simplement les faits. Je commencerai maintenant par louer les quelques scènes qui ne me déplaisent pas. La fin du premier acte, l'entrée de l'étrangère au bras du duc de Septmonts, est certainement une situation puissante, suffisamment vraisemblable et traitée avec habileté. J'en dirai autant de l'explication entre le duc et la duchesse, au quatrième acte. Catherine est fort belle, le cœur soulevé de dégoût, crachant son mépris à la face de son mari, malgré l'apparent repentir qu'il témoigne. On a dit qu'elle se montrait là d'une dureté trop grande et que son devoir de femme était plutôt d'accepter un raccommodement, de tenter le bonheur par la voie commune et légale ; c'est possible, mais les études humaines doivent admettre la passion, et l'emportement de Catherine est un éclat de passion très logique, très justifié au fond. Le dirai-je ? ce que j'aime, dans l'*Étrangère*, c'est justement ce que la critique a traité de thèse odieuse et inacceptable ; je veux parler de la façon aisée, presque comique, dont tous les personnages parlent de la mort désirable du duc de Septmonts. Je déclare cela original et vrai, en somme. On n'a qu'à regarder autour de soi, interroger ses souvenirs, on trouvera quelqu'un de ces êtres fâcheux, nuisibles, encombrants, dont tout le monde, leurs parents, leurs amis, souhaitent plus ou moins haut la mort. Personne jusqu'à présent n'avait osé mettre au théâtre cette situation d'un sens philosophique si curieux. C'est avec une sorte de gaieté, de simplicité bourgeoise que le duc est supprimé et enterré. Telle est la place que tient une vie humaine. On sent un petit frisson à fleur de peau, on songe à ce trou noir dans lequel nous tombons tous les uns après les autres, les uns accompagnés par des sanglots, les autres au milieu d'un éclat de rire. Le rire saluant la mort, voilà ce qui m'a séduit dans le dénouement de l'*Étrangère;* et l'on peut d'autant moins m'accuser de céder à trop d'enthousiasme, que je n'aime guère le talent de M. Dumas et que j'admire là, dans son œuvre, un point particulier, auquel il ne donne peut-être pas la même signification que moi. Il doit voir uniquement la condamnation sociale du duc, tandis que je vois avant tout la comédie tragique de l'homme. D'ailleurs, j'aurais souhaité une étude plus profonde et plus nette.

Mais cette part faite en toute conscience à mon admiration, quelle pièce mal construite et ridicule que cette *Étrangère!* On la sent bâtie de morceaux péniblement assemblés. Certainement, l'auteur l'a pendant longtemps tournée et retournée au fond de ses tiroirs. Deux ou trois plans différents se sont succédé et ont laissé de leurs traces, de sorte que les intentions n'aboutissent pas, que les personnages vont et viennent, sans aucun lien entre eux. Cela se passe on ne sait où, dans un prétendu grand monde, qui n'est d'aucun monde. Et même l'habileté si connue de M. Dumas ne se retrouve plus, ses créations ne se tiennent pas debout; il a été obligé de recourir aux ficelles les plus grosses, pour faire entrer et sortir ses personnages, au cinquième acte. Je ne parle pas de la langue, elle est sans accent littéraire tout juste correcte. A coup sûr, nos dramaturges du boulevard, dont on s'est tant moqué, n'écrivent pas

plus mal; et ils ont le mérite de charpenter leurs
œuvres avec une solidité parfaite. Pour m'expliquer
complètement, je vais reprendre et analyser un à
un les principaux personnages.

L'étrangère d'abord, cette prodigieuse vierge du
mal, que la salle entière devrait accueillir avec un
éclat de rire. Elle sort d'on ne sait quel mélodrame
noir, et le pis est que l'auteur la jette, ou du moins
prétend la jeter en plein monde réel. Tant qu'elle ne
se révèle pas elle-même, on peut la croire raisonnable et vivante; mais, dès son récit complaisant
et interminable, elle apparaît comme une grande
marionnette, qui roule des yeux terribles et agite
de longs bras, pour terrifier les enfants. D'abord,
elle n'est pas plus fille de couleur que l'Osip des
Danicheff n'est Russe. Ensuite, elle semble entendre singulièrement la vengeance. Qu'elle soit allée
faire s'entretuer ses deux frères, pour se venger
de l'abandon de son père, cela est déjà très raide,
mais à la rigueur on l'accepterait. Ce qui stupéfie,
c'est qu'elle ait passé ensuite en Europe pour continuer son rôle de vierge du mal. Pourquoi en Europe?
qu'est-ce que l'Europe lui a fait? En Amérique, la
pose eût paru plus naturelle, car elle pouvait y faire
justice des maîtres trop durs pour leurs esclaves.
M. Dumas répond que cette fille satanique en veut
aux hommes, aussi bien aux Européens qu'aux Américains. Heureusement, de telles créatures n'existent
que dans les cerveaux détraqués des dramaturges;
elles appartiennent à la famille des traîtres qui persécutent l'innocence et qui sont punis au cinquième
acte. Encore si M. Dumas, après avoir emprunté son
étrangère au répertoire du boulevard, s'en était servi

comme d'une figure centrale et en avait fait le pivot d'une action puissante. Mais non, l'étrangère reste en dehors de l'action ; elle disparaît aussitôt après s'être révélée, et elle ne se montre une dernière fois que pour s'avouer vaincue. En outre, elle si forte, commet des fautes qu'une enfant de dix ans éviterait. Elle s'amourache de Gérard comme une pensionnaire, après avoir eu un cœur de bronze pour les deux mondes, l'Amérique et l'Europe ; et, afin de gagner Gérard, elle imagine ce beau plan, raconter au duc les amours de la duchesse et du jeune homme, de façon que le duc provoque naturellement celui-ci et se propose de le tuer. On n'est pas plus sotte. Je ne vois vraiment pas quel trait, dans cette création grotesque, a pu séduire M. Dumas ; elle n'est ni forte, ni originale, ni même utile à la pièce. Et pourtant quel heureux type, quel titre plein de promesses, dans ce seul mot : *l'Étrangère !* Devant les affiches, je rêvais une de ces femmes qui ont régné à Paris, pendant le second empire, une Espagnole grande dame, une Autrichienne moitié comtesse et moitié fille galante, une Américaine millionnaire, une Anglaise partageant sa couche avec des fils de prince. J'ignorais laquelle de toutes avait choisi M. Dumas, mais j'assistais déjà à l'histoire d'une de ces fortunes dont on cause à voix basse, je croyais voir se dérouler la vie d'une de ces femmes qui grisent Paris de leur parfum violent de fleurs exotiques, qui déterminent dans notre société des cas étranges, d'une étude si intéressante pour l'artiste observateur. Et, nullement, je me suis trouvé en face de cette grande diablesse à longue robe de drap rouge, qui fait dans la pièce juste l'effet d'un mannequin planté au bout d'une perche.

Je passerai plus rapidement sur les autres personnages. La duchesse de Septmonts est la première jeune femme venue, qui n'aime pas son mari et qui finit par le lui dire ; aucun trait original, aucune étude de caractère. Le duc de Septmonts est encore le personnage le plus intéressant, malgré l'auteur, qui a voulu évidemment le rendre assez antipathique pour que le public lui-même souhaitât sa mort ; il est nettement dessiné, rongé de vice, un peu trop cynique peut-être ; enfin, il reste à son plan et ne se dément pas d'une minute à l'autre. Clarkson, également, est un personnage heureux et bien posé, au point de vue de l'optique théâtrale ; c'est lui, le premier soir, qui a décidé le succès de la pièce, par son intervention au cinquième acte, la façon brutalement joyeuse dont il supprime le duc. En réalité, Clarkson est une création de fantaisie, un Américain selon le cliché français, qui est simplement chargé de dénouer l'action ; si l'auteur l'introduit au troisième acte, il veut uniquement nous accoutumer à le voir, car il en avait seulement besoin au cinquième, et il pouvait attendre jusque là pour nous le présenter. Je n'ai pas besoin d'insister, pour signaler l'aisance avec laquelle M. Dumas s'est débarrassé de son dénouement ; il est vrai qu'il aurait pu simplifier encore les choses, se contenter par exemple de faire tomber une cheminée sur la tête du duc, puisque le problème consistait à rendre celui-ci la victime d'un accident quelconque. Voilà une recette excellente pour les auteurs qui ne savent comment terminer une œuvre. Restent Gérard, l'ingénieur classique, qui joint à ce ridicule celui d'être un ange de pureté, un amant prêcheur et chaste, comme sait les inventer M. Dumas ; Moriceau, un père imbécile, qui n'a pas conscience de son manque complet de sens moral, et qui finit par servir de témoin à l'amant de sa fille contre le mari de celle-ci, dans l'étrange intention de réparer ses torts ; enfin, le docteur Rémonin, le raisonneur fatal, la personnification de M. Dumas lui-même, que nous avons vu, dans les *Danicheff*, attaché d'ambassade sous le nom de M. Roger de Taldé, et que nous retrouvons ici savant chimiste, promenant ses théories et son esprit paradoxal chez les duchesses et chez les filles.

Certes, l'auteur de la *Dame aux Camélias* n'est pas médiocre à la façon de tout le monde. Son grand succès ne s'expliquerait pas, s'il n'y avait point en lui une force quelconque. Cette force est de posséder admirablement la science du théâtre, de savoir échafauder une pièce, de manière à prévoir les objections et à tirer un effet d'un défaut lui-même. Ainsi, pour son dénouement, il prépare longtemps à l'avance l'intervention de Clarkson, il met Clarkson dans sa thèse, quand le docteur Rémonin fait appel à la Providence et compte qu'elle se manifestera au moment voulu. Je pourrais multiplier les exemples. Il est plein ainsi de précautions heureuses, de retours habiles, et jamais il ne sera pris sans explications possibles. Mais, si cela peut jusqu'à un certain point attacher ensemble les morceaux cassés d'une pièce, une pareille besogne ne fait pas une pièce grande. L'œuvre, bâtarde et mal venue, finit, grâce à la science acquise de l'auteur, par marcher à peu près droit et contente le gros public, peu délicat sur la question de ses jouissances littéraires. Seulement, l'œuvre reste un monstre et irrite tous les esprits qui cherchent le vrai, au delà des qualités de surface. Voilà comment on peut expliquer le succès de l'*Étrangère*, tout en tenant compte de la sourde hostilité qui commence à monter contre M. Dumas.

La querelle que je lui fais est celle-ci. Chaque grand écrivain crée des êtres. Lui, dès son début, avait inventé ce demi-monde, qui a été la vraie source de sa fortune littéraire. J'estime qu'il n'a pas su en tirer un parti vraiment large et humain; mais enfin, il y a eu là une trouvaille dont il serait injuste de ne pas lui tenir compte. Il est donc le père de Marguerite Gautier et de la baronne d'Ange. Le malheur est qu'il n'a jamais su être autre chose. Il n'a pas le don de la vie; ses deux filles, que je viens de nommer, sont déjà toutes pâles et fanées, comme si elles avaient cent ans. On peut lire ses œuvres, [le]s voir à la scène; elles offrent toutes un défilé de [pe]rsonnages incolores, raides comme des arguments, [qui] s'effacent de l'esprit, aussitôt le livre fermé ou [le ri]deau tombé. Là est sa radicale impuissance, son [carac]tère d'écrivain et de dramaturge de second [ordre]. Il sait son métier mieux que tout autre, il a [eu] des rencontres qui le haussent presque jus[qu'au gé]nie; mais il est irrémédiablement cloué dans [la médi]ocrité par le manque absolu de ce souffle qui [fait les] créateurs. Tout ce qu'il touche, au lieu de [vivre,] s'alourdit et tourne à la dissertation. Le [mome]nt, il se perd dans des problèmes sociaux, [au lieu de] s'attaquer droit à l'humanité. Je ne [veux pas l'é]craser sous la comparaison de Molière; [je cite sim]plement Molière pour rappeler cet art

dramatique français, si net et si puissant, dont l'effort
constant est de planter le personnage debout, vivant
et vrai, devant le spectateur, en laissant à celui-ci le
soin de tirer de la pièce une morale, si morale il y a.
L'auteur du *Demi-Monde*, au contraire, ne veut ni
peindre ni analyser ; il veut prouver. De là son infériorité, de là cette *Étrangère* où le seul personnage
en relief est une invention baroque, capable à elle
seule de lui faire refuser tout bon sens et tout sentiment de la réalité.

IV

Voici maintenant *Balsamo*, ce drame en cinq actes
que M. Dumas a tiré du grand roman d'aventures
laissé par son père. L'Odéon a joué cette pièce avec
la solennité due aux chefs-d'œuvre. Depuis plus
d'une année, on nous annonçait le prodige avec
toutes sortes de mines confites. Quinze jours à
l'avance, les journaux à la dévotion de l'auteur et du
directeur commettaient d'habiles indiscrétions, célé-
braient les beautés du dialogue et les merveilles de
la mise en scène. Jamais pareil spectacle n'aurait
fait courir Paris. C'était le triomphe du théâtre moderne. Et il est arrivé, le soir de la première représentation, que le drame a paru un des drames les plus
ennuyeux et les plus mal faits qu'on ait joués cet
hiver. Il y avait déjà là une déception fort désagréable
pour le public, allumé par les réclames. Mais tout le
monde peut se tromper : on excuserait encore
M. Dumas, si ses amis ne voulaient pas nous faire

confesser de force que *Balsamo* est quand même une œuvre hors ligne. Ils y tiennent, ils n'en démordront pas. Alors, la critique la plus patiente se révolte.

Certes, je fais la part des circonstances. M. Dumas a dû accepter les situations que lui apportait le roman de son père. Seulement, c'était à lui de comprendre que ce roman ne pouvait fournir qu'un drame bâtard, c'était surtout à lui, l'adaptateur, de s'arranger de façon à trouver dans le livre une pièce intéressante. Tant pis, s'il est sorti de la formule dramatique qui lui est habituelle ! Il s'est trouvé dépaysé, cela est visible ; mais il est seul responsable de cette tentative. Personne ne le forçait à battre monnaie avec M. Duquesnel, à changer notre second Théâtre-Français en succursale du Châtelet, pendant les six mois de l'Exposition universelle. Puisqu'il a trempé volontairement dans ce trafic, puisqu'il a donné de la prose à un entrepreneur de spectacles, uniquement préoccupé du désir de remplir sa caisse, il n'y a pas le moins du monde à le plaindre d'avoir écrit une mauvaise pièce. La critique n'a aucun ménagement à garder. Il serait moral que la pièce ne fît pas d'argent.

J'hésite à analyser le drame, qui est à la fois très compliqué et parfaitement vide. On se souvient du roman, dont le succès fut si grand, à l'époque où les conteurs étaient à la mode. Dumas père, avec sa tranquille carrure, dénaturait audacieusement l'histoire. Frappé du parti qu'il pouvait tirer du charlatan Cagliostro, cet homme énigmatique dont nous ignorons encore le rôle exact, il s'était avisé d'en faire un révolté, un justicier, et de voir en lui l'ouvrier de la Révolution française. Imagination énorme, bourde colossale, dont la stupéfiante fantaisie le fouettait. Cagliostro devenait le comte de Balsamo, il était le chef de sociétés secrètes qui couvraient la France, il attaquait la monarchie en favorisant les vices de Louis XV, il appuyait madame Dubarry, il poussait même dans les bras du vieux roi une belle jeune fille, Andrée de Taverney, dont le père, un compagnon du maréchal de Richelieu, un gentilhomme ruiné, rêvait de relever sa fortune avec le déshonneur de son enfant. Enfin, pour compléter la fable, un jeune paysan, Gilbert, la tête tournée par la lecture de Rousseau, adorait Andrée, et, devant ses refus hautains, la violait une nuit où sa femme de chambre lui avait fait prendre un narcotique, afin de la livrer au roi. Balsamo, qui s'intéressait à Gilbert, le dotait, voulait le marier à Andrée. Mais celle-ci chassait avec indignation le misérable qui l'avait déshonorée dans son sommeil. Tel était le roman, et telle est la pièce, car M. Dumas fils a suivi scrupuleusement les grands traits de l'œuvre.

Qui ne devine tout de suite l'étrange aspect que doit prendre un pareil sujet sous la lumière crue de la rampe? Dans le roman, la verve du conteur fait tout passer, les énormités s'escamotent, la fiction s'accepte aisément. Balsamo venant nous raconter qu'il prépare la Révolution française, n'est qu'une figure d'une fantaisie outrée, à laquelle on s'intéresse comme à un personnage des *Mille et une Nuits*. Seulement, plantez cette même figure devant le trou du souffleur, en présence de deux mille personnes, faites dire sérieusement à Balsamo qu'il travaille au renversement de la monarchie en France, toute la salle se regardera avec stupéfaction. Cela est vraiment trop gros. Le public n'aime pas qu'on se moque de lui à ce point.

D'ailleurs, ce n'est pas tout. Le romancier a fort habilement laissé Balsamo dans un nuage, dans un continuel mystère, qui ajoute à l'intérêt des épisodes. Est-il convaincu? est-il réellement un voyant? ou bien joue-t-il un rôle, emploie-t-il des moyens simplement ingénieux pour duper son monde? En un mot, quel homme est-ce? Le lecteur ne demande pas trop à le savoir, même il est content qu'on lui laisse beaucoup à deviner. Mais le spectateur est d'un autre tempérament. Il exige de la logique, il se fâche dès qu'il ne comprend plus. Aussi rien de plus déroutant pour lui qu'un personnage comme Balsamo. Ce diable de sorcier a l'air d'être convaincu, quand il montre des guillotines aux princesses dans les carafes. On se doute que sa méthode de divination consiste uniquement à consulter des somnambules et à tirer ensuite des déductions précises, grâce à ses puissantes facultés intellectuelles. N'importe, on ne sait jamais s'il parle sérieusement ou non. Cela consterne. Notre scepticisme admet avec peine un homme qui fait de l'or et qui vit depuis la création du monde. Encore s'il raillait, s'il jouait son rôle pour duper les autres personnages, il deviendrait une création originale. Pas du tout, il ne met pas un instant le public dans sa confidence, il veut duper jusqu'au public. De là un malaise chez celui-ci, une sourde irritation d'être ainsi pris au même piège que ces gens arriérés du dix-huitième siècle.

Enfin, le rôle de Balsamo est très médiocre. Il a fallu tout le talent de M. Lafontaine pour lui donner quelque ampleur aux deux premiers tableaux. En suite, il s'effondre, il disparaît. Balsamo n'a pas une scène qui soit dans le mouvement du drame. Il bouche les trous, il a juste l'importance d'un rôle de magicien dans une féerie.

Que dire des autres rôles ? Il y a là une madame Dubarry qui est prodigieuse. On parlait d'exactitude historique. Où diable M. Dumas a-t-il trouvé cette modiste égrillarde qu'il a affublée des toilettes écrasantes de madame Dubarry ? Vous imaginez-vous madame Dubarry faisant des mots de commis-voyageur, clignant l'œil comme les habituées de l'Élysée-Montmartre ? Je craignais toujours, lors de la présentation, qu'elle ne se mît à danser le cancan. M. Dumas ne se doutera jamais de ce que c'est que la vérité historique. Quand il a prêté son propre esprit à ses pantins, il se dit sans doute : « Cela est bon, Dieu n'a pas fait autrement. »

Mais ce qui est incroyable, c'est la maladresse avec laquelle la pièce est charpentée. Qu'on me parle encore de l'expérience du théâtre ! Voilà un auteur qui, certes, a d'ordinaire la main habile et énergique. Eh bien ! un débutant n'aurait pas écrit une pièce plus obscure ni plus mal bâtie. Les huit tableaux se suivent, dans une débandade qui semble une gageure. Ils arrivent comme des prétextes à décors et à mise en scène ; par exemple, le tableau de la présentation de la Dubarry à la cour et celui de la catastrophe de la place Louis XV, où l'action s'arrête complètement. Il faut attendre le septième tableau pour que le drame se noue ; et l'on est enfin récompensé de cinq longues heures de patience, à la dernière scène du dernier tableau, qui est d'un bon mouvement dramatique, bien que gâté encore par des déclamations inutiles.

M. Dumas avait certainement compté sur les scènes de magnétisme. Il y en a deux, qui répètent identiquement le même effet. La première n'est que pittoresque, la seconde amène un beau cri d'Andrée, qui, endormie et interrogée par Balsamo, raconte le viol dont elle a été victime et se révolte en criant : « Réveillez-moi, je ne veux plus voir ! » au moment où Gilbert porte les mains sur elle. Le malheur est que tout cela est plus surprenant que dramatique. Le jet du drame n'est pas franc, la sorcellerie de Balsamo ne sert qu'à escamoter les situations. On reste stupéfait d'apprendre ainsi tout d'un coup, par un prodige, des choses qu'on ne prévoyait pas et qui vous auraient peut-être intéressé, si on vous les avait montrées.

Mon compte-rendu se ressent un peu de la confusion de la pièce. Ce qui surnage de mon impression, c'est un ennui mortel. Je ne me souviens pas de m'être ainsi ennuyé au théâtre. Les tableaux se succèdent avec si peu de nécessité, au milieu d'un tel vide, qu'on se demande pourquoi il y en a tant. Quand on pense que M. Dumas avait écrit en plus un prologue que l'on a coupé ! Je l'ai lu, ce prologue, qui montrait une réunion des sociétés secrètes dont Balsamo est le chef. Encore une perle, la plus étonnante de toutes ! On a raconté qu'on le coupait pour alléger la pièce. Je veux croire qu'on l'a supprimé parce qu'on s'est aperçu qu'il était par trop comique. Si l'on avait tenu à le garder, il était facile de couper ailleurs ; on n'avait que l'embarras du choix.

Pourtant, il est une chose qui peut sauver *Balsamo* d'une chute immédiate, c'est le bruit qui se

fait autour de certaines scènes, que l'on a trouvées
trop crues. On a sifflé, c'est le commencement du
succès. Si la morale et la politique sont mêlées à
l'aventure, on ne sait où cela ira. L'avouerai-je ? je
loue précisément M. Dumas de ce qu'on lui reproche. Son marquis de Taverney, qui vendrait volontiers sa fille au roi, m'a paru être une silhouette d'une
grande vérité relative ; son Marat, soignant les bles-
sés de la place Louis XV, est d'un bel effet dramatique, quoique trop déclamatoire ; enfin, sa cour de
Louis XV serait une peinture assez fidèle, s'il avait
consenti à ne pas aller prendre une madame Dubarry
aux Folies-Bergère. La pièce ne mérite qu'un bâille-
ment, pourquoi la siffler ? C'est lui donner une importance qu'elle n'a pas.

Et quelle tristesse, quand on assiste à un pareil
spectacle ! On raconte que M. Duquesnel a dépensé
deux cent mille francs, je crois, pour monter cette
vaste machine. Voilà de l'argent bien employé ! Je
trouve même que la bousculade de la place Louis XV,
cette foule épouvantée par les détonations, qui se
rue et s'écrase, n'est pas mise en scène avec la largeur nécessaire. On peut faire mieux. Quant à la
galerie des glaces, où a lieu la présentation, elle est
fort riche, mais elle n'approche pas encore d'une
apothéose de féerie. Dans cette lutte de costumes
somptueux, de décors ruisselants de dorures, les
féeries l'emporteront toujours, parce qu'elles emploient franchement le clinquant et la lumière élec-
trique. Un décor riche n'est pas un décor vrai. Cela
est une honte que l'on applaudisse à l'Odéon les dia-
mants d'une actrice, les costumes des figurants, les
toiles de fond des décorateurs. Voilà où je blâme

absolument l'importance donnée aux décors et aux accessoires, lorsque la pièce disparaît pour leur faire place et n'est plus qu'un prétexte à exhibitions plus ou moins propres.

Justement, je viens de revoir, au Gymnase, une reprise de *Monsieur Alphonse*. La salle m'a paru un peu froide. Je ne connaissais pas la pièce, on m'a dit que l'interprétation expliquait cet accueil. Mais quel chef-d'œuvre, à côté de *Balsamo* ! Il y a même un deuxième acte qui est une chose vraiment belle de netteté et de carrure. J'aime moins la fin, ces deux reconnaissances d'enfant, ces tirades morales qui sonnent le creux. Les types d'Octave et de madame Guichard sont les plus vivants et les plus fouillés que l'auteur ait jamais mis à la scène. La petite Adrienne, cette précoce enfant, a le tort d'avoir l'esprit de M. Dumas. La mère, madame de Montaiglin, est d'une invention fort discutable. Quant à M. de Montaiglin, il est en bois à plaisir ; et il eût été si facile de lui souffler de la vie, de le rendre possible, en coupant quelques-unes de ses répliques qui sont grotesques, et en le ramenant à la commune humanité par deux ou trois mouvements d'âme que la situation indique. Les défauts crèvent les yeux, quand on reprend une œuvre. N'importe ! la pièce est peut-être la meilleure de M. Dumas. Tout son talent est là, dans cette formule dramatique nerveuse, serrée, ne respectant pas toujours la vérité, mais tirant d'elle ses plus grands effets.

Je me résume. M. Dumas a eu le plus grand tort de se charger d'une besogne qui ne convenait pas à son talent. Il n'est pas fait pour tailler des drames dans des romans d'aventures ; du moins, l'expérience semble le prouver. Ensuite, M. Dumas a eu le tort de se prêter aux calculs de M. Duquesnel, de s'effacer derrière les costumiers et les décorateurs, au lieu de resserrer le drame, d'extraire du livre une action puissante et débarrassée des épisodes inutiles. Enfin, M. Dumas a eu le tort de travestir l'histoire après son père, non plus en conteur insouciant que la verve emporte, mais en homme qui a des mots à placer.

V

La Comédie-Française a repris dernièrement le *Fils naturel*, de M. Alexandre Dumas fils. J'ai relu à ce propos la préface dont l'auteur a fait précéder sa pièce. On y trouve l'histoire de l'évolution qui s'est opérée dans son esprit, depuis la *Dame aux camélias* jusqu'à la *Femme de Claude*. Il a naturellement obéi à ses instincts. Cet esprit sec, cassant, paradoxal, dont l'émotion ne pousse que sur des raisonnements, devait fatalement aller au plaidoyer social, à la thèse, à l'argumentation dialoguée. Et c'est ainsi que ses facultés d'observation, très puissantes par moments, ont fini par aboutir à des œuvres parfaitement fausses, d'une logique exaspérante.

M. Dumas, qui se fait gloire de sa logique et qui a raison, car la logique est une bien grande force, au théâtre surtout, M. Dumas ne paraît pas se douter qu'il y a deux façons d'employer la logique. Il y a la logique qui s'appuie sur la vérité et la logique qui s'appuie sur le paradoxe. Balzac, par exemple, dont les grandes créations, Hulot, Philippe Bridau, Goriot, Grandet, sont si admirables d'unité et de développement logique, ne lâche pas un instant la nature, l'étudie pas à pas, la suit dans ses détours et ses apparentes contradictions, sans craindre de se perdre : c'est pour cela que ses figures seront éternellement vivantes. M. Dumas, au contraire, part bien de la nature ; mais il s'en sert comme d'un tremplin pour sauter dans le vide ; il ne pose plus sur le sol, dès la seconde scène ; il échafaude tout un monde nouveau, transformant, arrangeant les choses, pour les plier à sa propre volonté. Certes, cette charpente surajoutée au vrai est très habilement, très logiquement construite. Seulement, ce n'est qu'une charpente.

En somme, Balzac veut peindre et M. Dumas veut prouver. Tout est là. M. Dumas est de l'école idéaliste de Georges Sand. Le monde tel qu'il le voit, lui semble mal bâti, et son continuel besoin est de le rebâtir. Dans la préface du *Fils naturel*, il déclare très nettement qu'il entend jouer un rôle de moraliste et de législateur. J'ai d'autres idées ; je crois que, dans notre siècle d'expérience scientifique, nous ne devons pas vouloir marcher plus vite que la science. Lorsque nos savants en sont revenus à la simple étude des phénomènes, à l'analyse exacte du monde, nous ne pouvons avoir d'autre besogne, nous autres observateurs des faits humains, que de faire un travail parallèle, de nous en tenir à l'analyse exacte de l'homme. Connaissons d'abord l'homme réel, apportons le plus possible de documents humains ; ensuite, si les législateurs sont sages, ils aviseront.

Telle est ma foi littéraire. Toutes les grandes œuvres posent les thèses sociales, mais ne les discutent ni ne les résolvent. Voyez les comédies de Molière. Il peint la vérité, il vous remue profondément par le tableau de ce qui est; à vous de réfléchir et d'agir. Dès qu'un écrivain veut faire le législateur, il s'amoindrit forcément, parce qu'il entre dans la discussion, avec les façons de voir de son époque, ses préjugés d'éducation, ses erreurs d'argumentation, et qu'alors il écrit pour un âge au lieu d'écrire pour les siècles. En outre, il fait une besogne parfaitement inutile.

Tout le cas littéraire de M. Dumas fils est là. Voici une pièce, le *Fils naturel*, qui a été jouée il y a une quinzaine d'années, je crois. Elle a la prétention de plaider la cause des enfants naturels. Or, je suis bien persuadé qu'elle n'a pas fait reconnaître un enfant de plus. Elle se battait contre des moulins à vent, et la bataille ne devait forcément avoir aucun résultat pratique. Mais une chose plus grave que son inutilité, c'est la fausseté où elle s'agite. Au lieu d'apporter des documents vrais, dont on pourrait peut-être faire usage un jour, elle ne fournit qu'une série de raisonnements paradoxaux d'un emploi impossible. Tout cela s'est échafaudé dans le cerveau de M. Dumas; c'est une pure construction de fantaisie, qui est trop particulière, trop en dehors de la vie quotidienne, pour que les législateurs puissent s'y arrêter. Il arrive que M. Dumas, en voulant se faire lui-même législateur, non seulement ne trouve aucune solution pratique, mais encore gâte les matériaux, au point que les hommes spéciaux n'en peuvent plus rien tirer de bon. Une enquête mal faite ne sert qu'à embrouiller les questions.

Nous allons toucher du doigt le procédé de
M. Dumas. Comme toujours, il a pris pour base un
fait vrai. D'Alembert, arrivé au comble de sa gloire,
refusa de se laisser reconnaître par sa mère, madame
de Tencin, qui l'avait abandonné et qui songeait
seulement à lui, le jour où elle pouvait se faire
honneur d'un tel fils. Certes, il y avait là une situation
tentante pour un auteur dramatique. Cela réunissait
toutes les conditions, l'imprévu, le triomphe
de la victime, la punition du coupable, l'originalité
du dénouement. Nous verrons tout à l'heure ce que
cela pouvait valoir comme argument, dans la question
du fils naturel.

Voilà donc un fait historique qu'il faut admettre.
M. Dumas part de cette histoire. Mais, dès qu'il y
ajoute du sien, il nous transporte du coup dans une
fable qui devient tout de suite inacceptable. D'abord,
il a transformé la mère égoïste en un père sans
cœur; la mère eût révolté au théâtre, il valait mieux
la garder pour en faire une figure sympathique, le
bon ange de son fils abandonné, la victime résignée
et dévouée. Jusque-là, rien de mieux. Clara Vignot,
qui a élevé son fils Jacques en honnête homme,
pendant que Sternay les renie tous les deux, est
encore parfaitement acceptable. Le malheur est
que les nécessités scéniques s'en mêlent ensuite et
que nous entrons dans le plus romanesque des
romans.

Sternay s'est marié. Il est, en outre, le tuteur
d'une nièce à lui, Hermine, dont les parents sont
morts. La mère de Sternay, la marquise d'Orgebac,
est une personne sévère, entichée de sa noblesse.
Ajoutez un frère de la marquise, homme charmant,

le marquis d'Orgebac, et vous aurez toute la famille. Naturellement, Jacques, devenu grand, va tomber amoureux d'Hermine, et le drame se nouera sur cet amour. Mais que d'invraisemblances, bon Dieu ! La première est d'imaginer que Jacques ne connaît pas le secret de sa naissance. Il porte le nom de M. de Boisceny et croit que ce nom est le sien. Cela est radicalement impossible ; un garçon de son âge a dû voir vingt fois son extrait de naissance. Seulement, si M. Dumas était resté dans la vérité, il perdait la scène pathétique où Jacques apprend brusquement qu'il est un bâtard et a une poignante explication avec sa mère. D'autre part, l'auteur voulait un jeune homme loyal, généreux, fier, allant droit devant lui, se sachant riche de vingt-cinq mille francs de rente et demandant hautement la main d'Hermine. Dans le théâtre comme le comprend M. Dumas, ce n'est pas la vérité qui fait les scènes, ce sont les scènes qui plient la vérité.

Une autre invention plus choquante encore est la source romanesque de la fortune de Clara Vignot, des vingt-cinq mille francs qu'elle donne à son fils. Un viveur exténué, qui était son propriétaire au moment où Sternay l'a abandonnée, lui a légué tout ce qu'il possédait, parce qu'elle l'a soigné avec un dévouement de sœur, lorsqu'il est mort de la poitrine. C'est là une romance sentimentale qui fait sourire. Quel étrange monde : des hommes de plaisirs qui, à leur lit de mort, dédommagent des filles-mères ! Seulement, cela fournit encore une scène à grand effet, quand Jacques, apprenant la vérité, interroge sa mère sur cet argent qu'il possède et croit un instant qu'elle s'est vendue. Mais Clara est innocente, son fils se jette dans ses bras, attendrissement et larmes, tableau !

Enfin, ce qui m'irrite le plus est peut-être encore le dénouement. Jacques et son père ont une entrevue ensemble, où ils ne font que de la logique, comme le dit M. Dumas. Sternay est une machine parfaite, raisonnant très bien, sans une détente. La conclusion est que Jacques ne peut épouser Hermine, qui a pourtant juré qu'elle l'épouserait. Mais les choses changent. Jacques, qui a vingt-cinq ans, devient secrétaire d'un ministre, va remplir une mission en Orient et sauve l'Europe. D'un autre côté, le marquis d'Orgebac veut le reconnaître pour son fils et lui donner son marquisat, que Sternay ambitionne. Alors, la sévère marquise est aux petits soins pour Clara Vignot, tandis que Sternay, pris d'une fièvre de tendresse paternelle, cherche partout son fils pour se jeter à son cou. Et c'est à ce moment que Jacques refuse de se laisser reconnaître par son père, préférant garder le nom de sa mère, qu'il a illustré.

Nous sommes loin de l'histoire de d'Alembert. Ce Jacques, ce garçon de vingt-cinq ans qui sauve l'Europe, est bien étonnant. Puis, combien la froideur de Sternay et son enthousiasme sont outrés, criards de ton, presque comiques. Il y a là un coup de baguette qui frise le grotesque, une apothéose du bâtard par trop arrangée et bruyante. On sent l'artifice de l'auteur, la volonté violente d'arriver à l'effet préparé, à n'importe quel prix. La vraisemblance, la mesure, l'unité des caractères, tout est violé brutalement, tout est sacrifié aux besoins scéniques. Il faut que Jacques triomphe, il triomphera, dût M. Dumas l'asseoir sur les ruines du bon sens et de la vérité.

Voilà le théâtre de M. Dumas. Lui-même ne se cache pas, je crois, de professer la théorie que la première loi d'un auteur dramatique est d'empoigner la salle, par n'importe quels moyens.

Il faut que, pendant trois heures, le public vous appartienne. Ne le laissez pas respirer, surtout ne le laissez pas réfléchir. Imposez-lui votre logique, cette fameuse logique qui part d'un point acceptable, et qui ensuite va où vous voulez la conduire, si vous avez la main habile et forte. C'est encore plus de la mécanique que de la logique. Et si vous obligez le public à vous suivre jusqu'au bout, même lorsque vous le menez dans la fantaisie et le paradoxe, eh bien! votre victoire est complète. Vous n'avez pas à vous inquiéter des réflexions que les spectateurs feront, quand ils seront rentrés chez eux. Ils vous ont applaudi, cela doit vous suffire. Vous êtes un dompteur.

Tout le répertoire de M. Dumas en est là. Ses premières représentations ont toujours été très bruyantes, très acclamées. Il est passé maître dans le métier du théâtre; il a de l'énergie, du brillant, de l'adresse plus que personne, un art de présenter hardiment et vivement les scènes, d'enlever les effets, qui lui donne une puissance irrésistible sur le public. Mais, dès que la toile est tombée et que le public rentre en possession de lui-même, toute cette magie s'en va, les objections se pressent en foule, on est presque irrité de s'être laissé prendre à ces vérités fausses qui ne sont que les théories équivoques d'un homme. A la lecture, le moraliste et le législateur vous font hausser les épaules. Il ne reste que des œuvres d'une construction curieuse, d'un effort continu, où l'on trouve çà et là, au milieu des conventions acceptées du métier, quelques belles scènes largement conduites.

Quant à la thèse contenue dans le *Fils naturel*, elle est singulièrement plaidée. Sans doute, M. Dumas a voulu tendre à ce que les pères reconnussent leurs enfants. Mais il a pris un drôle de chemin, car nous voudrions tous être Jacques, ce beau jeune homme auquel un viveur poitrinaire laisse un demi-million, qui plus tard se fait adorer par une charmante fille, qui sauve l'Europe, auquel un marquis veut donner son marquisat, qui voit à ses pieds toute une famille suppliante, réclamant l'honneur d'être reconnue par lui, pendant que, dédaigneux, il porte sa tête dans les étoiles. Voilà un roman qui doit faire rêver tous les jeunes gens. Les ambitieux, dans les mansardes, se diront : « Ah ! si j'étais fils naturel ! »

Je me suis souvenu des *Fourchambault*, à propos justement de cette apothéose des bâtards. M. Émile Augier y a mis à coup sûr beaucoup plus de discrétion. Il est plus humain et plus équilibré que M. Dumas ; tandis que M. Dumas a plus d'éclat et plus de force.

Au demeurant, c'est nous autres, les naturalistes, qui sommes les seuls moralistes, parce que nous sommes les seuls respectueux de la vérité. En ne voulant rien prouver, nous ne falsifions rien, nous n'imposons à personne les erreurs de notre jugement. Notre unique besogne est de mettre le dossier humain sous les yeux de tous ; voyez, jugez et décidez. Que voulez-vous que les législateurs fassent de ce roman d'un fils naturel imaginé par M. Dumas ? Cela se passe dans un monde qui n'existe pas, au milieu de complications extraordinaires. D'ailleurs pourquoi interviendraient-ils, puisque M. Dumas récompense les fils naturels et les place à sa droite, comme s'il était le bon Dieu ? Le jour où l'on étudiera le bâtard tel qu'il se trouve réellement dans notre société, ce jour-là seulement on aura fait une œuvre de science et de vérité, que pourront consulter utilement les législateurs.

VI

Le Gymnase a repris la *Dame aux Camélias*. Rien à dire sur la pièce, qui est entrée dans cette célébrité où l'on ne discute plus les œuvres. Certaines parties ont vieilli, et il faut bien constater que la salle est restée glacée jusqu'à l'explosion de colère et de passion du quatrième acte. C'est justement cette passion et cette colère qui sont demeurées jeunes et qui font aujourd'hui le succès de la pièce. De tout le bagage dramatique de M. Dumas fils, la *Dame aux Camélias* est certainement l'œuvre la plus vivante, je veux dire celle qui a le plus de chances de vivre. Lorsqu'il l'a écrite, il n'était pas encore enfoncé dans toute sorte de théories philosophiques stupéfiantes, il ne se croyait pas appelé à régénérer l'humanité en général et la femme en particulier. Il peignait simplement la vie, et la vie seule fait les œuvres solides.

Le talent est simple, voilà l'axiome. Nous tous qui

sommes affamés d'immortalité, nous nous donnons une peine effroyable pour trouver des accents nouveaux, des coins d'étude où personne n'ait pénétré. Et, en fin de compte, quand nous avons tout fouillé et tout remué, ce qui reste de notre amas de documents humains, ce n'est souvent qu'une page bien simple, bien vraie, écrite presque au courant de la plume, sans aucune recherche. L'exemple de *Manon Lescaut* devrait nous faire réfléchir, surtout nous autres qui raffinons aujourd'hui sur notre analyse et sur notre style, avec des nervosités maladives.

M. Dumas fils, comme tous les écrivains d'ailleurs, a exagéré de plus en plus la note personnelle qu'il apportait. Dans la *Dame aux Camélias*, on peut déjà apercevoir les germes des thèses qu'il a soutenues plus tard. Mais alors, il était jeune, il obéissait surtout à la poussée de son sang et de ses nerfs. De là l'accent profondément humain de certaines scènes, les meilleures, celles qui soutiennent encore l'œuvre. J'ignore si les scènes en question suffiront pour assurer à la pièce une longue existence. Elles font toujours beaucoup d'effet, mais elles m'ont paru bien peu littéraires, d'une forme lâchée qui résistera difficilement à l'action du temps. Je retombe là dans mon péché.

Un fait curieux auquel je songeais. D'ordinaire, lorsqu'un écrivain tire une pièce d'un roman, c'est le roman qui reste supérieur. Il y a même, dans la critique courante, une opinion défavorable à toute œuvre dramatique qui a passé d'abord par la forme du roman ; on dit avec raison que les conditions de chaque genre sont particulières et qu'il est toujours dangereux de mettre à la scène un sujet que l'on a d'abord conçu pour le livre. Eh bien! il est arrivé, dans le cas particulier de la *Dame aux Camélias*, que la pièce a presque fait oublier le roman. Cela s'est également présenté pour le *Roman d'un jeune homme pauvre*, de M. Octave Feuillet. Je trouve le fait très caractéristique. Il est une preuve que le roman est médiocre.

Je l'ai relu, il y a quelques mois, ce roman de la *Dame aux Camélias*. Il ne compte vraiment pas, à côté des œuvres maîtresses de Balzac, de Stendhal, d'Hugo, de Georges Sand, de Flaubert, des Goncourt. Littérairement parlant, il est de qualité très inférieure. C'est un diminutif des grands récits passionnés de Dumas père, avec une invention moins abondante et un souci plus grand de la réalité moderne. Le livre a eu la fortune de peindre, un des premiers, les filles, le monde louche des gourgandines et des jeunes hommes qui jettent leurs cœurs sur les chemins. Seulement, aujourd'hui, il paraît pâle, tellement on est allé loin dans les mêmes peintures. Il est poétique, voilà le vrai mot. Nous avons des réalités plus accentuées et plus saisissantes.

En somme, si la pièce a tué le roman, c'est que M. Dumas fils est plus fait pour le théâtre que pour le livre. Et il y aurait pourtant une curieuse comparaison à établir, car M. Dumas est arrivé à un résultat absolument contraire, lorsqu'il a tiré, avec certaines modifications, la *Femme de Claude*, de l'*Affaire Clémenceau*. Là, le roman est resté de beaucoup supérieur à la pièce. Selon moi, cela vient de ce que la *Dame aux Camélias* entrait aisément dans notre convention théâtrale, tandis que l'*Affaire Clémenceau* était un livre trop âpre, trop violent, pour ne pas faire éclater le cadre étroit de notre art dramatique. Ajoutez que jamais l'auteur ne s'était perdu dans une métaphysique plus obscure. Je n'oserai risquer mon opinion sous la forme d'une loi absolue ; je me contenterai de dire que presque toujours une pièce tirée d'un roman remarquable échoue, tandis qu'une pièce tirée d'un roman médiocre a des chances de réussir.

VII

A plusieurs reprises, j'ai expliqué pourquoi le talent de M. Dumas me plaisait peu. Certes, il reste un de nos auteurs dramatiques contemporains les plus puissants sur la foule ; il a une facture très carrée, et il sait son métier au point d'oser tout ce qu'il veut, même l'ennui et l'extravagance. Enfin, ce dont je lui ai plus de gré encore, c'est d'être un moderne, c'est d'aborder la vie en homme qui consent à l'étudier d'une façon expérimentale.

Mais le malheur est qu'il n'apporte point, dans cette étude, le désintéressement de l'observateur. Toutes ses observations sont faussées et dénaturées par des vues paradoxales et un système arrêté d'avance. Il ne se hausse presque jamais à l'humanité, ce qui restreint singulièrement ses œuvres ; il en reste à la société, témoin son chef-d'œuvre, ce *Demi-Monde*, qui ne se comprend presque plus déjà et qui stupéfiera nos petits-fils. Molière vit, parce qu'il a peint l'homme éternel. M. Dumas ne pourra vivre, parce qu'il s'est enfermé dans la peinture d'un cas particulier, d'une certaine classe d'hommes et de femmes, dont les façons d'être se modifient avec les mœurs.

Ce qui me blesse, en somme, dans la situation littéraire faite à M. Dumas, ce qui me rend parfois sévère envers lui, c'est que cette situation est grandie outre mesure. Nos enfants seront durs pour lui, je le répète. On l'a mis si haut, qu'il ne peut que descendre. Le penseur est médiocre, gâté par toutes sortes d'idées saugrenues, enfoncé dans l'idée fixe, n'ayant rien apporté que des axiomes tapageurs qui ont le vide et la sonorité d'un tambour. L'écrivain est tout à fait de second ordre, bien que le monde des boulevards et la Bourse se pâme devant sa prose; et, puisque l'occasion se présente, je signale son dernier discours sur les prix de vertu, à l'Académie, comme une des pages les plus plates et les plus barbares que je connaisse. Enfin, son esprit tant vanté est un des agacements mêmes de son talent, car cet esprit déteint sur tout, il devient l'esprit de chacun de ses personnages, il poursuit le lecteur et le spectateur jusque dans les points et les virgules.

Mais voilà que je cède encore à mon antipathie littéraire et c'est uniquement d'*Une visite de noces* dont je veux parler aujourd'hui. Ce petit acte est l'œuvre que je préfère, dans le lourd bagage de M. Dumas. Il y a étudié un fait humain, d'une façon très hardie, et l'étroitesse du cadre l'a empêché de se livrer à ses digressions habituelles. On voit briller là un éclair de l'éternelle vérité.

On connaît le sujet de la pièce. M. de Cygneroi, qui a rompu une liaison avec madame de Morancé pour se marier, vient, accompagné de sa femme et d'un poupon, après un an de mariage, rendre visite à cette dame. Et voilà que madame de Morancé, conseillée par un ami, Lebonnard, joue l'atroce comédie d'une femme perdue, qui a roulé d'amant en amant. M. de Cygneroi, repris d'un désir fou, veut s'enfuir avec elle ; puis, en apprenant que toute cette infamie est inventée, il retourne honnêtement à son ménage. Rien de plus, rien de moins.

Dans sa préface, M. Dumas répond à l'article que M. Francisque Sarcey a écrit autrefois sur la pièce, un des très bons articles de ce critique judicieux. La querelle entre l'auteur et le critique est simplement dans ceci : M. Sarcey admire profondément, seulement il se révolte contre l'impression de malaise que lui laisse l'œuvre, il voudrait « une larme » ; tandis que M. Dumas s'entête à dire qu'il a eu raison de garder l'attitude froide de l'anatomiste maniant son scalpel.

Certes, cette attitude ne me déplairait pas. Mais, en réalité, M. Dumas ne l'a jamais eue et ne l'aura jamais. Il croit avoir trop d'esprit pour rester froid. Il n'a rien du savant simplement soucieux du mécanisme de la vie, n'allant pas au delà de son analyse, se gardant de conclure. Lui, est tranchant, bref, tout d'une pièce, sans respect pour le fait, quand le fait le gêne ; et il s'exalte dans le paradoxe, il part d'une vérité pour entasser toutes les erreurs imaginables. Comment veut-on qu'un tempérament pareil se cloître dans une étude patiente ?

Je suis avec M. Sarcey, tout en ne pensant pas comme lui. Ce n'est point « une larme » que je réclame, mais un respect plus grand de la vérité. Et remarquez que ce respect suffirait ici pour détendre cette pièce, où le parti pris de l'écrivain est trop visible, et dont chaque scène grince avec un bruit de charnière mal graissée. On se sent en face d'une mécanique destinée à vous broyer. La mécanique n'est pas mal fabriquée ; elle vous prend la main, puis le bras, puis tout le corps. Mais ce n'est toujours qu'une mécanique. L'auteur a beau faire, il n'y a pas là de la chair et des os, il n'y a que du cuivre et du fer.

Ah ! si M. Dumas se doutait de la force toute-puissante de la bonhomie ! Son grand malheur est qu'il n'est pas bonhomme. Il n'a ni gaieté, ni souplesse, ni laisser-aller. Il paraît croire que la vie est un théorème que l'on formule par A plus B. Il se raidit, invente des mots, tâche d'enfermer l'homme et la femme dans les deux membres d'une équation. Et c'est pourquoi l'homme et la femme lui échapperont sans cesse, parce que rien n'est plus souple, plus bonhomme que la vie.

Par exemple, voici *Une visite de noces*. Voyez comment un auteur dramatique de grand talent a pu fausser un fait vrai, jusqu'à le rendre absolument inacceptable.

Qu'est-ce qui se passe dans l'existence de tous les jours ? Un homme se marie, il a une femme charmante, un enfant, toutes les joies du foyer domestique. Or, cet homme se trouve un beau matin en face d'une ancienne maîtresse. Il la méprise, il croit savoir qu'elle glisse de plus en plus sur la pente du libertinage. Et pourtant voilà ses sens qui s'allument, les souvenirs des anciennes voluptés s'éveillent, l'infamie de cette femme ajoute à la réconciliation un piment de plus. Au fond de l'homme, il y a la bête qui va par goût à l'ordure des autres. C'est là une observation cruelle, mais juste.

Dès lors, que va-t-il arriver ? Je reste toujours dans la réalité. Ou l'homme reviendra pour une heure à son ancienne maîtresse, ce qui est le cas le plus fréquent ; ou, repris de passion, il s'exaltera et fuira avec elle. Ce n'est là qu'une question de tempérament. Dans le second cas, on sera sévère pour lui, on plaindra la femme et l'enfant ; mais, dans le premier cas, on se contentera de sourire. Mon Dieu ! si les maris donnaient seulement un petit souvenir aux anciennes maîtresses, les ménages n'iraient pas encore trop mal !

Je ne juge pas en moraliste, je suis un simple observateur, et je répète que les choses, dans la vie, s'arrangent le plus souvent d'une façon commode. Combien de maris qui retournent à leurs vieilles amours et qui sont de parfaits honnêtes gens ! Les traiter d'infâmes est bien gros. Tout cela est relatif ; entre un mari qui a des ressouvenirs sensuels, tout en adorant sa femme, et un mari rigoriste qui tue sa femme par la vie cloîtrée qu'il lui impose, la morale ne saurait hésiter. Il faut s'être très mal conduit pour avoir la sévérité de M. Dumas, une sévérité en quelque sorte algébrique qui procède par formules.

Maintenant, il est très vrai que M. de Cygneroi est un gredin ; mais M. de Cygneroi est une marionnette à M. Dumas, pas davantage. Il est pis que scélérat, il est grotesque. Où avez-vous vu un monsieur qui lâche si brutalement sa femme, pendant une visite ? L'invraisemblance saute aux yeux. M. de Cygneroi, à moins d'être frappé de folie, doit rentrer chez lui avec sa femme, prétexter un voyage ou autre chose, retrouver le lendemain madame de Morancé. Et, d'ailleurs, cette fuite subite est peu acceptable. On fuit au bout d'une semaine, d'un mois, lorsqu'on souffre des obstacles du ménage; mais là, tout d'un coup, au débotté, sans crier gare, sans aucun travail de la passion, lâcher sa femme et son enfant, c'est ce qui surprend par trop, c'est ce qui plonge M. de Cygneroi dans l'odieux jusqu'au cou. Vraiment, il est facile d'obtenir un misérable, en lui prêtant des procédés pareils.

Ce n'est pas tout. M. de Cygneroi n'est encore que brutal, il va devenir comique. Voilà un homme que la passion transporte jusqu'à lui faire rompre la vie conjugale d'une minute à une autre. Évidemment, le bouleversement est complet en lui. Ce n'est pas un simple caprice, la fantaisie sensuelle d'une heure. Et un coup de baguette va suffire pour le ramener. Dès qu'il apprendra que madame de Morancé n'est pas une fille, il reviendra aussi brusquement à sa femme qu'il s'est éloigné d'elle; et l'auteur en sera quitte pour lui faire dire :

— Si c'est pour vivre avec une honnête femme, je n'ai pas besoin de madame de Morancé : j'ai la mienne.

Qui ne voit que c'est là une simple phrase de théâtre? Est-ce qu'on dit jamais de ces phrases-là? Un homme repris à la gorge par la passion, ne s'en débarrasse pas si aisément. Dès lors, M. de Cygneroi est un pantin.

J'ai dit le mot, il est un pantin à M. Dumas. On suit continuellement, derrière lui, M. Dumas qui lui fait remuer les bras et les jambes. Ce n'est plus un personnage vivant, mais un argument présenté dans le jour qui convient. Et j'en dirai autant des autres personnages de la pièce. Où a-t-on jamais rencontré une femme qui se prête, comme madame de Morancé, à une comédie abominable, dans l'étrange but de se guérir de la passion? Je ne parle pas de Lebonnard, cet ami des femmes que M. Dumas affectionne et qui est d'une convention si agaçante.

Le dialogue est aussi bien étrange. Dans la longue scène entre M. de Cygneroi et Lebonnard, une scène de quinze pages, toute la première partie est insupportable d'argumentation et d'esprit alambiqué. Mais le modèle du genre est dans la scène entre madame de Morancé et M. de Cygneroi. Il y a là des tirades bien typiques. Par exemple, à la fin d'une longue réplique, madame de Morancé s'écrie : « Cœur humain! corps humain! mystère! » Et, quand on a tourné la page, on voit qu'elle ajoute : « La nature humaine a ses évolutions successives, et Dieu a eu la prévoyante bonté, voulant nous amener jusqu'à la mort sans trop de fatigue pour nous, d'échelonner tout le long de la route certains étonnements, certaines surprises qui nous redonnent envie de vivre au moment où nous ne nous croyions plus bons qu'à mourir. C'est ce que les anciens appelaient les métamorphoses. » Dans quel monde M. Dumas observe-t-il donc les femmes, pour leur prêter un langage si cocasse?

Je me résume. M. Sarcey trouve *Une Visite de noces* d'une impression pénible, et il a raison. Mais cette impression existe, non pas parce que M. Dumas a étudié la nature humaine de trop près et sans attendrissement, mais parce que, au contraire, il n'a pas serré la vérité d'assez près, parce qu'il n'a pas su voir la souplesse et la bonhomie de la vie. On sent la fausseté, l'invraisemblance des situations ; on se dit plus ou moins nettement que madame de Morancé est hors de son rôle, que M. de Cygneroi s'avilit à plaisir et qu'ensuite il revient à lui trop aisément, que tout cela est un conte à dormir debout, un conte désagréable qu'on aurait mieux aimé ne pas entendre. Voilà où est le malaise. Mettez à la place un récit vrai, faites que les personnages vivent réellement leurs passions, vous aurez peut-être une action terrible, mais l'impression n'aura plus le côté pénible des fables équivoques.

On me dira : la faute en est au théâtre. M. Dumas a dû entrer dans la convention. Pour faire tenir l'action dans un seul acte, il lui a fallu violenter la vraisemblance et précipiter les volte-face de ses personnages. Et M. Sarcey, dans ce cas, sera sans doute le premier à excuser M. Dumas. Eh bien, si c'est le théâtre qui a tort, tant pis pour le théâtre ! Il est un mauvais instrument qui fausse tout ce qu'il veut rendre. L'épreuve est complète. Du moment que M. Dumas, un maître ouvrier en somme, est impuissant à tirer des formules connues une représentation exacte de la vie, c'est tout au moins que ces formules sont mauvaises.

VIII

Je viens de lire la très curieuse et très intéressante préface que M. Dumas publie en tête de *l'Étrangère*. Elle doit rester, car elle me semble être une confession, une analyse peut-être involontaire de la crise psychologique qui se passe dans un écrivain, à l'heure douloureuse des adieux au public.

M. Dumas jette, avec une complaisance des plus légitimes, un regard sur sa longue et glorieuse carrière. Il se plaît à s'arrêter un instant sur le terrain de ses victoires. C'est lui qui le premier a osé mettre au théâtre la fille avec ses amants, ses marchandages, sa vie de désordre ; et il salue la *Dame aux Camélias*. C'est lui qui le premier a osé mettre au théâtre le bâtard, dans ses réalités contemporaines ; et il salue le *Fils naturel*. C'est lui qui le premier a osé mettre au théâtre ce dénoûment révolutionnaire, un honnête garçon épousant une fille-mère dont le premier amant vit encore ; et il salue les *Idées de Madame Aubray*. C'est lui qui le premier a osé mettre au théâtre le type immonde du bellâtre vivant aux crochets des femmes ; et il salue *Monsieur Alphonse*. Telles sont les triomphantes étapes qu'il a parcourues, livrant chaque fois une bataille aux conventions de la scène, aux préjugés et aux peurs du public, élargissant chaque fois le domaine de l'auteur dramatique.

Ce n'est pas tout. Avec un orgueil justifié, il dit où il a pris le théâtre. En 1852, lorsqu'il donnait au Vaudeville la *Dame aux Camélias*, il lui fallait introduire des couplets dans son œuvre. D'autre part, un reflet de majesté classique qui entourait encore la Comédie-Française, l'obligeait à porter son *Demi-Monde* au Gymnase ; et il a fallu vingt ans, avant que cette comédie fût jouée sur la scène pour laquelle il l'avait écrite. Donc, tous les obstacles lui barraient la route : des lois, des usages, des préjugés, des terreurs, des mauvaises volontés ; et il a tout franchi, et il a imposé ses audaces par son grand talent, et aujourd'hui il se repose dans la pensée d'avoir fait faire, grâce à son opiniâtreté, un grand pas à notre théâtre national. Oui, certes, en dehors de ses œuvres, qu'on peut discuter, il laissera une trace profonde de son passage, il aura l'éternel honneur d'avoir combattu pour la vérité et de s'en être tiré souvent en grand capitaine.

Eh bien, à cette heure, voilà M. Dumas, voilà ce combattant couvert de lauriers, qui paraît vouloir se retirer sous sa tente. Mais, avant de quitter le champ de bataille, il éprouve le besoin d'ouvrir son cœur devant la génération qui vient. Certes, il est plein d'expérience, d'esprit et de logique. Évidemment, voici les paroles qu'il va adresser à la jeunesse :

« Voyez mon exemple. J'ai grandi dans la lutte. Mes jours se sont passés dans l'amour de la vérité, et si je suis une gloire, c'est que parfois j'ai osé me hausser jusqu'à elle. Chacune de mes pièces a été un combat livré à l'ignorance et à la sottise. Aujourd'hui, ma joie est d'avoir fait reculer la convention d'un pas. Imitez-moi donc, reprenez la besogne, où l'âge me force à la laisser ; creusez le sillon davantage, si vous le pouvez ; allez à toutes ces vérités que j'ai pressenties et que je n'ai pu dire. Vous continuerez ainsi le labeur humain, le labeur des siècles, qui est de marcher vers la lumière. A ce prix seul, vous serez grands un jour. »

M. Dumas parle-t-il ainsi? Nullement. C'est un grand chagrin. Un trou se fait dans la logique de cette intelligence. Ce guerrier déconseille la guerre. Il dit à la jeunesse : « A quoi bon lutter? la convention est plus forte que nous. Elle régnera toujours, elle est l'essence même du théâtre. Jamais nous n'y dirons la vérité, dont le public ne veut pas. Croisez-vous les bras, il n'y a plus rien à faire après moi, car j'ai certainement poussé les choses aussi loin qu'on peut aller, plus loin même. Le monde est fini. Je renie mes œuvres. Tout est néant. »

Voilà les conseils de M. Dumas, au bout de sa carrière. Mon cœur se serrait en lisant sa préface. Certes, il était le dernier qui dût nous jeter ce découragement suprême. Il n'avait plus le droit de soutenir la convention, d'interdire la vérité, de borner l'art, lui dont le continuel effort a été de l'élargir. Je risque ma pensée tout entière : sa préface est une mauvaise action, dans l'ordre élevé du courage des esprits. Que s'est-il donc passé ? Comment cet oseur peut-il brusquement revenir en arrière et démentir toute sa gloire ? Quel intérêt a-t-il pour sortir ainsi de la logique, lui qui a eu la prétention de faire de la logique l'outil de son talent ? Oh ! l'explication est simple, M. Dumas a vu simplement pousser derrière lui une génération, dont il est un peu le père, mais qui lui manque aujourd'hui de respect, en trouvant qu'il n'a peut-être pas eu assez d'audace, et qu'en tous cas elle peut et doit oser davantage. M. Dumas se sent devenir le passé, il hésite devant l'avenir.

L'histoire est éternelle. En politique, les révolutionnaires de la veille deviennent les conservateurs du jour, s'ils montent au pouvoir, et ils combattent les hommes du lendemain qui, fatalement, doivent les remplacer. Il n'y a pas d'exemple d'un écrivain avouant qu'il n'emporte pas la littérature avec lui, reconnaissant à ses cadets le droit de continuer sa besogne et de la pousser plus avant. C'est ainsi que M. Dumas a été amené à jeter une parole de désespérance dans le mouvement naturaliste contemporain. Il a écrit sa préface contre ce qu'il appelle la nouvelle école, et ce qui n'est en somme que la marche naturelle des esprits, l'évolution du siècle lui-même.

Je n'entreprendrai pas de réfuter ici M. Dumas. Songez que sa préface tient tout un journal, et que je dispose de bien peu de place. Je laisse d'abord de côté ses échappées philosophiques ; il recommence le scepticisme de Montaigne, il met en doute la vérité elle-même. Cet écrivain qui fait de la convention sa croyance absolue, son article de foi, ne croit pas à la vérité. Je connais l'argument, et c'est pourquoi j'ai toujours voulu, autant qu'il est possible, asseoir notre monde littéraire actuel sur le terrain scientifique, sur le terrain de l'observation et de l'expérimentation. Ensuite, après s'être demandé si la vérité existe, M. Dumas s'en tient à la pure pratique de son métier d'auteur dramatique. Ce n'est plus qu'un homme de grande expérience nous racontant les obstacles qu'il a rencontrés, la peine qu'il a eue à les tourner ou à les franchir. Pris de mélancolie, accusant l'art plutôt que lui, s'il n'a pas élargi ses œuvres davantage, il en arrive à tout rejeter sur les difficultés de la besogne, sur la bêtise du public, sur l'impossibilité de faire mieux qu'il n'a fait. Telle est la conclusion de sa préface : « Vous m'accusez de n'avoir pas fait assez vrai, et je vous réponds que je n'ai pas pu, et j'ajoute que personne ne pourra jamais. »

Pour appuyer cela, il cite des exemples. Il y a

l'anecdote de l'amant accusé d'adultère, et que les habitués de la police correctionnelle huent, s'il avoue ses relations avec sa complice. Il y a l'histoire de la femme à laquelle on tolère un premier amant, mais qu'on siffle au théâtre, dès qu'elle en prend un second. Et il part de là pour dresser une liste de ce que le public admet et de ce que le public n'admet pas ; c'est un vrai manuel du parfait fabricant. Toutes ses remarques, d'ailleurs, sont justes, car il nous donne le fruit de longues observations. Mais ne comprend-il pas que ses propres œuvres sont autant de coups de pied triomphants dans ce code du possible et de l'impossible ? Derrière lui, à mesure qu'il relève le mur de la convention, ses œuvres arrivent et font des brèches. Puisqu'il a fait ce trou, et ce trou encore, pourquoi ne ferions-nous pas d'autres trous à côté ? Quelle étrange attitude, quel besoin de nous dire : « On ne peut pas cela, » lorsqu'on doit ajouter aussitôt : « Moi, je l'ai fait ! »

Sans doute, M. Dumas a raison. C'est une bien dure besogne que d'imposer la vérité au public. Je sais parfaitement les peines inouïes qu'il a dû avoir pour apporter la quantité de vrai qui se trouve dans ses œuvres. D'autre part, il recommande très justement la prudence et l'habileté. On doit, à coup sûr, posséder le métier à fond, pour courir le risque de mettre des audaces à la scène. Mais tout cela ne conclut pas en faveur de la convention ; il faut un grand talent, beaucoup de volonté et beaucoup de puissance, voilà tout. Puis, le point où M. Dumas me paraît se tromper radicalement, c'est lorsqu'il fait du public un être abstrait, immuable dans les siècles, ayant une constitution particulière qui ne varie pas.

Ma croyance à moi est qu'il n'y a pas de public ; il y a des publics. Remarquez que M. Dumas est très sévère pour son public ; il le traite de grand enfant, de gamin, il l'accuse de futilité, de niaiserie. En tous cas, le public qui a sifflé *Hernani*, n'est plus celui qui l'acclame à cette heure ; le public qui se scandalisait au *Demi-Monde*, n'est plus celui qui le regarde aujourd'hui comme une œuvre classique. Au théâtre, le rôle de l'auteur dramatique est précisément de transformer le public, de faire son éducation littéraire et sociale, non pas brutalement, mais avec toutes les lenteurs que réclament les longues évolutions d'un peuple. Ne basez donc rien de définitif sur le public, car celui qui refusait un amant indélicat sur les planches, a accepté le lendemain *Monsieur Alphonse*.

Maintenant, j'arrive au cas qui m'est personnel. M. Dumas me fait l'honneur de me mettre en cause, dans sa préface. Je serai très franc ; j'étais prévenu, et j'avais espéré de sa part une étude plus réfléchie. Lui, n'est ni un reporter, ni un chroniqueur, ni un critique que les nécessités du journal emportent. Il a pu consacrer des mois à sa préface, il avait le temps de se renseigner, de lire, de contrôler. Eh bien, il me paraît s'être contenté, lui comme les autres, d'avoir pris sur moi l'opinion courante, de m'avoir vu à travers les caricatures et les plaisanteries des journaux. De là une base fausse, qui fait crouler toute son étude.

Où a-t-il lu, grand Dieu ! que je réclamais les gros mots de la langue au théâtre ? Qu'il me cite ma phrase, qu'il appuie au moins son affirmation sur une preuve. Et, voyez le résultat, toute sa préface repose là-dessus, il prétend qu'il y a une nouvelle école, l'école naturaliste, qui veut imposer au public les ordures du langage. Alors, il emplit vingt pages, il part en guerre, il cite Shakespeare et Molière, il appelle Boileau à son secours, il invoque Jean-Jacques Rousseau, il utilise en passant Frédérick Lemaître, il met en branle notre littérature et les littératures du monde entier, pour prouver quoi? Que de nos jours, avec nos mœurs, avec notre public actuel, il nous est radicalement impossible de lancer un gros mot dans une salle de spectacle. Eh bien! monsieur, vous avez raison. J'ai toujours été de votre avis, jamais je n'ai dit le contraire. Mais avouez que voilà bien du papier perdu.

Eh! sans doute, les gros mots sont impossibles. Nous ne pouvons même plus employer les mots de Molière; ce n'est pas pour aller prendre ceux de Shakespeare et de Ben Johnson. L'auteur qui mettrait son audace à vouloir du coup faire avaler à notre public le catéchisme poissard, serait un simple imbécile. Donc, pas de gros mots, personne n'en a jamais demandé. Ce n'est pas que je les condamne au point de vue absolu. On paraît ne pas connaître notre littérature. Tout le quinzième siècle, tout le seizième siècle ne se gênaient guère, et le dix-septième siècle non plus. Ce serait une curieuse étude à faire que de relever chez nos grands écrivains les audaces de langage. Il y a, dans Corneille, un mot terrible que j'ai risqué dernièrement et qui a fait scandale. Mais on ignore cela, on paraît croire que j'ai inventé la note brutale. Puisque l'occasion se présente, me sera-t-il permis de dire que je n'ai jamais risqué un de ces mots abominables, qu'après l'avoir pesé pendant des mois dans ma conscience d'écrivain et de moraliste; il était venu sous ma plume comme une nécessité atroce, et si je le laissais, c'était comme un fer rouge dans une plaie, avec le cri de terreur et de souffrance qu'il arrachait.

Voilà pour le livre. M. Dumas a raison de dire que cette exécution d'un vice par son nom même n'est pas possible aujourd'hui au théâtre. Seulement, pourquoi me prête-t-il l'opinion contraire, lorsque rien ne l'y autorise? J'ai dit souvent que la langue au théâtre me semble devoir être l'expression même des personnages. Ainsi, j'ai combattu M. Dumas, avec trop de sévérité sans doute, pour l'esprit qu'il prête indifféremment aux hommes, aux femmes, aux enfants; c'est toujours lui qui parle, et cela a le tort immense de tuer l'individualité de ses créations, d'en faire de continuelles reproductions d'un même type. Selon moi, sa madame Guichard est une de ses rares figures vivantes, justement parce qu'il l'a voulue vraie jusque dans ses paroles. Ma conviction est donc que chaque personnage mis à la scène doit avoir son expression propre, comme il a son allure; sans quoi on n'obtient que des figures effacées, des arguments montés sur des jambes, des pièces d'échecs manœuvrant sous la poussée des doigts. Mais, dans tout cela, il n'y a pas la moindre nécessité du mot cru.

Alors, à quoi bon la préface de M. Dumas? Il se bat contre des moulins à vent, il est de mon avis, sans vouloir en être. Selon lui, je demande la vérité absolue, la reproduction exacte de la nature. Où a-t-il encore trouvé ça? Il sait aussi bien que moi ce que je voudrais dire, si l'expression m'emportait et si je me donnais ce programme. Notre création humaine n'est jamais que relative, je l'ai dit vingt fois. Seulement, il y a des degrés, dans notre effort vers la vérité ; je veux le plus grand effort possible, voilà tout, en acceptant forcément les imperfections du métier et les impuissances de l'ouvrier. Je répète que M. Dumas, qui est un penseur, m'entend parfaitement. Il a passé par où je passe, il connaît ce terrain, cet amour de tout voir et de tout dire. Quant aux raisonnements qu'on peut faire sur notre infirmité, ils sont, hélas ! faits par tous les écrivains, et ce n'est pas une noble besogne que de vouloir y briser les hommes de courage.

Je me suis montré souvent bien dur pour M. Dumas. Mais j'ai la conscience de ne l'avoir jamais attaqué que lorsqu'il s'écartait par trop du vrai. Il a été un des ouvriers les plus puissants du naturalisme contemporain. Puis, il s'est déclaré en lui une sorte d'accès philosophique, qui a empoisonné et détraqué ses œuvres. C'est alors que j'ai regretté de le voir s'échapper du terrain scientifique, où était son triomphe. Justement, quelle étrange comédie que cette *Étrangère*, faite de pièces et de morceaux, avec un duc de Septmonts si net et si vrai, avec cette miss Clarkson, le rêve, la folie, la vierge du mal des mélodrames d'autrefois ! M. Dumas nous dira-t-il que ce sont les nécessités scéniques, la convention et les préjugés, qui lui ont imposé cette figure banale et baroque ? Non, mille fois non ! Il a mis la baronne d'Ange au théâtre, il pouvait ne pas y mettre cette Clarkson. S'il l'y a mise, c'est qu'à un certain moment son cerveau d'écrivain a été embrumé d'une vapeur philosophique, mystique, socialiste et religieuse. Et bien, c'est cela que j'ai combattu en lui et que je combattrai encore, parce que je trouve cela mauvais et douloureux, dans un esprit aussi large. Il s'est diminué chaque fois qu'il est sorti du naturalisme. Ce qui restera de lui, ce sera uniquement la somme de vérité qu'il a conquise sur la convention.

Avant de finir, je tiens à citer les lignes suivantes : « Il faut être d'une outrecuidance niaise, voisine de l'hémiplégie ou du *delirium tremens* pour s'imaginer qu'on fait des révolutions en littérature et qu'on est un chef d'école. On peut avoir autour de soi quelques besogneux, quelques naïfs et quelques malins qui vous disent ces choses-là par nécessité, par ignorance ou pour se donner le spectacle de la sottise d'un homme célèbre, mais il ne faut pas les croire. » Voilà qui va être bien désagréable à Victor Hugo.

Maintenant, on a prétendu que ces lignes s'adressaient à moi. J'en doute encore, car le ton de la préface, aux autres passages, est des plus courtois. M. Dumas connaît-il la force des légendes? A-t-il étudié combien une idée toute faite, répandue dans le public, a de la peine à en être arrachée, pour être remplacée par l'idée vraie? C'est une étude curieuse à faire, et qui devrait le tenter, lui qui aime à observer les foules. Eh bien, je lui propose mon cas.

Il doit me comprendre. Je parle à une haute personnalité littéraire, qui a dû voir se former beaucoup de légendes autour d'elle. Que ferait-il, à ma place, s'il n'était pas le moins du monde orgueilleux et qu'on l'accusât de l'être ; s'il n'avait pas la prétention d'apporter une formule nouvelle et qu'on lui en imposât une ; s'il vivait en brave homme, trouvant tout chef d'école imbécile, et qu'on voulût à toutes forces faire de lui un chef d'école? Je m'adresse à sa franchise. Dois-je mettre à nu les quelques amitiés qui m'entourent, montrer que chacun pense à sa façon dans ce petit monde, répéter une fois encore qu'il n'y a ni école ni chef? Dois-je plutôt attendre que la vérité se fasse? Évidemment, c'est encore là le meilleur parti. Mais M. Dumas comprendra-t-il au moins, si je me tais, la révolte que peut soulever en moi l'aide inconsidérée qu'il apporte à l'erreur, en acceptant sur ma personne, sans documents, sans contrôle, toutes les niaiseries et toutes les calomnies qui courent les journaux? Cela n'est pas digne de lui, ni de son caractère ni de sa situation. C'est encore une action mauvaise.

Entre M. Dumas et moi, un mot doit suffire. Il s'est laissé tromper, tout ce qu'il avance est faux, je l'affirme. Mon continuel étonnement, c'est qu'il soit si difficile de lire et de comprendre ce qu'un homme a écrit. S'il n'y avait aucun document, si j'étais mort depuis cinq cents ans, je comprendrais ces erreurs matérielles, ces affirmations hasardées. Mais tout ce que j'ai publié est là, quelques heures suffisent pour en prendre une idée exacte. Quel étrange phénomène se produit-il donc? Comment arrive-t-on à me prêter des opinions de pure fantaisie, à me faire dire juste le contraire de ce que j'ai dit réellement? Ce qui me tranquillise, c'est que je compte réunir tous ces articles épars, et que je finirai par avoir raison, lorsqu'on se décidera à les consulter. On me prépare là un facile triomphe, que je n'ai pas cherché. Le jour où un esprit juste, étonné de cet assaut furieux de tous contre un seul, voudra se reporter aux éléments de la querelle, il sera bien surpris de voir que cet homme a été un simple travailleur cherchant le vrai, niant les écoles, affirmant la seule individualité, étudiant l'époque en historien, faisant sa propre tâche avec le sentiment de son impuissance et la continuelle peur de n'être pas digne du bruit maladroit qu'on déchaîne autour de lui.

Et, en concluant, je reviens à ce ton de mélancolie qui perce dans la préface de M. Dumas. Au bout du chemin, devant son œuvre, il semble se désespérer de ne pas la laisser plus grande. Alors, comme je l'ai dit, il préfère douter de la vérité que de lui-même. Où il n'a pu passer, il prétend barrer le chemin. Seulement, il ne faut pas que la jeunesse l'écoute. Entendez-vous, vous tous qui travaillez, qui luttez, qui rêvez de triompher, ce n'est pas M. Dumas qui vous parle, ce n'est plus que son ombre. Écoutez-le, quand il vous parle de son expérience, écoutez-le encore quand il vous recommande d'appuyer votre force sur de la prudence. Mais, quand il vous affirme en bloc l'éternité de toutes les conventions, quand il prétend la vérité impossible, quand il présente le public comme un élément immuable, ne l'écoutez plus, car il vous induit en erreur, il vous enlève tout votre courage, il vous jette dans la fabrication, dans la routine, dans le succès quand même.

Voulez-vous savoir ce que vous dit par ma bouche l'auteur de *la Dame aux Camélias*, du *Demi-Monde*, de *Monsieur Alphonse*? Voici ce qu'il dit : « Vous êtes jeunes, rêvez donc de conquérir le monde. Exagérez votre audace, songez qu'il vous faut dépasser vos aînés pour laisser à votre tour de grandes œuvres. Le métier vous glacera assez vite. Chaque conquête sur la convention est marquée par une gloire, personne n'est grand s'il n'apporte dans ses mains saignantes une vérité. Le champ est immense, infini. Toutes les générations peuvent y moissonner. J'ai terminé ma tâche, mais la vôtre commence. Continuez-moi, allez plus avant, faites plus de clarté. Je vous cède la place par une loi fatale, je crois à la marche de l'humanité vers toutes les certitudes scientifiques. Et c'est pourquoi je vous crie de reprendre mon combat, d'être braves, de ne pas avoir peur des conventions que j'ai entamées et qui céderont devant vous, dussiez-vous, un jour, par des œuvres plus vraies, faire pâlir les miennes. »

Tel est le seul langage que M. Dumas peut tenir à la jeunesse.

VICTORIEN SARDOU

I

J'entends faire à M. Victorien Sardou le reproche de ne point se modifier, de recommencer éternellement la même pièce, taillée sur le même patron. Pourquoi se modifierait-il? Il a une formule qui lui a réussi; il est trop ami du succès pour changer cette formule, tant que le public ne s'en lassera pas. Que demain le public exige autre chose, et l'on peut être certain qu'il abandonnera la coupe qui lui sert depuis ses débuts. Une seule fois, il a eu l'ambition d'écrire un chef-d'œuvre, *la Haine*. Mais une fois n'est pas coutume, et comme les spectateurs lui ont nettement signifié qu'ils ne voulaient pas de chefs-d'œuvre, il a pris solennellement, dans une lettre rendue publique, l'engagement de ne plus en faire. Et il tiendra parole, j'en suis convaincu.

Vraiment, nous sommes bien venus de discuter les pièces de M. Sardou ! Il hausse les épaules de pitié. Nous lui reprochons trop d'ingéniosité, nous nous plaignons des pantins qu'il nous montre, des ficelles trop grosses qu'il attache à chaque situation. Et il sourit, il étale sa popularité, il cite les deux ou trois cents représentations de chacune de ses œuvres. Est-ce qu'un homme auquel le théâtre a payé un château peut avoir tort? Puis, je jurerais qu'il est très fier de son adresse, il doit discuter ses tours d'escamotage avec la conviction d'un homme passionné. Imaginez un marchand de jouets qui aurait un bébé parlant à vendre. Ses personnages disent « papa » et « maman, » et il entend nous prouver que ce sont des personnages naturels.

Dora, la pièce en cinq actes que vient de représenter le Vaudeville, est une de celles où il est le plus facile de surprendre les procédés de M. Sardou. Il y a toujours deux parties très distinctes dans une œuvre de cet auteur dramatique, ce que j'appellerai le cadre et ce que j'appellerai l'action. M. Sardou cherche le cadre dans l'actualité ; il a le flair du moment précis où il faut employer telle ou telle matière. Ainsi, *Dora* n'aurait pu être jouée quelques années plus tôt, et, quelques années plus tard, on ne l'aurait pas comprise.

D'abord, le cadre. L'auteur a dû se dire qu'il y avait un milieu curieux à peindre, celui du demi-monde étranger, les comtesses de hasard, les grandes dames venues on ne sait d'où, les aventurières que Paris accueille du moment où elles sont belles et où elles paraissent riches. Puis, cela ne suffisant pas, il a pris le coin de ce demi-monde qui avoisine le monde parlementaire, de façon qu'il a élargi son milieu en le prolongeant dans les coulisses de la politique. Là est la trouvaille qui a dû le décider. Il a conçu le rôle d'une espionne travaillant pour le compte d'un ministre autrichien. Même il a inventé tout un bataillon d'espionnes, opérant sous les ordres d'un baron de comédie. Des espions, n'était-ce pas un coup de maître? Notre idée fixe, en France, est que nous sommes espionnés; des légendes ont couru; le sujet allait tomber dans un terrain admirablement préparé.

Certes, je ne puis m'arrêter à discuter l'importance que M. Sardou donne à ses espionnes. Cela m'a paru bien puéril. Que des femmes bavardent, que des femmes écoutent, provoquent même des confidences et les répètent, la chose est vraisemblable. Mais que les États aient ainsi à leurs ordres des gredines qui agissent presque officiellement, en bandes, sous le commandement d'un monsieur quelconque, c'est ce qui me semble fort douteux. En tous cas, les choses ne se passeraient pas d'une façon aussi commode et aussi impudente que le croit M. Sardou.

Pourtant, j'accepte l'espionne. Voilà M. Sardou avec ce grand rôle sur les bras, une femme étrangère, d'une beauté admirable, venant à Paris confesser les personnages politiques. La pièce tout de suite menace de tourner au drame. En tous cas, l'espionne devra être une figure étrange, accusée avec relief et laissant deviner des profondeurs. On comprend qu'un auteur soit tenté. Mais M. Sardou, qui connaît son public, tourne autour de cette figure avec inquiétude. A quoi bon faire grand, cela ne réussit pas. Il préfère mille fois faire ingénieux. Et, tout d'un coup, il a trouvé ; il lui suffit de faire de son espionne une fausse espionne. Il y a deux cents représentations là dedans.

Nous voici à l'action, maintenant. Imaginez un jeune diplomate, André, qui tombe amoureux d'une jeune Espagnole, rencontrée avec sa mère, à Nice. Les deux femmes ont des allures bizarres qui les font prendre pour des aventurières. Le triomphe, au fond, est d'en faire des personnages parfaitement honnêtes. André épouse Dora, la fille de la marquise de Rio-Zarès. Mais, le jour de son mariage, il croit découvrir qu'il s'est marié avec une espionne, dont les délations ont fait jeter en prison un de ses amis. En outre, un papier important lui a été volé dans son secrétaire, et tout accuse sa femme. Naturellement, au cinquième acte, l'innocence de Dora est proclamée. Elle était simplement la victime de la comtesse Zicka, une véritable espionne celle-là, qui avait volé le papier et fait emprisonner le jeune homme, en ourdissant sa trame de façon à se venger de Dora et d'André, qu'elle adorait.

Voilà du théâtre, au moins, parlez-moi de ça ! Il n'y a plus de grande figure, la fausse espionne est une pensionnaire égarée parmi des loups, la véritable espionne est un traître de mélodrame. Mais comme c'est travaillé, comme c'est machiné ! Je connais des tours de cartes qui sont moins amusants. D'abord, il faut que la comtesse tende ses pièges, et le petit jeu est très agréable. Pour le vol du papier surtout, on voit un trousseau de clefs qui se promène de main en main, de façon à récréer la société. Puis, il faut que la comtesse soit prise dans ses propres pièges, et ici le petit jeu recommence en sens inverse. Que peut-on demander de plus? n'est-ce pas une distraction suffisante pour un public qui digère?

Je recommande surtout le dernier acte. André et Dora ont rompu, tout est fini entre eux. Un ami, un député, Favrolle, qui mène la pièce, est chargé de confondre le vice et de récompenser l'innocence. Et il confond la comtesse, d'une façon énormément subtile. André lui a laissé l'adresse de son notaire sur une feuille de papier, que Favrolle a mise dans un buvard. La comtesse, restée seule, veut lire ce papier; elle le tient quelques secondes dans sa main gantée. Or, Favrolle a justement senti les gants de la comtesse, et, quand il reprend le papier, il retrouve la même odeur, la feuille s'étant imprégnée de cette odeur. C'est charmant, n'est-ce pas? Et ce qui est plus stupéfiant encore, c'est la prompte intuition du député, qui reconstruit le drame entier en quelques phrases. Enfin, pour aller de plus fort en plus fort, il joue une comédie à la comtesse; il lui fait tout avouer, grâce à une feuille de papier blanc, qu'il lui donne comme un dossier de police sur son passé.

Je n'entends pas nier les quelques scènes à effet que cette donnée a fournies à M. Sardou. Quand il a échafaudé une pièce sur toutes sortes de pointes d'aiguille, il obtient le plus souvent des situations intéressantes. L'horrible lutte de ce mari qui croit, le jour même de ses noces, avoir épousé une créature indigne, est dramatique. Je signalerai surtout la scène du troisième acte, où Teckli, le jeune homme que la comtesse a fait emprisonner, accuse nettement Dora, en face d'André, dont il ignore le mariage. Favrolle est présent. L'écrasement d'André, son besoin de savoir la vérité, les réticences de Teckli, l'intervention de Favrolle, tout cela est merveilleusement conduit. On est là dans un combat poignant et vrai. J'aime beaucoup moins la grande scène d'éxplications entre André et Dora, au quatrième acte. Elle est fausse. Il n'y aurait qu'un mot à dire pour que tout s'expliquât, et ni l'un ni l'autre ne dit ce mot. Dora ne reste pas dans son rôle, en refusant de parler et en faisant de la dignité. Tous deux ne peuvent avoir qu'un désir, chercher la vérité ensemble, la chercher jusqu'à ce qu'ils la trouvent.

Mais la pièce était finie, et nous y perdions le joli dénoûment du cinquième acte, les gants, la feuille de papier et le reste. M. Sardou, à la chute du rideau, au quatrième acte, semble dire au public : « Maintenant, le drame est terminé, nous allons passer à un vaudeville, pour finir gaiement. » Et il rentre dans la coulisse ses personnages sérieux, il fait avancer les pantins. Au lieu de dénouer son action par André et Dora, les seuls intéressés dans l'affaire, ceux dont le cœur est encore tout vibrant des passions violentes qu'il y a remuées, il cesse de les utiliser, il charge des comparses de décider de leur sort. Le drame ne s'achève pas, il s'arrête court. Cela est peu noble et peu littéraire. Si Dora et André arrivaient par eux-mêmes à la vérité, la pièce aurait tout de suite une autre largeur.

J'ai dit que *Dora* s'achevait par un vaudeville. Cette comparaison me frappe et je la développe. Il semble que M. Sardou, dans ses pièces en cinq actes, entende tenir toute la soirée et donner au public un spectacle varié, tel qu'on en voit sur les affiches des théâtres de province. D'abord, il faut débuter par deux actes gais : M. Sardou fait ses deux premiers actes gais, en dehors de l'action. Ensuite, il faut un morceau de résistance, un drame : M. Sardou noue un drame dans son troisième acte et son quatrième acte. Enfin, comme je l'ai dit, il faut un vaudeville pour terminer, et M. Sardou s'arrange pour que son cinquième acte, son dénoûment, soit un vaudeville. Voilà une affiche bien composée. Il paraît que la coupe est bonne, puisque le plus habile de nos auteurs dramatiques ne s'en écarte jamais.

Cette fois, pourtant, les deux premiers actes gais ont paru un peu longs. Le premier se passe à Nice, dans un hôtel où défilent les types excentriques de la pièce ; le second se passe à Versailles, dans le salon de la princesse Bariatine, une grande dame russe, qui a la folie douce de la politique, au point de croire qu'elle fait et défait des ministères. Certes, il y a beaucoup de jolis détails. Mais tout cela est facile. Les grandes dames sans le sou, les mères qui traînent dans les villes d'eaux des filles en savates et en robe de soie pour les marier, n'ont plus rien de bien original. Quant aux députés, ils sont vraiment trop aisés à peindre ainsi d'une façon caricaturale. Les types mis à la scène par M. Sardou sont las de traîner dans les petits journaux. Il n'a pas trouvé un seul profil vraiment nouveau, il n'a pas inventé un seul mot profond. Ce sont des silhouettes sans intérêt aucun. A peine sent-on, çà et là, quelques allusions qui font long feu.

Le pis est que ces deux actes sont obscurs. On ne sait où l'auteur vous mène. Tout le début du premier acte a laissé le public très froid. Le troisième acte et le quatrième ont eu au contraire un grand succès. Le cinquième a fait sourire par son ingéniosité. Tel est le bilan exact de la soirée.

J'ai le regret, en terminant, d'avoir à prendre la parole pour un fait personnel. Dans un de mes derniers romans, *Son Excellence Eugène Rougon*, j'ai, moi aussi, deux grandes dames, la comtesse Balbi et sa fille Clorinde, qui courent les villes de plaisir et le monde de la politique, comme la marquise de Rio-Zarès et sa fille Dora, l'une cherchant à marier l'autre. Ma Clorinde correspond avec un gouvernement étranger. Ma Clorinde épouse un diplomate et se trouve mêlée au même milieu que la Dora de M. Sardou. Enfin, dans le chapitre IIIe de mon roman, mes deux étrangères sont posées comme les deux étrangères de M. Sardou, au premier acte, avec des détails d'une grande analogie.

Dieu me garde d'insinuer que M. Sardou a lu mon livre avant d'écrire sa pièce! Les ressemblances s'arrêtent là, et les deux actions sont complètement différentes. Seulement, comme je puis avoir l'idée de mettre *Son Excellence Eugène Rougon* au théâtre, et que mon point de départ, mon premier acte, sera identiquement celui de M. Sardou, il faut bien que je prenne mes précautions. Voilà qui est fait.

II

Dans les *Bourgeois de Pont-Arcy*, la nouvelle pièce en cinq actes que vient de jouer le Vaudeville, M. Victorien Sardou est encore resté fidèle à la formule qui lui a valu tant de succès. Une fois de plus, il a encadré un drame dans les énormes développements donnés à une peinture de mœurs; et, comme dans ses précédentes comédies, nous avons eu deux actes d'exposition, longuement détaillés, suivis de deux actes d'action, très ingénieusement charpentés, et terminés par un acte de dénoûment, bâclé d'une façon quelconque, mais de manière à laisser partir le public sous une impression gaie.

Cette fois, M. Sardou avait choisi pour cadre la peinture d'une petite ville. Les journaux ont eu le soin de nous avertir à l'avance, et avec plan à l'appui, que la petite ville de Pont-Arcy n'était plus la petite ville de Balzac, mais la petite ville contemporaine, que le chemin de fer a mise à trois heures de Paris. De là tout un changement dans les mœurs; on a construit un quartier neuf, la nouvelle ville, qui lutte avec les deux autres quartiers, la ville haute et la ville basse, la noblesse et le peuple; d'autre part, les ambitions sont décuplées, la fièvre de Paris s'est emparée des bourgeois et des bourgeoises. C'était tout un tableau nouveau à faire.

Il faut rendre à M. Sardou cette justice, qu'il a un flair merveilleux pour mettre en circulation, au théâtre, la petite monnaie des trésors que nos romanciers entassent dans leurs livres. Nos romanciers ont peint cette petite ville moderne, comme ils avaient peint le monde politique interlope de Dora. Seulement, qui s'avisait de s'en apercevoir? Est-ce qu'on lit les livres? Et voilà que M. Sardou arrive, débarrassant l'étude du romancier de tout le côté profond et sérieux, remplaçant les observations exactes par des caricatures et des plaisanteries à la taille du public : aussitôt on crie à la découverte, à l'invention, à l'audace. Cela fait sourire.

Vous allez voir qu'avant quinze jours d'ici, il sera bien et dûment établi que M. Sardou est le peintre par excellence de la province nouvelle, de cette province qui tend à devenir la banlieue de Paris. On criera même à la vérité des types. La vérité des types, bon Dieu ! Il n'en est pas un, dans la pièce, qui ne soit une charge démesurée : la mairesse Trabut et son amie, l'élégante Zoé, qui se feraient siffler à Pontoise pour leurs toilettes extravagantes, qu'une cocotte ne se permettrait pas à Mabille ; madame Cotteret, une épave parisienne, une ancienne rigoleuse du Prado tournée à la dévotion, qui donne la note du rigorisme, avec une outrance également excessive ; Léchart, un papetier religieux, un gredin hypocrite, dont le profil a traîné partout ; Amaury, un beau, le coq de Pont-Arcy, beaucoup trop beau, ne sentant plus du tout la province. Et c'est tout, M. Sardou a borné là la série de ses portraits, il a cru avoir incarné sa petite ville entière dans la demi-douzaine de pantins que je viens de nommer.

Ce qui me fâche, c'est que pas une fois la note juste n'est donnée. J'admets parfaitement qu'il faut un certain grossissement au théâtre. Mais encore les rapports entre les figures doivent-ils subsister. Or, rien n'est plus criard que la juxtaposition de ces figures de convention, toutes bâties sur des clichés qui courent les rues. Et comme cela est gros, comme toute cette invention manque d'originalité et de distinction ! L'auteur ne recule devant aucun moyen pour prendre son public. C'est de la peinture d'enseigne, à coups de balai. Pas un caractère n'est fouillé, pas un personnage n'est mis dans son vrai jour. Certes, ceux qui connaissent la province resteront ébahis devant une pareille farce.

Remarquez, d'ailleurs, que l'intrigue est demeurée poncive, si les figures ont la prétention d'être nouvelles. Les bourgeois de Pont-Arcy, comme les bourgeois des petites villes de Balzac, se déchirent entre eux. Même M. Sardou aurait bien fait de les appeler les bourgeois d'Arcy tout court, car sa pièce n'est qu'une adaptation du roman dans lequel Balzac a étudié les intrigues compliquées d'une élection en province. La belle madame Trabut, qui veut faire de son mari un député pour aller vivre à Paris, tâche de ruiner la candidature de Fabrice de Saint-André, en liguant contre lui toute une partie de la ville. Vous devinez dès lors les plaisanteries commodes sur les sous-préfets, sur les candidats, sur le centre gauche ; ces plaisanteries sont d'un effet sûr, et M. Sardou n'hésite jamais, quand il est certain d'avoir le gros public pour lui. Il manque absolument de scrupules littéraires.

Le cadre déborde, j'ai donc parlé d'abord du cadre. Mais j'arrive au drame. Le père de Fabrice de Saint-André a eu une liaison, dans les dernières années de sa vie, avec une certaine Marcelle, qu'il a rendue mère, après lui avoir juré qu'il l'épouserait un jour. Cette liaison est ignorée de tous, lorsque Marcelle elle-même vient brusquement la révéler à Fabrice, poussée par le très bon sentiment d'éviter une grande douleur à madame de Saint-André, car celle-ci va tout apprendre, à la suite d'une complication que je me dispense d'expliquer. Le pis est que Fabrice, grâce aux menées de madame Trabut, est surpris avec la jeune femme, et que, pour épargner un chagrin à sa mère, il consent à laisser croire qu'elle est sa propre maîtresse, ce qui rompt son mariage avec Bérengère, une jeune fille qu'il adore.

Dès lors, on comprend le drame. M. Sardou, qui aime à jouer avec son public comme avec une souris, n'a garde de rester en chemin. Quand il croit tenir une situation, il la pousse jusqu'au bout. Pendant deux actes, il retourne donc sur tous les côtés cette situation du fils endossant les gaillardises du père, acceptant la maîtresse d'abord, puis l'enfant, le tout pour ne pas faire de peine à sa maman. D'abord, il a une explication avec sa mère; ensuite, il a une autre explication avec sa fiancée. L'oncle Brochat est mêlé à toute cette histoire, et sert à la presser comme un citron, jusqu'à ce qu'elle ait rendu tous les effets scéniques imaginables. Grande souffrance de madame de Saint-André qui, devant les refus de Fabrice, révolté à la pensée d'épouser Marcelle, finit par le traiter de malhonnête homme. Grand dévouement de Marcelle qui se prétend indigne et pousse l'abnégation au point de se faire chasser. Enfin, comme disaient nos pères, toutes les herbes de la Saint-Jean.

A la rigueur, je comprends que cette idée ait séduit un homme de théâtre. Nous autres romanciers aurions souri et passé outre. Un fils rompant un mariage, brisant son avenir pour éviter toute tache à la mémoire de son père, quel beau sujet! Et comme cela est dramatique, le fils accusé par la mère et ne pouvant parler! Puis, tout le monde est sympathique : le fils un héros, la mère une sainte femme, la maîtresse elle-même une martyre, une nature élevée, dont l'unique faute a été de croire à la parole d'un homme, et qui est en somme la seule punie. Voilà de quoi toucher les cœurs les plus durs. On ne peut trouver d'intrigue plus tentante.

Le malheur est que tout cela n'existe pas et se bâtit simplement dans la tête de l'auteur. Nous sommes là jusqu'au cou dans une fiction inacceptable. Fabrice n'est pas un héros, il est simplement un imbécile. Je comprends parfaitement qu'on n'aille pas révéler de gaieté de cœur à une veuve que son mari l'a trompée et a laissé quelque part une lingère inconsolable, accompagnée d'un orphelin. Mais il est telles circonstances où, entre deux chagrins, il faut savoir choisir le moindre. Or, il serait beaucoup plus humain de dire tout de suite à madame de Saint-André que son mari ne lui a pas toujours été fidèle, que de la promener si longtemps dans les douleurs que lui cause la prétendue vilenie de son fils. Étrange façon de ménager une veuve, en respectant le mari mort pour déshonorer le fils vivant! On veut qu'elle ne pleure pas et on la fait sangloter.

N'est-il pas évident que, dans la vie, les choses se passeraient d'une autre façon? Jamais le fils ne se laisserait acculer de cette manière, jamais il ne permettrait qu'on le traînât si longtemps dans la monstruosité d'une pareille confusion de personnes. Il dirait ou il ferait dire tout de suite la vérité à sa mère. Et ce dénoûment était tellement indiqué que M. Sardou a bien été forcé d'y arriver à la fin. L'oncle Brochat finit par s'apercevoir du malentendu où l'on patauge, et avertit charitablement madame de Saint-André. Alors, la pièce qui, depuis trois heures, piétine sur place, au milieu de toutes sortes de choses pénibles, s'arrête tout d'un coup, et de la façon la plus plate. On se regarde, surpris de la commodité de ce dénoûment, ne reconnaissant plus son Sardou, si ingénieux d'ordinaire. Eh quoi ! il n'y a pas de tour de passe-passe, cela finit comme cela aurait dû commencer ! Alors, à quoi bon ?

Ce qu'il y a de plus comique dans l'affaire, c'est que madame de Saint-André, après le coup au cœur réglementaire, accueille avec des transports lyriques la révélation de Brochat. Elle embrasse son fils, elle pleure de joie. Vraiment, on a bien tardé pour lui causer ce plaisir. Ce qui est pénible, ce n'est pas la situation elle-même, ce sont les développements que M. Sardou lui a donnés. On peut admettre que Fabrice, surpris avec Marcelle, perdant la tête, ne veuille d'abord pas dire la vérité devant sa mère. Seulement, cela doit se dénouer tout de suite ; autrement, on entre dans une convention des plus choquantes. Un mari, surtout un mari mort, n'est pas déshonoré parce qu'il a eu une maitresse. L'indignation de Fabrice, lorsque Marcelle lui conte son histoire, est une indignation de théâtre, une spéculation sur la gourmandise que montre le public pour les grands sentiments et les grands mots. Il est indélicat de se servir de ces moyens· grossiers. Le crime de feû le baron de Saint-André n'est pas si gros qu'il puisse causer une pareille révolution dans une famille.

Et ne croyez pas que j'exprime là une opinion personnelle. La pièce est froide, parce qu'elle repose sur une situation qui n'est point vraie. Il n'y a pas, au fond de ces grands désespoirs, de quoi fouetter un chat. Le public sent cela plus ou moins confusément ; aussi ne s'est-il livré que difficilement et seulement après les tirades sur le cœur, sur la vertu, sur les devoirs. Tout le temps, on se dit : « Mais pourquoi sont-ils si malheureux, là dedans ? Un mot suffirait pour les rendre très heureux. » On attend ce mot, on s'impatiente, perdu au milieu de broussailles obstinées ; et, lorsque l'oncle Brochat veut bien enfin les tirer d'affaire, on est tellement fatigué, qu'on se fâche d'avoir marché si longtemps sans bouger de place.

J'aurais voulu insister sur deux scènes. L'une est charmante, d'une observation très délicate et très vraie : c'est la scène où l'oncle Brochat apporte à madame de Saint-André la photographie de l'enfant de Marcelle, que la bonne mère prend pour son petit-fils et qu'elle regarde, les yeux peu à peu mouillés de larmes. L'autre scène est bien caractéristique : Fabrice a une explication avec Bérengère, et, au lieu de tout lui dire, il se contente de lui jurer qu'il n'a jamais été l'amant de Marcelle et de lui demander de croire à sa parole, par un miracle d'amour. L'effet a été très grand. J'ai cru surprendre là tout le secret de ce qu'on nomme le métier du théâtre. Dans la réalité, il est certain que Fabrice aurait poussé son aveu jusqu'au bout ; les jeunes filles en chair et en os ne sont pas ces lis immaculés, qu'un souffle flétrit, tels qu'on les plante de huit heures à minuit devant le trou du souffleur. Jamais un romancier observateur ne se serait avisé de tirer un effet de cette demi-confidence de Fabrice. J'avoue même que, si j'avais lu la pièce au lieu de la voir, je ne me serais jamais douté qu'il y eût, dans cette scène, un effet si grand. Eh bien, tout le secret du théâtre est peut-être là : calculer la déviation qu'il faut donner au vrai pour que le public soit agréablement chatouillé. On sait que les ouvriers qui décorent les faïences emploient des couleurs dont les véritables teintes n'apparaissent qu'au feu du four ; nos auteurs dramatiques cuisent également au feu de la rampe leurs peintures, si fausses de tons.

Je veux conclure. M. Sardou n'a jamais si mal réussi le cadre épisodique dont il entoure ses drames. La pièce ne répond nullement au titre, j'en suis encore à chercher les bourgeois de Pont-Arcy ; c'est tout au plus s'il nous a montré quelques caricatures de bourgeoises qui ne sont d'aucun département ; à la fin surtout, les personnages de second plan s'effondrent tout à fait, ne tiennent plus aucune place et arrivent pour servir de rideau de fond. Quant au drame lui-même, c'est un vaudeville du Palais-Royal qui a mal tourné. Je vous assure qu'on écrirait quelque chose de très drôle, en mettant les situations au comique. Le tort de M. Sardou a été de gonfler son sujet jusqu'à le faire éclater, et d'entasser les grands sentiments, à propos d'une aventure de famille qui, en somme, ne demandait qu'un peu de discrétion.

III

Je n'ai pas à revenir le moins du monde sur la façon dont j'ai jugé *les Bourgeois de Pont-Arcy*. Seulement, l'œuvre nouvelle de M. Sardou m'a fait faire des réflexions que je crois intéressantes. Je le prendrai d'un peu loin.

Souvent, j'ai été frappé de ce fait que la gloire littéraire de chaque siècle éclate dans un genre particulier. Il semble que toutes les forces créatrices d'une époque adoptent par instinct la formule qui leur permettra le plus large développement possible, en tenant compte des milieux et des circonstances. Ainsi, il est évident qu'au dix-septième siècle le meilleur du génie de la nation s'est porté au théâtre, dans la tragédie et la comédie ; il suffit de citer Molière, Corneille, Racine. Au dix-huitième siècle, la formule a déjà changé ; Diderot, Voltaire, Rousseau sont des philosophes, des historiens, des critiques. Enfin, de notre temps, au dix-neuvième siècle, les genres méprisés et mis à la queue de tous les autres, dans les traités de rhétorique, la poésie lyrique et le roman, jettent tout d'un coup un tel éclat, qu'ils règnent au premier rang. Évoquez simplement les grands noms de Balzac et de Victor Hugo.

Je n'insiste pas, il me paraît hors de doute que chaque grande période littéraire a ainsi un cadre qu'elle élargit, dans lequel il lui convient davantage de couler sa pensée. Et je suis certain que ce cadre n'est pas choisi au hasard, qu'il est imposé, que ce sont les mœurs, les tournures d'esprit, le moment physiologique et psychologique de la nation qui le créent. Il serait un peu long d'examiner ici pourquoi l'œuvre dramatique a été l'œuvre par excellence du dix-septième siècle, pourquoi l'histoire et la critique sont nées au dix-huitième. Mais, devant l'infériorité évidente de nos comédies et de nos drames actuels, je suis très tenté de dire pourquoi, selon moi, le roman absorbe aujourd'hui tous les véritables tempéraments littéraires qui se produisent.

Remarquez combien le théâtre était un merveilleux terrain pour développer des personnages abstraits, des morceaux d'éloquence, la rhétorique balancée d'une langue mûre et parfaite. Molière et Corneille écrivaient des comédies et des tragédies, parce qu'ils avaient trouvé là la formule propre du génie de leur âge ; je suis persuadé que, de notre temps, ils écriraient des romans. Plus tard, Diderot et Voltaire s'occupent bien de théâtre ; mais les formules ont changé, des éléments nouveaux se sont produits, l'amour de la nature, l'analyse exacte, le souci de la vérité physique ; et l'on voit Diderot se débattre dans des drames qu'il ne peut rendre scéniques, tandis que Voltaire n'accouche que de tragédies médiocres, après avoir mis toute sa flamme littéraire dans des contes de vingt pages. Nous arrivons ainsi à notre époque, où le mouvement du siècle dernier s'accentue encore. Le théâtre devient de plus en plus un cadre bâtard qui décourage le génie ; le roman ouvre, au contraire, son cadre libre, son cadre universel, aussi large que les connaissances humaines, et appelle à lui tous les créateurs.

Il serait vraiment étrange que les grands écrivains vinssent ainsi par fournées : les auteurs dramatiques à la fois, puis les philosophes et les critiques, puis les romanciers. Si la formule littéraire était indépendante de l'époque, nous aurions en même temps des grands hommes dans tous les genres. Puisqu'ils naissent ainsi par couches successives, il faut bien admettre que le climat intellectuel du siècle entre pour quelque chose dans les fleurs qu'ils portent.

Nous sommes donc au siècle du roman. C'est un

mouvement qui commence à peine, d'ailleurs. Questionnez des gens graves, vivant dans des bibliothèques, ils vous diront, avec une moue méprisante, qu'ils ne lisent jamais de romans. Le roman est resté pour eux une fiction légère, un simple amusement de l'esprit, bon pour les femmes. Ils ne soupçonnent pas le moins du monde quelle largeur on a donnée à ces études, qui embrassent à la fois la nature et l'homme. On les stupéfierait, si on leur démontrait que la critique, l'histoire, la science sont là désormais. Et, fatalement, à mesure que le roman a pris cette ampleur, le théâtre est devenu de plus en plus étroit. Tout ce qui élargissait le premier, l'allure libre, la vie rendue avec son frisson, l'analyse des personnages poussée jusqu'au rendu des plus petits détails, le retour aux sources, l'enquête continuelle, étriquaient par là même le second, qui ne vit chez nous que de conventions et d'à peu près. On peut poser en axiome que le mouvement naturaliste a rendu le théâtre d'autant plus médiocre qu'il apportait au roman une largeur plus grande.

C'est ici que je reviens à M. Sardou. On raconte que M. Sardou prépare ses pièces des mois à l'avance, qu'il fait un dossier pour chaque personnage, qu'il dessine les plans des lieux où son action se passe, qu'il calcule les moindres épisodes avec des soins minutieux. Eh! bon Dieu! nous ne faisons pas autre chose, nous autres romanciers. Nous amassons également des notes, nous dressons des actes civils à nos héros, nous ne nous mettons à l'œuvre que lorsque nous nous sentons solidement debout sur le terrain de la réalité. Alors, comment arrive-t-il que M. Sardou aboutisse aux stupéfiants résultats des

Bourgeois de Pont-Arcy? Comment les types observés, les notes prises, les plans établis, peuvent-ils fournir ces caricatures ridicules, cette petite ville en carton, d'une invention si grossière et si peu acceptable? L'explication est simple : c'est que M. Sardou fait du théâtre.

On se souvient de la détermination fameuse qu'il prit, au lendemain de l'insuccès de *la Haine*. Il écrivit une lettre d'homme vexé, dans laquelle il déclarait que, puisque le public ne voulait pas de chefs-d'œuvre, il n'en ferait plus. Et il entend tenir son serment. Au théâtre, le succès est tout ; il le faut immédiat, brutal, complet. Un livre peut attendre, une pièce tombe ou réussit. Aussi M. Sardou n'a-t-il qu'un but, lorsqu'il écrit, conquérir le public quand même, s'aplatir devant lui aussi bas qu'il le faudra. Son ambition ne va pas plus loin que les applaudissements.

Dès lors, on commence à comprendre. Rien n'est pénible comme une vérité humaine. M. Sardou égaye les vérités en les disloquant. Il pousse chaque détail à la charge, il met dans un coin des amoureux en pâte tendre, il amuse la salle en escamotant des muscades. Au milieu de ces exercices, les notes qu'il a prises restent sur le carreau, ses plans ne sont plus que d'excellentes réclames, bonnes à publier dans un journal, ses personnages deviennent des marionnettes pour entretenir la belle humeur des enfants, grands et petits. On a émis devant moi la pensée que M. Sardou n'était peut-être pas un bon observateur, qu'il croyait observer et qu'il n'allait pas au delà de la surface des choses. Mon Dieu! c'est possible, mais M. Sardou serait un observateur très fin, qu'il n'en garderait pas moins pour lui ses observations, s'il voulait rester l'homme de théâtre dont tout le monde se plaît à reconnaître l'adresse.

Un homme de théâtre ! cela dit tout, à notre époque. Un homme de théâtre est un homme qui conçoit les sujets d'une façon particulière, en dehors du vrai ; un homme qui danse sur des pointes d'aiguilles, qui tient et gagne la gageure de faire marcher ses personnages sur la tête ; un homme qui fausse par métier tous les éléments d'analyse auxquels il touche ; un homme enfin qui va contre le courant actuel de la littérature, qui est obligé de se résigner aux culbutes pour vivre des caresses du public.

Pourquoi M. Sardou est-il allé dans cette galère ? C'est sa faute. Il n'y a actuellement que deux situations possibles pour un auteur dramatique : tout sacrifier au succès, dégringoler jusqu'en bas la pente du médiocre et se consoler en ramassant des bravos et des pièces de cent sous ; ou bien vouloir tenter la littérature sur les planches, tâcher de mettre debout des personnages en chair et en os, et risquer alors les plus abominables chutes qu'on puisse rêver. M. Sardou, par tempérament sans doute, a choisi le chemin bordé de fleurs. C'est tant pis pour lui. A mesure qu'il avance, le public lui demande des farces plus grosses. « Allons, plus bas ! plus bas ! agenouille-toi davantage, plus bas encore ! dans le ruisseau ! C'est notre bon plaisir, nous aimons les gens que nous salissons. » Et il ne peut se relever dans l'orgueil de son génie libre et indompté, car c'est lui-même qui s'est mis à genoux le premier, pour montrer ses plus jolis tours.

Oui, il vient une heure où le procédé de ces amuseurs publics s'accentue et craque de toutes parts. On ne voit plus que la carcasse défectueuse, on commence à bâiller. Alors, l'auteur éperdu veut redoubler d'adresse ; mais l'adresse ne suffit plus, tout croule, le vide apparaît. Assistez à la reprise d'une des anciennes pièces de M. Sardou, vous aurez la sensation de ce vide. Dans leur nouveauté, les scènes ont comme une beauté du diable qui plaît ; la rampe a vite mangé cette beauté, on reste en face d'une grimace. Et ce ne sont pas que les pièces reprises qui ont vieilli : les pièces nouvelles de M. Sardou ont elles-mêmes une odeur de vieux. C'est qu'elles se répètent en se disloquant de plus en plus ; c'est qu'il est obligé d'outrer sa manière, à mesure qu'il sent le public lui échapper.

Les seules œuvres solides sont les œuvres qui s'appuient sur l'homme vrai, sur la nature vraie. Celles-là vivent, qu'elles aient ou qu'elles n'aient pas de succès à leur apparition. Elles se produisent logiquement dans une époque faite pour elles. Elles sont le résultat d'un milieu et d'un tempérament. On reproche aux romanciers de n'être pas des hommes de théâtre, et on leur fait là un grand éloge. Il faut entendre les esprits distingués de Russie et d'Angleterre s'étonner de la médiocrité de notre production dramatique, lorsque le roman chez nous est si haut. « Ce sont deux productions absolument différentes, disent-ils ; jamais on ne croirait qu'un même peuple, à un même moment, puisse avoir deux littératures aussi tranchées. » Et l'on a toutes les peines du monde à leur expliquer pourquoi nos romanciers ont échoué, toutes les fois qu'ils ont voulu aborder le théâtre.

Que le théâtre périsse donc, s'il nous est défendu d'en rompre le cadre conventionnel ! Depuis le dix-septième siècle, il est allé en pâlissant et en s'encanaillant. Les plus grands qui y ont touché, en sont restés presque toujours diminués. Aujourd'hui, il est le refuge des médiocrités habiles, il donne des fortunes, il fait des réputations colossales à des hommes qui ne savent pas mettre sur ses pieds une bonne phrase. Des gens que le roman n'aurait pas nourris, arrivent aux plus hautes situations, en faisant sur les planches bon marché de la langue, du sens commun, de toutes les réalités qui nous entourent. Et l'on dit : « Saluez, ils ont reçu du ciel un don, ils sont hommes de théâtre. » Eh bien ! non, nous ne saluerons pas, car ce don est une plaisanterie, puisqu'il ne saurait faire vivre les œuvres au delà de quelques soirées, puisqu'il n'apporte avec lui aucun mérite de durée ni de qualité. Dans le siècle du roman, le théâtre est condamné, s'il n'emprunte pas, au mouvement du siècle un élargissement de sa formule.

Certes, M. Sardou n'est pas le premier venu. Il emploie, comme le racontent ses biographes, les procédés de travail de Balzac et de Flaubert, très curieux du détail, ayant toutes sortes de petits papiers autour de lui, regardant les hommes et les choses avec d'étranges lunettes, il est vrai, qui déforment les objets les plus simples. Même il montre la prétention d'être un observateur à la piste des ridicules et des vices du temps présent. Mais il n'a pas notre estime littéraire.

M. Sardou arrive au mouvement, s'il ne peut atteindre à la vie. Parfois, on rencontre dans ses comédies de jolies scènes, très lestement enlevées. Il est passé maître dans toutes les habiletés du métier, il sait à quatre bravos près ce que rendra une fin d'acte. Certains de ses dénoûments sont restés célèbres comme tours d'escamotage agréables. On cite les mots de ses personnages, on lui fait jusqu'à une réputation d'écrivain. Mais il n'a pas notre estime littéraire.

M. Sardou, jeune encore, compte derrière lui une longue suite de succès. *La Famille Benoîton* a révolutionné Paris, on a prononcé le nom d'Aristophane après *Rabagas*. A la première représentation des *Intimes*, des dames ont cassé leurs petits bancs d'enthousiasme. *Patrie* a été mis à côté du *Cid*. Il est l'homme événement deux ou trois fois par année. Les journaux du boulevard le tutoient avec tendresse. Des bœufs gras ont porté les noms de ses héros. Mais il n'a pas notre estime littéraire.

M. Sardou est, je crois, officier de la Légion d'honneur. L'Académie, qui avait reçu Scribe, vient de l'accueillir avec des larmes de joie. Le voilà dans une apothéose, aussi haut qu'un auteur dramatique peut monter. Il a tout, la fortune, la gloire, un public gorgé de friandises, une critique idolâtre. Mais il n'a pas notre estime littéraire.

IV

J'ai à parler de *Daniel Rochat*, la nouvelle comédie en cinq actes que M. Victorien Sardou vient de faire jouer à la Comédie-Française.

Avant tout, je tiens à déclarer que j'entends mettre

à l'écart la politique, la philosophie et la religion. Les républicains, avec leur adresse accoutumée en matière littéraire, sont en train de rendre un bien grand service à l'auteur par leur polémique violente. Eh quoi? à propos de cette pauvre comédie, voilà les pontifes et les tribuns, voilà toute la bande grave de nos hommes d'État passés, présents et futurs, qui se fâchent en criant qu'on insulte la loi et que la République est menacée. C'est cela, apportez un pavé pour écraser une mouche. M. Sardou doit bien rire de cette tactique intelligente, qui donne à sa pièce une importance considérable. Maintenant, Paris est remué, je ne serais pas surpris que *Daniel Rochat*, tombé le premier soir sous l'ennui et l'impatience de la salle entière, fût un grand succès de curiosité.

Donc, pas de discussion religieuse, pas de discussion politique surtout. Il m'est parfaitement indifférent que M. Sardou soit spiritualiste ou matérialiste; ce qui m'importe, c'est de juger s'il pense en esprit supérieur ou en esprit vulgaire, s'il a écrit une œuvre de talent ou une œuvre médiocre. Quelle rage ont donc les partis politiques à se rendre bêtes et ridicules? Ils ne peuvent s'occuper des lettres sans nous faire hausser les épaules. Ah! qu'ils sont petits, et comme toutes leurs vaines passions sont emportées par l'éternelle vérité et l'éternelle justice!

L'idée première de M. Sardou a été de mettre aux prises un homme athée et une femme croyante. Avec son flair du théâtre, il a cru que la double question du mariage civil et du mariage religieux pouvait lui fournir un excellent terrain dramatique; et, dès lors, la situation capitale de son œuvre a dû se formuler ainsi : les époux sont déjà mariés à la mairie, quand la lutte des croyances se déclare entre eux, au moment d'aller à l'église, une lutte de foi et d'amour qui doit emplir l'œuvre. Cela était fort tentant, car la situation est très belle ; seulement, pour arriver à poser cette situation, des difficultés énormes se présentaient. Remarquez que l'époux et l'épouse doivent être de parfaite bonne foi ; ils ne se tendent pas de piège, ils vont devant le maire loyalement, sans se douter une seconde du drame qui éclatera, lorsque lui se trouvera suffisamment marié, tandis qu'elle, révoltée, refusera de le recevoir dans sa chambre, si un prêtre n'a pas béni leur union. En un mot, il faut qu'il y ait un malentendu entre eux. Or, essayez de trouver un malentendu pareil qui ne soit pas puéril ; et il le deviendra davantage, à mesure que vous choisirez des personnages plus intelligents et plus honnêtes.

Voilà le premier obstacle où M. Sardou s'est brisé. Il a pris Daniel Rochat, un chef de parti, un homme de premier ordre ; il a pris Léa Henderson, une jeune fille parfaite, aux sentiments nobles, à l'âme ardente et sincère ; et son problème était de jeter ces deux intelligences, ces deux honnêtetés, dans une situation terrible, qu'un simple mot aurait dû empêcher. Comment ! Daniel et Léa se marient, sans avoir réglé les conditions de leur mariage ! Je sais bien que l'auteur a mis autour d'eux des circonstances atténuantes ; leur amour est un coup de foudre, le mariage a lieu en voyage et avec une précipitation extraordinaire. Mais tout cela ne fait que rendre l'invraisemblance plus sensible. Puis, ce qui gâte tout, c'est le jeu de mot enfantin sur lequel pivote la situation.

Daniel tombe en aveugle dans ce foyer de propagande protestante ; il ne voit rien, il ne devine rien. Quand il s'écrie : « Vous savez, pas de prêtre, pas d'église ! » Léa et sa tante répondent : « Oui, oui, pas de prêtre, pas d'église ! » Et tout de suite, dès que le mariage civil a eu lieu, ces dames s'écrient : « Voici le pasteur, allons au temple. » Eh bien ! c'est comique, tout simplement. Cela est du vaudeville.

L'habileté de M. Sardou est terrible. S'il avait carrément accepté l'invraisemblable, je crois qu'on lui aurait tenu compte de sa carrure ; mais jouer ainsi sur les mots, nous montrer le puissant Daniel et l'honnête Léa, que mille circonstances auraient dû éclairer, s'engager ainsi dans l'aventure la plus cruelle, sur un malentendu si ridicule, c'est un artifice de petit esprit, un simple escamotage indigne d'une œuvre sérieuse. Certes, on en a pardonné bien d'autres à M. Sardou, et je suis certain que lui-même ne comprend rien à la brusque exigence du public, qui lui réclame du bon sens et de la vérité. Est-ce que le théâtre n'est pas le domaine de la convention ? Est-ce que mille fois, dans ses comédies, il n'a pas escamoté, aux applaudissements de la foule, des muscades plus grosses ? Sans doute, mais nous sommes ici dans une œuvre qui affiche de grandes prétentions, une œuvre de haut vol, et naturellement, si la base est une simple farce, tout l'édifice branle et s'écroule. Nous doutons de l'intelligence de Daniel, de l'honnêteté de Léa ; les deux héros sont diminués ; il y a un trou dans l'analyse, qui nous met en garde contre les conséquences logiques des caractères : voilà ce qui la rend inacceptable.

Maintenant, acceptons-la pourtant, et voyons le

drame. La situation est obtenue : Léa et Daniel sont mariés devant le maire; la lutte s'établit entre elle, qui veut aller au temple, et lui, qui ne veut pas y aller. Ajoutez qu'ils s'adorent. Tel est le drame.

Il est très puissant. Il faut tenir compte à M. Sardou du grand effort qu'il a voulu faire. Pour une fois, il a abandonné ses trucs ordinaires, les éternelles lettres qui nouent et dénouent les situations, les ficelles préparées avec amour, les coups de théâtre bâtis sur quelque mot magique que tout le monde sait et que personne ne prononce. Cette fois, nous sommes dans l'analyse pure ; après les deux premiers actes d'exposition, où se trouve le fâcheux escamotage dont j'ai parlé, les trois derniers auraient pu prendre une allure magistrale, car rien n'encombre plus leur sévère nudité. J'approuve même absolument la marche de ces trois actes. On s'est beaucoup révolté contre l'instant de faiblesse de Daniel, lorsque, éperdu d'amour, il consent à aller secrètement au temple ; le fait est pourtant très humain, et d'une bonne observation. C'est comme le dénoûment, il est très beau : évidemment, après cette longue lutte qui les a ensanglantés tous les deux, il ne peut plus y avoir rien de commun entre Léa et Daniel. Un abîme les sépare. Chacun va de son côté, rien de plus logique ni de plus large. Il y a là un dénoûment simple et nouveau, qui m'a beaucoup frappé.

Alors, pourquoi donc cette pièce est-elle si mauvaise? pourquoi semble-t-elle par moments d'un écolier, qui tâtonne et qui s'essouffle ? La réponse est aisée : M. Sardou est inférieur à sa tentative, pas davantage. Il a voulu soulever un bloc qui l'a écrasé.

On attend à chaque minute du génie, et le talent lui-
même disparaît, dans un cadre trop vaste.

Oui, tout cela n'est pas mal établi. Les grandes indications y sont. Mais, bon Dieu ! quel vide ! On voudrait des personnages vivants, et l'on se fâche contre
les marionnettes qui gambadent sur les planches.
Léa encore est d'un bon poncif ; elle est simplement
têtue, ce qui la rendait facile à peindre ; ajoutez des
phrases toutes faites, de la poésie courante, une affirmation du bon Dieu en style de catéchisme. Mais
Daniel, quelle pauvre figure, et mal dessinée ! C'est
que Daniel est très complexe, tel que M. Sardou l'a
compris : cet honnête homme, qui reste l'homme de
sa situation politique, cet amoureux combattu par sa
raison, si loyal et si lâche, puis si ferme à la fin,
demandait une main singulièrement puissante pour
être mis debout dans sa vérité. Or, M. Sardou n'est
pas puissant ; aussi n'a-t-il pu imposer le personnage, qui a choqué tout le monde, parce qu'il ne vit
pas et qu'il n'a pas la grandeur du vrai.

Je ne referai point ici le drame, je dis simplement
qu'il aurait besoin d'être refait par un homme de
génie. Il est la preuve éclatante que l'habileté ne
suffit pas au théâtre ; avant tout il faut la force, lorsqu'on aborde certains sujets. Ceux qui accuseront
M. Sardou de s'y être montré moins habile que dans
ses autres œuvres, se tromperont absolument ; qu'ils
étudient la pièce, ils y trouveront un premier acte
charmant, une adresse constante dans le balance-
ment et le développement des scènes, une précaution
infinie s'efforçant de tourner les écueils. Et c'est justement cela qui amoindrit l'œuvre. Imaginez un
autre tempérament, allant droit, cassant tout, vous

obtenez aussitôt un drame intense, qui pouvait blesser, mais qui restait comme une page originale dans notre littérature dramatique. Je le répète, jamais M. Sardou n'a eu une volonté plus arrêtée de faire un chef-d'œuvre, jamais il n'a montré plus de talent, jamais il n'a rêvé de donner un coup d'aile plus large, et jamais il n'est tombé à terre d'une chute plus lourde. C'était fatal. S'il recommence, il tombera encore. Qu'il retourne à ses marionnettes !

Chacun doit rester à sa place. M. Sardou est simplement un amuseur. Il a beaucoup de verve, beaucoup de mouvement, le flair du théâtre et de l'actualité, un esprit de petit journaliste lâché à travers les ridicules contemporains. Mais il ne pense pas, mais il n'écrit pas, mais il est incapable de rien créer de solide et de vivant. Aussi voyez-le, dans *Daniel Rochat*, se démener par petits sauts nerveux, au milieu des plus graves problèmes du cœur et de l'intelligence. Son athée est un fantoche fait avec des bouts d'articles de journaux ; il met à la queue leu leu les plaisanteries qui sont lasses de traîner dans les feuilles réactionnaires, et il croit incarner la haute figure de la négation moderne, cette négation qui s'appuie sur tout un ensemble de vérités scientifiques. Cela est misérable. On tolère le procédé dans *les Pattes de mouche*, il blesse dans *Daniel Rochat*. Lorsqu'il donna *Rabagas*, il gardait sa verve taquine et brouillonne, il amusait ; tandis qu'aujourd'hui, il ennuie profondément, il exaspère, avec son travail d'écureuil toujours en mouvement, dans la question qu'il a rétrécie pour y tourbillonner.

Le vide, l'ennui, voilà l'impression que laisse la comédie nouvelle. Elle est plate, on y sent un esprit vulgaire qui se guinde pour se hausser à la grandeur. Et cela est d'autant plus sensible que le développement des actes a plus de largeur. Il n'y a, là dedans, pas un cri humain, pas un souffle qui nous emporte au cœur même de la terrible question qui se débat. Tout se traite en conversations interminables. A chaque instant, on voit trois messieurs qui discutent à perte de vue sur le déisme et l'athéisme ; toujours le sujet a besoin d'être posé de nouveau, les conférences sur la matière s'éternisent. Puis, ce sont les trois scènes entre Daniel et Léa qui piétinent sans pouvoir avancer. La lutte tourne au comique : « Viens au temple. — Non, je n'irai pas ; » et ce malheureux temple fait rire. Ajoutez un style abominable, des négligences à côté d'enflures poétiques, une ignorance absolue de l'art d'écrire. *Daniel Rochat* est, en somme, le plus beau cas d'impuissance que je connaisse.

Je répète que les intentions politiques et religieuses de M. Sardou m'inquiètent peu. Je le trouve même bien timide, s'il a épargné son Daniel, pour ne pas trop heurter nos républicains. Il aurait certainement écrit une pièce plus nette, sinon meilleure, en sacrifiant carrément Daniel à Léa. Encore une preuve que l'habileté n'est pas toujours récompensée. Mais je me plais à croire qu'il n'a pas ménagé la chèvre et le chou pour faire plaisir à tout le monde, concession dont il se repentirait aujourd'hui. Je préfère sa pièce telle qu'elle est, ne concluant pas, montrant la séparation complète et définitive de la femme et de l'homme par l'idée de Dieu. Cela est plus effroyable que M. Sardou lui-même ne paraît le penser, et je ne veux pas savoir qui aura raison de Léa ou de Daniel. Même en ne prenant pas parti, en posant le problème sans le résoudre, la pièce était superbe. Pourquoi diable M. Sardou a-t-il gâté avec son turlututu cet admirable sujet où il n'avait que faire? Il n'a pas réussi et il ne pouvait réussir à peindre l'amour aux prises avec la foi. Il fallait une autre poigne que la sienne. Comme on l'a dit, ces deux êtres, Léa et Daniel, n'ont pas un acte, pas un élan de véritable passion ; pour les spectateurs, ils ne s'aiment pas, et dès lors on ne s'intéresse plus à leur débat tragique. La difficulté était de faire entendre le grondement de leur amour, sous la révolte de leurs croyances. C'est justement là que l'œuvre a avorté.

Après les *Bourgeois de Pont-Arcy*, cette peinture si pauvre de la province, je me suis permis de dire que M. Sardou n'avait pas notre estime littéraire, ce qui le fâcha fort. Il nous amuse, il est certainement un des esprits les plus adroits et les plus agités de l'époque, mais il ne pense pas, mais il n'écrit pas. Un coup de vent suffira pour balayer tout le bruit qu'il a apporté. Eh bien, une fois encore, après *Daniel Rochat*, M. Sardou n'a pas notre estime littéraire, et il ne l'aura jamais.

V

La fortune de certaines pièces est singulière. Voici un drame, *les Exilés*, qui semblait fait pour le plus grand succès. Il était tiré d'un roman russe du prince Lubomirski, *Ratiana*, roman bourré d'aventures, que le public a dévoré en feuilletons ; il avait pour père

M. Eugène Nus et pour illustre parrain M. Victorien Sardou lui-même; les directeurs de la Porte-Saint-Martin s'étaient engagés à ne refuser ni les décors, ni les costumes, ni les animaux vivants. Eh bien, malgré tous ces éléments de triomphe, malgré le talent et l'argent dépensés, il est arrivé que *les Exilés* ont failli tomber le jour de la première représentation.

Quelle leçon pour les hommes du métier, pour les auteurs et les directeurs que l'on prétend infaillibles ! Après une épreuve décisive comme celle des *Exilés*, tout le monde doit être modeste et déclarer qu'en matière de théâtre les plus habiles ne sont pas plus sûrs d'eux que les plus maladroits. Un de nos auteurs dramatiques de grand talent, qui a eu une centaine de pièces jouées, me disait un jour : « Un succès au théâtre est un bon numéro à la loterie. » Parole profonde et vraie. Ce n'est jamais que le lendemain de la première représentation qu'on trouve de justes raisons pour expliquer le succès ou la chute d'une pièce.

Pourquoi *les Exilés* n'ont-ils réussi que médiocrement ? Pour beaucoup de causes que je vais tâcher d'indiquer. Chaque drame a son cas personnel, mais le cas de celui-ci est certainement un des plus complexes qu'on puisse rencontrer.

Avant tout, voici en deux mots le sujet, débarrassé des incidents. Un certain Schelm, directeur de la police russe, fils d'un serf affranchi, aime Nadège, la sœur d'un jeune officier, le comte Wladimir Kanine. Mais Nadège est fiancée à un gentilhomme français, Max de Lussière. Schelm, éconduit, écrasé sous le dédain de ces nobles personnages, conçoit une haine farouche et jure de se venger. Il commence par impliquer Wladimir et Max dans une conspiration ; puis, quand il les a fait envoyer en Sibérie sans jugement, il s'y rend lui-même en qualité de « réviseur », et continue à les y torturer. Là, les événements se compliquent. Schelm, par un abominable moyen, arrache à Nadège une promesse de mariage. Il l'épouse, mais Wladimir et Max, à la tête d'une bande de révoltés, viennent lui reprendre la jeune fille. Eux-mêmes retombent ensuite en son pouvoir ; il veut les faire fusiller, quand un prince, le prince Pierre, se présente et les délivre. Schelm s'empoisonne, tout finit bien.

La première erreur me paraît être d'avoir choisi un coquin pour héros. D'habitude, dans un drame fait selon la bonne recette, le traître doit rester au second plan. Il est nécessaire, pour assurer à la fin le triomphe éclatant de la vertu ; mais il ne faut pas qu'il déborde et s'élargisse au point d'effacer les autres personnages. Schelm tient assurément trop de place. Le Français sympathique, Max de Lussière, et la douce colombe Nadège, sont perdus dans son ombre.

Et quel étrange coquin ! Il y aurait une bien intéressante étude à faire sur la coquinerie au théâtre. Cette coquinerie, telle que le manuel du parfait auteur dramatique l'indique, doit être une coquinerie absolue, toute d'une pièce, sans nuance aucune. Un traître est un traître, et pas autre chose ; il ne saurait avoir rien d'humain en lui. Depuis l'instant où il entre en scène, jusqu'au dénoûment où il expie ses forfaits, dans ses triomphes comme dans ses défaites, il garde le même regard louche, il est animé de l'unique passion du crime. C'est Croquemitaine, c'est le fantoche altéré de sang qui fait frissonner les bambins dans leurs lits.

Ce poncif est admis, le public tolère toutes les monstruosités, pourvu que le bonhomme soit en bois. Un frère qui veut tuer son frère ; un amant qui empoisonne toute une famille pour obtenir la main de celle qu'il aime ; un homme au pouvoir qui torture une jeune fille pour la forcer à devenir sa femme : ce sont là des abominations de théâtre, qui s'acceptent par tradition. Le traître n'est qu'un argument et sert uniquement de repoussoir à la vertu. Il faut bien un bourreau pour que la victime sanglote. On a fait du bourreau un mannequin que le public sensible charge de ses imprécations.

Mais si vous vous avisiez de faire un coquin en chair et en os, ah ! les choses changeraient. Dégagez l'homme dans le coquin, ne le raidissez pas comme une figure grossièrement taillée dans du bois, montrez-le à la fois bonhomme et homme terrible, copiez les nuances et les souplesses de la nature, et aussitôt cela deviendra malpropre, on vous demandera dans quel égout vous avez ramassé ce sale personnage et on prendra des pincettes pour toucher à votre pièce. La coquinerie au théâtre n'est pas admise comme une vérité humaine, mais comme une idée abstraite nécessaire au mécanisme dramatique. Dans les féeries, on a encore simplifié cela, il y a le bon génie et le mauvais génie, qui résument dans toutes les histoires humaines la lutte du bien et du mal.

Certes, ce n'est pas parce que Schelm est vrai qu'il a déplu. Les auteurs l'ont, au contraire, taillé sur le patron du coquin abstrait. Jamais on n'a vu un homme entasser plus de gredineries. Les infamies ne semblent rien lui coûter. Non seulement il fait le mal, mais il le fait impudemment, devant tous. Il n'y a pas, dans le personnage, un seul moment de détente. C'est une machine à abominations qui fonctionne régulièrement, d'un bout à l'autre des neuf tableaux. De là, le mauvais accueil du public. La note lui a semblé vraiment trop poussée au noir. Il a failli siffler, au premier plan, le mannequin qu'il aurait applaudi au second.

Imaginez la scène suivante. Nadège et sa belle-sœur Tatiana se sont enfuies pour rejoindre Max et Wladimir dans les bois ; mais elles s'égarent, elles arrivent trop tard, et Tatiana, prise par le froid, s'endort sur la neige d'un sommeil mortel. C'est alors que Schelm, qui les a suivies, se présente avec une escorte. Nadège le supplie de sauver Tatiana. Il y consent, mais à la condition que Nadège lui accordera sa main. Elle refuse avec horreur, il s'obstine et ce marchandage odieux se poursuit d'une façon interminable, auprès de l'agonisante. Enfin Nadège cède. Mais la scène recommence au tableau suivant. Schelm, qui vient d'épouser la jeune fille, veut l'entraîner dans la chambre nuptiale ; il lui fait presque violence et ne la lâche que lorsqu'elle le menace de se frapper d'un couteau. Les deux scènes ont été accueillies par des murmures.

J'ai beaucoup insisté sur l'emploi fâcheux de ce coquin, parce que c'est lui surtout qui a mis le drame en péril. Mais il y a bien d'autres erreurs dans la pièce. Taillée dans un roman d'aventures, elle n'est guère qu'une succession de tableaux. Les premiers tableaux sont les meilleurs ; on peut croire qu'on va assister à une histoire de police, fortement charpentée. Puis, l'action se débande, l'épisode de la conspiration avorte, et l'on galope dans une histoire nouvelle, en pleine Sibérie. Cela rend la pièce longue et confuse. Les tableaux s'en vont à la file les uns des autres, sans que le spectateur puisse s'intéresser fortement à aucun.

Et pourtant les éléments d'intérêt ne manquent pas. On peut même dire qu'ils s'écrasent. Il y a l'arrestation des conspirateurs avec coups de revolver, l'incendie de la maison de bois dans laquelle les révoltés ont laissé Schelm garrotté, le combat à coups de fusil de Max et de son domestique contre tout un régiment russe. Comment toutes ces belles et bruyantes choses n'ont-elles pas empoigné le public? Je suis persuadé que les auteurs et les directeurs devaient s'attendre à un succès énorme, et que leur surprise a été extrême. La vérité est sans doute que cette grande machine manque de centre d'équilibre. Puis, j'en reviens à mon idée de fatalisme : *les Exilés* ont tiré un mauvais numéro à la loterie du succès.

Il est bien entendu que je mets toute littérature de côté. Je ne m'arrête pas davantage aux invraisemblances, qui sont prodigieuses. On a déjà fait remarquer que les derniers tableaux, qui se suivent à quelques heures de distance et dans le même pays, sont les uns tout blancs de neige, les autres tout dorés de soleil. Rien n'est extraordinaire, d'autre part, comme de voir Schelm épouser Nadège d'un jour à l'autre, sans aucune formalité. Les plus fâcheuses invraisemblances portent aussi sur les tortures endurées en Sibérie par les déportés. Des Russes, que j'ai interrogés, m'ont affirmé que jamais de pareils faits n'avaient pu se produire. Dans *les Danicheff* déjà, on avait accommodé la Russie à une étrange sauce française ; mais, dans *les Exilés,* la fantaisie dépasse toute mesure.

En somme, la pièce est une erreur de M. Sardou. Si l'on n'avait pas fait tant de bruit autour de la collaboration de cet auteur dramatique, je crois que le public se serait montré plus accommodant. Le soir de la première représentation, on s'étonnait dans les couloirs qu'un homme de l'habileté de M. Sardou se fût passionné pour un sujet si décousu et d'une violence si peu originale. Sans doute il avait compté sur la toute-puissance de la mise en scène. Les amis de M. Sardou, pour le défendre, prétendent que la pièce aurait réussi, si l'on n'avait pas dû couper au dernier moment les traîneaux qui traversaient la scène, attelés de rennes et de chiens. Vraiment, c'est bien peu estimer la littérature de l'auteur de *Dora,* que d'attribuer à des bêtes le plus ou le moins de succès d'une de ses pièces.

VI

Fernande, que l'on vient de reprendre, m'a paru vieillie, et elle ne date pourtant que de sept ans. L'intrigue, empruntée, comme on le sait, à une nouvelle de Diderot, cette femme du monde abandonnée par un amant, et qui se venge de cet amant en lui faisant épouser une fille perdue, est restée intéressante et puissante. Mais ce qui a vieilli, ce sont les détails, toutes les précautions scéniques dont l'auteur a cru devoir entourer le sujet, pour le rendre possible et touchant au théâtre.

C'est un charmeur que M. Sardou. Quand il fait jouer une pièce, on est séduit par son habileté, par la science qu'il a des planches. Seulement, il ne faut pas laisser au charme le temps de se refroidir. Ses pièces sont de celles qui ont trois cents représentations à la file, mais qui meurent tout entières de ce long succès. Et la raison est qu'il manque absolument de vérité et de profondeur. Il achète son charme au prix des qualités solides. Entre ses mains, le sujet le plus dangereux devient aimable. Il escamote les difficultés, il tourne les péripéties, il évite les chocs et vous conduit au dénoûment par des sentiers commodes. Le malheur est, quand il escamote si bien les difficultés, qu'il escamote en même temps les passions vraies, les analyses profondes, tout ce qui fait les fortes œuvres. Il ne laisse rien qu'un amusant babillage, qu'un cliquetis de personnages étourdissants, que la « charge » d'une pièce originale.

J'ai entendu signaler comme une erreur capitale de sa part d'avoir changé de cadre la nouvelle de Diderot, en la transportant du dix-huitième siècle dans le dix-neuvième. Il est certain que les façons d'être des sentiments et des passions se transforment. Ainsi rien ne devient plus invraisemblable que la scène du second acte, si habilement menée d'ailleurs, dans laquelle Clotilde tend un piège à André, lui dit qu'elle ne l'aime plus et l'amène à lui faire confesser sa trahison. Il y a là une légèreté dans l'amour, qui nous paraît monstrueuse aujourd'hui ; nous sommes plus graves et plus tragiques. Or, comme c'est là le nœud même du drame, il arrive que le drame tout entier prend un côté faux et pénible. Mais ce n'est encore qu'une faute d'optique, et je suis beaucoup plus blessé, pour ma part, du caractère d'aplatissement général que M. Sardou a donné au sujet.

Le premier acte est fort mouvementé. Autrefois, il faisait beaucoup rire. Aujourd'hui, il paraît plus bruyant que vivant. M. Sardou est trop habile pour être amer. Aussi, quand il descend dans les bas-fonds du monde parisien, emporte-t-il des lunettes gaies, qui lui font voir les vices en rose. A chaque instant, dans le tripot de la Sénéchal, l'homme redevenu honnête, Pomerol dit : « Quelle ordure ! quelle laideur ! » Et cela paraît suffisant à M. Sardou. Quant à l'ordure et à la laideur, elles restent dans la coulisse. Des femmes d'une vertu suspecte arrivent, rient, dînent et jouent. Si on ne nous prévenait pas, nous pourrions les prendre pour des pensionnaires émancipées. Pendant tout l'acte, la grande ombre de Balzac me bouchait toute la scène, je revoyais la pension Vauquer, cette terrible eau-forte si profondément creusée par la main du génie.

Je sais ce qu'on peut répondre. Le théâtre n'a pas la liberté du roman ; il faut y adoucir certains tableaux, pour les y faire accepter. Eh bien, dans ce cas, c'est le théâtre qui a tort ; il devient un genre inférieur. Si certains tableaux y sont impossibles, il vaut mieux renoncer à les y mettre, car il est désolant de mentir. Vous rappelez-vous la maman Vauquer, cette grosse femme, formidable de saleté et de mauvaises petites passions? Allez au Gymnase et voyez la Sénéchal. M. Sardou n'a rien trouvé de plus gentil que de faire de la Sénéchal une vieille Madeleine repentante, qui pleure ses fautes et aspire à l'honnêteté. Est-ce assez romance, et quel soufflet à la vérité commune !

Nous touchons ici au procédé de M. Sardou, que j'ai indiqué plus haut. M. Sardou ne recule pas devant les sujets audacieux, car il sait que ces sujets sont bons pour fouetter la curiosité publique. Seulement, il sait aussi que l'enseigne suffit et qu'il serait même dangereux, après avoir annoncé de l'audace, d'en mettre véritablement dans une pièce. Alors, il dispose son jeu d'échecs. On peut croire à une mêlée générale, les questions les plus ardues se posent, les situations sont poussées juste au point où le scabreux commence. Mais les dames peuvent être tranquilles. Tout s'arrange, tout se dénoue, c'était une simple plaisanterie de la part de M. Sardou. Histoire d'égayer le monde, pas davantage.

La fille perdue que Clotilde fait épouser à André, est si peu perdue, que cela ne vaut pas la peine d'en parler. Puis, que de circonstances atténuantes ! Elle n'a cédé qu'à un seul homme, et presque dans un viol, tandis que sa mère, jetée en prison, ne pouvait la surveiller. Cette Fernande a d'ailleurs toutes les vertus, bonne, douce, pieuse, si pleine de remords qu'elle veut se tuer. En un mot, un honnête homme n'hésiterait pas à l'épouser, s'il l'aimait. Je sais que Diderot voulait aussi que sa fille perdue fût sympathique. Mais celle-là, au moins, était perdue et bien perdue. Elle restait simplement la jeunesse et l'amour. Quand le marquis lui pardonnait, il pardonnait à sa beauté, au nom de la tendresse qu'il éprouvait encore pour elle.

La seule préoccupation de M. Sardou a été évidemment de mettre au théâtre une donnée difficile. Alors, sans se soucier de la vérité des passions, sans viser à faire grand et réel, avec un beau mépris de la créature humaine, il a taillé ses bonshommes pour les besoins de son plan, il a violenté ce plan et ne s'est déclaré satisfait que lorsque la partie lui a paru devoir être gagnée. Cela explique tous les expédients, la figure angélique de Fernande, les repentirs de sa mère, les invraisemblances continuelles de l'intrigue. A chaque acte, un mot suffirait pour que la pièce croulât. Personne, naturellement, ne dit ce mot. La pièce va jusqu'au bout, grâce aux précautions continuelles de l'auteur.

En somme, tout le monde est sympathique et personne ne l'est, là dedans. Qui doit-on aimer? qui ne doit-on pas aimer? Clotilde a raison de se venger, mais elle se venge si mal qu'elle donne une femme adorable à André. Cette femme a été séduite, il est vrai, mais le séducteur est mort; et, en dehors des idées reçues, je crois que Fernande fera plus pour le bonheur d'André que n'aurait fait Clotilde.

Ce qui m'a surtout blessé, c'est le quatrième acte. Je ne puis comprendre comment M. Sardou s'est privé d'un dénoûment superbe et humain. Son dénoûment est celui-ci : Clotilde apprend tout à André; ce dernier a une explication douloureuse avec Fernande, qui se traîne à ses pieds; il la repousse en lui reprochant de ne l'avoir pas prévenu, lorsque Pomerol apporte la fameuse lettre que Fernande a écrite à André, et que celui-ci n'a pas lue, par suite d'une série de circonstances. Et c'est cette lettre seule qui attendrit le jeune homme et lui fait ouvrir les bras à sa femme. Au troisième acte déjà, la même lettre a circulé de mains en mains, de façon à faire frémir la salle. Tout M. Sardou est là : il remplace les péripéties des passions par les péripéties des chiffons de papier.

Supprimons la lettre, et dès lors le dénoûment prend une largeur magistrale. Clotilde dit tout à André. Celui-ci, écrasé, a une explication avec Pomerol, qui peut plaider en quelques mots la cause de Fernande et expliquer le passé de cette malheureuse enfant. Mais André garde un silence terrible. Tout d'un coup, il appelle sa femme, qui comprend et se jette à ses genoux. Pomerol croit qu'il va la chasser. Et c'est alors qu'André, grave et cérémonieux, dit la phrase de Diderot : « Relevez-vous, Madame la marquise ! » De cette manière, l'explication si pénible entre le mari et la femme serait esquivée. En outre, on sentirait bien à quel sentiment obéit André, à l'honneur de son nom, à l'oubli absolu du passé, à la tendresse qu'il éprouve malgré tout pour Fernande. La lettre est ridicule ; avant comme après la lettre, la situation reste la même ; que Fernande ait voulu avertir le marquis, ou qu'elle se soit laissée étourdir par la situation qui s'offrait à elle, cela ne modifie que bien peu le drame. Le jeu des passions se joue beaucoup plus haut. Le « Relevez-vous, Madame la marquise » perd alors toute sa grandeur. Si c'est là de l'art dramatique, c'est là en tout cas de l'art bien étroit et bien inférieur.

Remarquez que je trouve *Fernande* adorable de fabrication. C'est travaillé par le plus adroit de nos ouvriers. Les actes pivotent sur eux-mêmes, se contrarient et se balancent, avec une élégance infinie. C'est léger, subtil, avec une petite pointe d'épices et même un fumet littéraire. Seulement, M. Sardou n'est qu'un ouvrier, il n'est pas un créateur.

VII

Il me faut pourtant étudier une question qui a fait quelque bruit dans ces derniers temps. Je veux parler du prétendu danger dont l'heure du dîner menacerait l'art dramatique. M. Sarcey, très autorisé pour tout ce qui touche le théâtre, a soulevé cette question. Aujourd'hui, un auteur applaudi, M. Victorien Sardou, prétend qu'il a poussé le premier cri d'alarme, et examine à son tour la situation dans une lettre qu'il vient d'écrire à MM. Noël et Stoullig, pour servir de préface au second volume de leurs *Annales du théâtre et de la musique*. Causons donc de cela, puisque tout le monde en cause.

M. Sardou, par lequel je commencerai, raconte, avec sa verve de vaudevilliste, ce qui se passe à une première représentation. Le lever du rideau est annoncé pour huit heures. A huit heures et demie, la salle est encore vide. On attend dix minutes. Quelques rares spectateurs se montrent. Pourtant, on se décide, on lève la toile. Et alors la bousculade commence, les premières scènes se jouent au milieu d'un tel défilé de retardataires et d'un tel bruit de portes, qu'on n'entend absolument rien. Beaucoup de gens n'arrivent même qu'au second acte. Naturellement, la pièce en souffre. « C'est la faute de l'heure du dîner! s'écrie M. Sardou. On dîne trop tard, de là tout le mal. »

En est-il bien sûr? Croit-il que, si l'on dînait plus tôt, ou même que si l'on ne dînait pas du tout, on arriverait à l'heure exacte ? Je suis persuadé du contraire. Beaucoup de premières représentations commencent à neuf heures, à neuf heures et demie. Ces jours-là, toutes les places sont-elles occupées? Nullement. Pour bien des spectateurs, c'est un principe que d'arriver après le lever du rideau. N'avez-vous pas entendu dire vingt fois ces mots : « Nous avons une loge, pourquoi nous presser? » D'ailleurs, il y a un argument décisif : aux entr'actes, la bousculade est la même ; tout le monde est là pourtant ; mais on s'attarde sur le trottoir, au café, dans les corridors. Questionnez les régisseurs; ils ont beau sonner, le public fait la sourde oreille ; la première scène, quelquefois la deuxième, se perdent au milieu du vacarme. Et cela est si vrai qu'un faiseur adroit ne risquera jamais une scène importante au début d'un acte, parce qu'elle ne serait pas écoutée.

Ainsi donc, voilà qui est prouvé par l'expérience : le public des premières représentations arrivera toujours en retard, quelles que soient l'heure du dîner et celle du spectacle ; il n'obéira même jamais à la sonnette de l'entr'acte, il y aura, pour chaque acte, le même encombrement aux portes, les mêmes poussées, les mêmes bruits, les mêmes retards. C'est que ce public est tout spécial. Il vient là autant pour la salle que pour la scène; neuf fois sur dix, il se moque de la pièce. D'autre part, il est blasé; comme on dit, « il ne croit pas que c'est arrivé, » il en verra toujours de trop, il comprendra, même s'il manque deux actes. C'est une naïveté que de vouloir le réglementer et que d'espérer le rendre moins turbulent et moins sceptique, en lui donnant une heure ou deux pour digérer. Regardez-le donc, voyez de quels éléments il est composé; s'il était à jeun, je craindrais qu'il ne se conduisît plus mal encore.

Le piquant, dans tout ceci, c'est que M. Sardou semble croire qu'on ne joue les pièces qu'une fois. Dans sa lettre, il ne se préoccupe absolument que du public des premières représentations, il n'a pas un mot pour les milliers de spectateurs qui vont venir ensuite. Cela est bien d'un auteur dramatique ; le public des premières représentations seul compte, parce qu'il juge la pièce, qu'il la tue ou qu'il la lance. Le troupeau qui suit n'importe pas ; il recevra l'impulsion, il sera toujours trop heureux. Pourtant, c'est ce troupeau qui fait les recettes, c'est lui qui est le vrai public, j'ajouterai même qu'en somme c'est pour lui que les pièces sont faites. Voyons donc comment il se conduit, puisque M. Sardou n'a pas jugé à propos d'étudier ce côté de la question, le plus important, le seul important.

Allez dans un théâtre voir jouer une pièce qui a du succès. Vous constatez que tous les spectateurs sont à leur place bien avant le lever du rideau. Ces braves gens mangent à la même heure que les gens de la première représentation ; seulement, ils se sont arrangés, ils ont avancé leur repas ; enfin, ils ont trouvé le moyen d'être exacts. Les jours où l'on va au théâtre, il faut voir l'empressement dans les ménages ! Madame ne veut rien manquer, pas même le lever de rideau. La bonne a dû descendre consulter l'affiche. On est prêt trop tôt, on doit faire un tour sur le trottoir, ou bien on attend une demi-heure dans la salle. Et quelle crainte de ne pas regagner sa place assez tôt, pendant les entr'actes ! Quand la toile se relève, tous sont là, béants, empoignés au point de ne pouvoir respirer. Je vous assure que pas un mot n'est perdu ; le silence est complet, dès la première phrase. Tel est le public de tous les jours, un public convaincu, obéissant, sacrifiant tout au plaisir du théâtre : son repas, sa digestion et le reste.

La vraie question de l'heure du dîner et de l'heure du spectacle est là, pas ailleurs. Puisque le vrai public n'est jamais en retard, puisqu'il trouve le moyen de dîner et d'être exact, puisqu'il ne se plaint pas et qu'il enrichit à millions les auteurs qui l'amusent, pourquoi diable M. Sardou jette-t-il son cri d'alarme, pourquoi donne-t-il une importance si exagérée à la digestion plus ou moins commode du petit monde des premières représentations ?

Il fait tout un drame de cette digestion. On dirait, à le lire, qu'une épidémie a moins dépeuplé Paris, par exemple, que la *Famille Benoîton* et *Rabagas*. Il dresse une statistique des maladies qu'enfante cette digestion laborieuse, dans une salle surchauffée : convulsions, suffocation, névralgie, céphalalgie, apoplexie, paralysie, etc. Que n'a-t-il gardé cette amusante tirade pour la mettre dans une de ses pièces ? On aurait souri. C'est là du bon comique de vaudeville, ayant l'exagération nécessaire. Dans une étude sérieuse, on ne saurait s'arrêter une seconde à de pareils arguments.

Mais le morceau capital de la lettre, c'est le passage où M. Sardou aborde ce qu'il appelle la question d'art. Je ne crois pas qu'on se soit jamais moqué plus agréablement du monde. Savez-vous pourquoi on ne refait plus *le Cid, Andromaque* et *le Misanthrope*, de nos jours? Tout simplement parce qu'on dîne trop tard, qu'on va au théâtre avant d'avoir digéré et qu'on n'est pas encore capable de goûter les beautés littéraires d'une œuvre. Voilà de la critique de derrière les fagots.

Écoutez ceci : « D'où naît enfin ce refus de l'attention sérieuse, ce besoin maladif d'une action rapide, fiévreuse, qui aille vite au fait brutal, le squelette de la pièce, en supprimant la substance, la chair, le sang, la vie, c'est-à-dire le développement des idées, des sentiments, des caractères? » Et M. Sardou répond que cela vient de la mauvaise digestion des spectateurs, qu'on a bousculés pendant leur dîner. Ah! Monsieur, êtes-vous sûr de n'être pas vous-même aussi coupable que cette mauvaise digestion? Relisez votre répertoire. Vous travaillez depuis quinze ans à supprimer le sang et la chair des pièces. Scribe avait commencé, et vous outrez sa manière. Je sais bien que vous n'agissez point par méchanceté. Vous voulez le succès quand même, voilà votre crime. C'est en flattant les goûts du public qu'on abaisse une littérature. Au lendemain de *la Haine*, il fallait vous entêter. Vraiment, c'est trop commode de nous insinuer que vous écrivez des œuvres légères et superficielles, parce que vous ne voulez pas déranger la digestion de vos contemporains.

Je regrette de ne pouvoir suivre M. Sardou dans son examen du *Misanthrope*. Il y a encore là un passage impayable. Il faut ne pas avoir dîné pour supporter le premier acte du *Misanthrope;* si l'on a dîné, cet acte paraît inutile et trop long. Je n'insiste pas. Enfin, selon M. Sardou, le grand succès de l'opérette est aussi une question de digestion ; il paraît que l'opérette aide à digérer, comme le thé et la chartreuse.

M. Sardou est-il de bonne foi dans sa lettre ? Je le crains. C'est un esprit de surface qui se lance d'une gambade dans les questions sérieuses, puis qui s'y remue avec la logique d'un clown. Certes, il ne manque pas d'esprit ; il est toujours vif et amusant ; mais il n'a aucune solidité, aucune vue large, aucun ensemble d'idées. Ajoutez que le théâtre l'a gâté, qu'il voit tout maintenant sous un angle conventionnel. Sa lettre est caractéristique. Elle suffirait à le juger, elle éclaire ses œuvres dramatiques.

M'entendra-t-il, si je lui dis que, dans l'évolution actuelle de notre art dramatique, l'heure du dîner n'est absolument pour rien ? Ce sont d'autres raisons, des raisons historiques et sociales, qui ont donné Scribe et M. Sardou lui-même pour descendants à Molière. Cela est triste, je n'en disconviens pas ; mais cela changera, sans qu'on ait besoin de se mettre à table ni plus tôt ni plus tard. Quant à l'opérette, elle a été la sœur de *la Famille Benoîton*, et M. Sardou est mal venu de l'attaquer. Ses pièces ont eu, sous l'empire, les mêmes qualités digestives que les opérettes à succès. Les unes et les autres s'en iront de compagnie, car elles sont des productions correspondantes. Et l'heure a sonné.

Ce qui m'étonne, c'est que M. Sarcey, esprit très sensé et très pratique, ait donné de l'importance à l'heure du dîner. Il est vrai qu'il n'a pas poussé les choses jusqu'à la gaminerie et qu'il s'est enfermé dans un raisonnement qui semble d'abord avoir une certaine force. Il pose en principe que l'heure du dîner avance régulièrement d'une demi-heure tous les dix ans. L'époque serait donc prochaine où les spectateurs, dînant à huit heures, puis à huit heures et demie, puis à neuf heures, les théâtres ne pourraient plus ouvrir leurs portes que trop tard dans la soirée. Comme expédient, il conseille de remplacer le dîner par un souper, et il fait remarquer que les matinées dramatiques, dont le succès croit de plus en plus, sont un retour aux anciens usages, la comédie avant le repas du soir. Je ne puis entrer dans les considérations secondaires.

Tout cela est ingénieux et offre une matière à articles intéressants, quand les premières représentations manquent. Mais, au fond, qu'importe? Les choses auront leur cours; on n'a jamais empêché une société de se faire elle-même, par la force même de la vie, les mœurs qu'elle doit avoir. Si l'heure du dîner avance, si les théâtres sont obligés de revenir à des représentations diurnes, s'ils continuent à ouvrir vers huit heures et si nous acceptons de ne prendre à six heures qu'une collation et de souper après minuit, nous le verrons bien. Pourquoi s'inquiéter d'avance, puisque ce sont là des choses fatales, collectives, en dehors de notre volonté personnelle? Et, surtout, en quoi cela peut-il porter tort ou profit à la littérature dramatique? Une littérature est toujours supérieure aux conditions matérielles de son existence.

Vraiment, il est stupéfiant de voir des hommes du talent de M. Sardou et de M. Sarcey ne trouver que cette question de l'heure du dîner pour expliquer la déchéance de notre scène française. Ce que notre littérature dramatique doit redouter, c'est le code rédigé par les faiseurs, c'est la lâcheté des auteurs devant le succès, c'est la convention et la tradition érigées en lois immuables, c'est la pièce si bien désignée par M. Sardou, sans chair, sans vie, toute de mots et d'intrigue ; voilà ce qui menace notre théâtre, et voilà de quel bourbier le mouvement naturaliste le tirera fatalement, lorsqu'il s'étendra du livre à la comédie et au drame. Quand j'écris ces choses, que je répète depuis des années, on hausse les épaules, on prétend que j'insulte nos gloires. Parlez-moi de l'heure du dîner! Hein? quelle trouvaille, quelle explication triomphante! A la bonne heure, au moins, on comprend! Et ils se congratulent, et ils sont discutés sérieusement, et ils passent pour protéger le théâtre contre mes attaques de fou furieux. J'enrage, à la fin, car c'est trop bête!

VIII

M. Victorien Sardou vient de faire à l'Académie un bien étonnant rapport sur les prix de vertu. Ce morceau m'appartient un peu, car il touche plus au théâtre qu'à l'éloquence. J'imagine que l'auteur, en l'écrivant, devait penser à M. Parade ou à M. Saint-Germain. C'est un long monologue, fait pour la scène, avec les rouerIes d'usage, qui a produit, paraît-il, un effet énorme sur les spectateurs. A défaut d'un comédien idolâtré de la foule, M. Sardou le lisait; et l'on sait qu'il lit fort bien, en jouant ses phrases.

Donc, succès complet, rires, applaudissements, acclamations. Et comment pourrait-il en être autrement ? Cela est presque dialogué, cela est coupé de points de suspension, comme une comédie dont l'auteur économise le style. Puis, cela est à la hauteur du public : toutes les rengaines qui traînent dans les petits journaux bien pensants, tous les lieux communs de forme et de fond, toutes les affirmations superficielles qui enchantent les médiocres. Ajoutez l'esprit parisien, ce scepticisme facile blaguant Dieu ou la science, selon l'occasion, cette façon commode de se tirer des questions les plus graves par une pirouette, cette formule toute faite d'un certain rire, plus agaçant à la longue que la bêtise elle-même. Oh! être bête, bravement bête, quelle santé et quelle largeur, au sortir d'une page de M. Sardou!

Ainsi, voilà la question de la responsabilité humaine. Question terrible et qui fait pâlir les criminalistes depuis des siècles. La justice a commencé par brûler les sorciers. On pendait les épileptiques et les hystériques, en les accusant d'aller au sabbat ; puis, la science est venue, et on a envoyé ces prétendus coupables à l'hôpital. Dès lors, la justice a dû compter avec la science. M. Charles Desmaze a justement publié un très intéressant ouvrage sur la matière : *Histoire de la médecine légale en France*. Je ne puis m'étendre ; je dis seulement qu'un des résultats les plus nobles de notre évolution scientifique sera de mieux définir l'idée de la responsabilité humaine. Tout le monde sent cela, et le sujet ne prête guère à la plaisanterie.

Eh bien! voici M. Sardou qui, avec son flair, trouve là dedans un sujet de vaudeville très gai. C'est une grâce de nature, il est né pour rapetisser les idées et pour y mettre du comique. L'esprit parisien fleurit là dans toute sa verve paradoxale. On est sérieux, l'esprit fait une gambade à propos d'une mouche qui vole, et la galerie d'oisifs et de grands enfants éclate de rire. Cela s'appelle égayer la situation. Il y a toujours un loustic dans les foules. Heureusement que la chose ne tire pas à conséquence. Quand la foule a ri, elle laisse le loustic à ses cabrioles.

Donc, M. Sardou s'en prend à la science et lui dit son fait. « Ce n'est plus le vertueux qui nous préoccupe, c'est le criminel. Une philosophie nouvelle, qui se prétend autorisée par la science à ne plus voir dans l'homme qu'une combinaison de la matière, déclare que sa moralité ne dépend que du parfait équilibre de ses organes; et, comme cette doctrine a beaucoup de partisans parmi les médecins, il ne faut pas s'étonner si elle ne voit plus dans l'humanité que des malades. » Suivent les plaisanteries connues, ce qu'on a lu partout. Et le pis est que cela n'est pas même d'une observation juste, car de tous temps, même sous l'ancienne scolastique, on s'est plus passionné pour le criminel que pour le vertueux ; phénomène fort naturel, l'accident seul détraque et nécessite une intervention. Ce n'est pas la faute de la science, si notre curiosité va aux monstres. La science au contraire détruit le merveilleux, chasse le diable, définit le mal, fait de la lumière et de la justice. Elle peut bégayer encore sur bien des cas; son effort n'en est pas moins un effort de civilisation. Mais je suis bien bon de défendre la science contre l'esprit parisien.

Voulez-vous résoudre la question de la responsabilité humaine? Oh! mon Dieu, c'est très simple ! Vous commencez par mettre la chose en scène. Là, côté cour, vous placez le mal, et ici, côté jardin, vous placez le bien. Puis, la Justice et l'Académie entrent par le fond; grande scène ; et, comme baisser de rideau, l'Académie récompense le bien, tandis que la Justice punit le mal. Voilà. On rappelle les acteurs. M. Sardou paraît, et, s'adressant au public : « Félicitons-nous de maintenir la saine tradition des prix de vertu, comme une protestation du bon sens français contre ces doctrines dissolvantes ; et glorifions-nous de ne connaître ici qu'une seule morale : celle qui se borne tout naïvement à chérir le bien, à exécrer le mal. — C'est la vieille méthode, et c'est la bonne ! » Tonnerre de bravos.

J'attendais le « bon sens français » et les « doctrines dissolvantes ». Peut-être serez-vous tenté de faire remarquer à M. Sardou qu'il suppose le problème résolu, lorsqu'il dit carrément : Ceci est le mal, ceci est le bien. Justement, la question est de déterminer le bien et le mal, pour nous en rendre les maîtres. Mais M. Sardou vous rirait au nez. Comment ! vous n'avez pas compris ? Le bien est à droite, le mal est à gauche ; et il vous donnerait une seconde représentation. Ce n'est plus pour lui que de la mécanique dramatique. On dit qu'il est très lettré et qu'il a une belle bibliothèque ; c'est possible. Mais, comme nous ne pouvons le juger que par ses œuvres, il n'en réduit pas moins tout son savoir à de simples jeux de scène. *Daniel Rochat* est encore un bon exemple de ses vues profondes en philosophie : le temple d'un côté, la chambre à coucher de l'autre. Toujours la mécanique de Scribe.

Je sais bien que cela ne gêne personne et que même beaucoup de monde s'en amuse. Mais il est des heures où l'on a les nerfs exaspérés de cette médiocrité triomphante, de ces gambades au milieu du grand labeur de l'époque. Tant que M. Sardou reste un amuseur, rien de mieux ; il a donné au théâtre d'excellents vaudevilles, d'une observation petite et fausse, mais d'un mouvement endiablé. Le mal est que, dans sa chasse à l'actualité, il lui arrive de s'attaquer à nos problèmes les plus graves. Alors, il les résout en gamin de Paris. La foule s'égaye, et il se croit un penseur. A moins qu'il ne pousse l'esprit jusqu'à se blaguer lui-même. J'en doute pourtant.

Dans son étonnant discours, ce qui m'a stupéfié plus encore, c'est le style. Il faudrait pourtant expliquer un jour au public ce que nous entendons par un écrivain. On parle du style de M. Sardou. Mais bon Dieu ! M. Sardou ne se doute pas même comment on fait une phrase. J'aurais voulu le mettre en face de Flaubert, et les écouter, discutant une page. Ah ! mes amis, voyez-vous l'ahurissement de l'académicien devant les préceptes du grand styliste ! Il en serait sorti avec une de ces migraines dont on parle tant. Admettons encore que M. Sardou écrive mal au théâtre ; peut-être le fait-il exprès, car vous n'ignorez pas que la critique enseigne qu'une pièce doit être écrite en mauvais style. Seulement, le voilà à l'Académie ; il a une occasion de se montrer écrivain correct et puissant. Évidemment, il va la saisir. On peut donc croire, dans son discours, à un effort sérieux. Hélas !

J'ai l'air de m'acharner. Mais, en vérité, on n'étudie pas assez ces morceaux-là. C'est une question d'hygiène littéraire. Une fois pour toutes, on doit montrer que M. Sardou n'est qu'un Prudhomme de la forme, un Prudhomme qui a la danse de Saint-Guy, si vous voulez, mais un Prudhomme employant les locutions vicieuses, les expressions toutes faites, les sottises courantes. Je ne connais pas de langue bâclée dont les phrases trainent plus de scories.

Il me faudrait tout citer. Voici quelques exemples. D'abord, cette phrase prodigieuse : « Il est pauvre, et la rupture de sa jambe droite a tout récemment entraîné dans une chute la fracture de son bras droit. » Est-ce joli, et simple, et clair ? Puis, des expressions neuves, des trouvailles, comme : « Pas un jour de cette longue vie n'a été perdu pour la charité ; » ou encore : « Nous abordons un ordre de charité qui s'applique moins aux besoins du corps qu'à ceux de l'esprit ; » ou encore : « Partout où il y a douleur, maladie, désespoir, la femme paraît... que dis-je ? elle accourt. » Mon Dieu ! que ce dernier tour est nouveau !

Maintenant, écoutez M. Prudhomme. Il s'agit d'une servante modèle que l'on appelle dans le quartier du nom de ses maîtres : « Ce nom très honorable qu'on lui donne, qu'elle accepte naïvement, elle l'honore encore en le portant. » Et cet autre passage : « En lui donnant le prix Gémond de mille francs, l'Académie n'apprendra rien à personne sur le courage du capitaine Voisard. Mais elle est heureuse d'ajouter à tant de marques d'honneur une distinction qui lui faisait défaut. » N'est-ce pas ? la chute est inattendue. Pourtant, il y a mieux dans le sublime. Ici, M. Prudhomme se lève sur la pointe des pieds, et lâche solennellement en parlant des sourds-muets : « Il serait superflu de signaler ici l'heureux effet de ces conférences sur des âmes vouées à l'isolement, et, qui, séparées des hommes, éprouvent plus que d'autres le besoin de se rapprocher de Dieu. » Fichtre !

Je passe les « courbée sous le poids de l'âge », les « s'il est une profession honorable entre toutes, mais pénible et mal rétribuée, c'est bien celle de ces modestes institutrices de campagne, etc. » Et j'arrive à un dernier exemple. M. Sardou raconte une opération à laquelle il a assisté. « L'opération, dit-il, avait pleinement réussi. Le patient n'avait pas sourcillé. J'oserai tout dire : il n'avait fait que rire et chanter tout le temps. » Comment trouvez-vous ce « j'oserai tout dire ? » Il tombe là si inutilement, si drôlement, qu'il rend la phrase presque inintelligible. Pourquoi diable M. Sardou n'oserait-il pas dire que le patient, endormi par le chloroforme, avait ri et chanté ?

Je le répète, pour bien montrer la médiocrité du discours, il faudrait en annoter chaque phrase, cette enfilade de lieux communs en mauvais style, sans compter les incorrections, comme celle-ci : « Aujourd'hui encore, courbée sous le poids des ans et marchant avec peine, ne croyez pas que son dévouement se ralentisse. » Mais je crains bien de ne pas ouvrir les yeux à M. Sardou sur sa déplorable façon d'écrire. C'est un innocent, en matière de langue. Il ne se doute pas de ce que nous cherchons, de ce que nous trouvons parfois. Il n'a le sentiment ni de la solidité, ni de la couleur, ni de la ligne, dans la phrase. Sans doute, un rapport sur les prix de vertu décernés par l'Académie est un sujet fâcheux ; mais encore doit-on le traiter proprement, sans faire une si incroyable dépense de blague parisienne et de lourdeur bourgeoise. Gavroche ne va pas sans Prudhomme. J'ai écrit un jour que M. Sardou n'avait pas notre estime littéraire, ce qui a paru le blesser beaucoup. Je voulais simplement dire que M. Sardou n'était pas un écrivain ; et, comme si *Daniel Rochat*, sa tentative de grand style, n'avait pas suffi, voilà qu'il s'acharne et qu'il vient encore de nous le prouver, en pleine Académie française.

EUGÈNE LABICHE

I

M. Émile Augier, qui a écrit une préface en tête du *Théâtre complet* de M. Eugène Labiche, juge cet auteur de la façon suivante : « Dans sa vie aussi bien que dans son théâtre, la gaieté coule de son urne comme un fleuve charriant pêle-mêle la fantaisie la plus cocasse et le bon sens le plus solide, les coq-à-l'âne les plus fous et les observations les plus fines. Pour avoir une réputation de profondeur, il ne lui manque qu'un peu de pédantisme ; et qu'un peu d'amertume pour être un moraliste de haute volée. Il n'a ni fouet ni férule ; s'il montre les dents, c'est en riant ; il ne mord jamais. Il n'a pas ces haines vigoureuses dont parle Alceste ; il écrit, comme Regnard, pour s'amuser et non pour se satisfaire. » Cela est excellemment dit, avec beaucoup de justesse et de vérité. Seulement, cela demande à être un peu développé, pour être mis nettement en pleine lumière.

D'abord, il faut poser que la formule de M. Labiche a déjà vieilli. Il a eu un quart de siècle à lui, ce qui est bien beau et bien long. Pendant vingt-cinq à trente ans, il a été le rire de la France, il a régné sur notre gaieté. Peu d'auteurs ont eu cette gloire. Ce qui prouve que M. Labiche représente déjà le rire d'hier, c'est que nous avons notre rire d'aujourd'hui, que j'incarnerai volontiers dans MM. Meilhac et Halévy. Comparez *la Boule* ou *la Cigale* avec *Un Chapeau de paille d'Italie*, et vous sentirez immédiatement les différences profondes, plus de bonhomie hier et plus de nervosité aujourd'hui, une verve abondante, épanouie, humaine, chez l'aîné, et une invention plus restreinte, aiguisée d'un ragoût parisien, chez les cadets. Il n'y a pas là une simple opposition de tempéraments différents, il y a les façons d'être de deux époques, de deux sociétés.

J'aimerais à pousser davantage un pareil parallèle, car j'y trouverais de nouveaux arguments en faveur de cette évolution continue du théâtre, que je me plais si souvent à constater, pour encourager et défendre les novateurs. Mais cela me jetterait hors de mon sujet, qui est d'étudier le théâtre de M. Labiche.

Cette étude serait longue, si je ne la restreignais. Je citerai d'abord *Un Chapeau de paille d'Italie*, cette pièce qui est devenue le patron de tant de vaudevilles. Ce jour-là, M. Labiche avait fait mieux que d'écrire un pièce, il avait créé un genre. L'invention était d'un cadre si heureux, si souple pour contenir toutes les drôleries imaginables, que, fatalement, le

moule devait rester. Je dirai presque qu'il y avait là
une trouvaille de génie, car ne crée pas qui veut un
genre. Dans notre vaudeville contemporain, on n'a
encore rien imaginé de mieux, d'une fantaisie plus
folle ni plus large, d'un rire plus sain ni plus franc.
Sans doute, l'observation, la vérité, le style, ne sont
pas en question ici. Il faut accepter l'œuvre comme
une farce bonne enfant, sans prétention aucune,
admirablement coupée pour la scène.

Mais j'ai surtout lu avec un vif intérêt les petits
actes qui complètent le premier volume, entre autres *le Misanthrope et l'Auvergnat, Edgard et sa Bonne*
et *la Fille bien gardée*. Tout le talent de M. Labiche
se trouve là ; je veux dire qu'on y voit clairement les
conditions de son talent et les raisons de ses succès.
C'est toujours la même bonhomie, le même rire facile ; seulement, il n'est plus dans la fantaisie absolue, il effleure la vie, il saute à pieds joints les
égouts, il touche du bout des doigts aux plaies les
plus vives. C'est un homme aimable qui joue avec le
feu, sans se brûler et sans jamais effrayer personne.

Voyez *le Misanthrope et l'Auvergnat*. Chiffonnet,
rentier, homme riche, est mordu du besoin de la vérité. Il la veut, il l'exige à tout prix, et il fait avec
l'auvergnat Machavoine un marché par lequel il le
nourrira et l'hébergera, moyennant quoi Machavoine
devra lui dire la vérité toujours et quand même. Une
heure plus tard, l'auvergnat l'a tellement agacé et
compromis que Chiffonnet donnerait la moitié de sa
fortune pour se débarrasser de lui. Voilà le sujet
d'une satire bien amère. Confiez ce sujet à un auteur
comique anglais du dix-septième siècle, à Ben Jonson,
par exemple, et vous verrez sur quelle claie d'infamie

il trainera l'humanité. Il n'est pas de vérités abominables que Machavoine ne jettera à la tête des personnages. Avec M. Labiche, l'amertume disparait, il ne reste qu'un éclat de rire devant les embarras où l'auvergnat met le misanthrope ; et toute la gaieté naît du changement qui s'opère dans les idées de ce dernier, à ses dépens. C'est une grosse question philosophique dénouée par une plaisanterie.

Maintenant, passons à *Edgard et sa Bonne*. Ici, nous entrons dans une étude de mœurs, et le cas est un des cas les plus délicats, les plus scabreux qui se présentent dans les familles. Le fils de la maison, Edgard, a eu des tendresses pour Florestine, la femme de chambre de sa mère. Cependant, il va se marier, cette liaison l'assomme et il voudrait bien rompre. Mais Florestine entend être aimée ; aussi apporte-t-elle toutes sortes d'empêchements au mariage. Voilà qui est peu moral. On pourrait remuer avec cela tous les bas-fonds du cabinet de toilette et de la cuisine. Les promiscuités fatales de la vie de famille, les complaisances polissonnes, toute l'ordure tolérée qui prend place au foyer, sont mises là en jeu et d'une façon très crue. Mais ne vous inquiétez point. M. Labiche rira d'un rire si énorme, il sortira de la vie réelle par un tel élan de fantaisie folle, qu'il n'y aura plus rien de blessant dans le sujet. Puisqu'il est entendu que c'est pour rire, que ce n'est pas vrai, pourquoi se fâcherait-on ?

J'arrive à *la Fille bien gardée*. Cette fois, c'est le comble. Le sujet est tellement répugnant, qu'il a fallu un tour de force pour le mettre à la scène et le faire accepter. La baronne de Flasquemont va en soirée, en laissant sa fille Berthe, âgée de sept ans, à la

garde de son chasseur Saint-Germain et de sa femme
de chambre Marie. L'enfant dort. Dès que la baronne
s'en est allée, Marie et Saint-Germain projettent
la partie de passer quelques heures au jardin Mabille, qui est voisin de l'hôtel. Mais voilà Berthe qui
s'éveille et qui veut qu'on l'emmène. Et elle part en
goguette avec les domestiques, et elle revient à
califourchon sur le cou du carabinier Rocambole,
pendant que la baronne, rentrée plus tôt qu'on ne
l'attendait, est sans cesse sur le point de s'apercevoir
de la disparition de l'enfant.

Que pensez-vous de ce spectacle : des domestiques
débauchant une enfant de sept ans? Remarquez que
Berthe est très délurée, qu'elle a bu du kirsch à
Mabille, qu'elle est allée à la caserne de Rocambole,
qu'elle revient grise et que, pour être complète,
elle a entendu et retenu une ronde soldatesque,
pleine de sous-entendus égrillards. Ne serait-ce pas
le cas, pour la critique pudibonde, de s'indigner?
Ô sacrilège, ô pureté de l'enfance! Un être si innocent dans un pareil ruisseau! Voyez-vous cette
pauvre petite créature de sept ans battre les murs,
tremper dans la honte des amours de la domesticité,
revenir avec des yeux luisants d'un bal de filles et
d'une caserne de carabiniers! On ne peut donner
à l'enfance un soufflet plus cruel, on ne peut montrer plus nettement les vices de l'antichambre péné-
trant dans le salon et la chambre à coucher, et attei-
gnant jusqu'aux petites filles dans leurs berceaux.

Le plus drôle, c'est que cette pièce de *la Fille bien
gardée* a été évidemment faite sur commande pour
servir de début à madame Céline Montaland, qui
était la petite Daubray de l'époque, vers 1850. Il

fallait un rôle pour cette enfant prodige, un rôle où elle pût jouer, sauter, montrer ses petites dents blanches, chanter quelque chose de leste. Et M. Labiche s'était chargé d'écrire le rôle, et il avait fait cette pièce, qui a soulevé de si grands rires, lorsque, avec si peu de chose en moins ou en plus, elle aurait certainement consterné et épouvanté la salle.

Je crois qu'il est inutile d'indiquer le drame effroyable qu'il y a sous cette farce. Rien ne serait plus facile que de se faire siffler, avec un pareil sujet. Insister un peu plus ici, donner davantage de vérité à cette scène, couper les cabrioles dans cette autre scène, et l'on serait certain du résultat. Un observateur plus âpre, un écrivain ayant l'amour des choses vues, scandaliserait dès les premiers mots. M. Labiche s'en mêle, et toutes les monstruosités disparaissent, ou du moins se cachent sous une gaieté si aimable, qu'il n'y a plus lieu de se révolter. Est-ce que cela tire à conséqence ? Tout le monde sait bien, dans la salle, que ce n'est là qu'un jeu ; et si l'on venait à l'oublier, un clignement d'œil de l'auteur, un calembour, une situation cocasse le rappellerait à chacun. La pièce, dans sa fabrication, dans ses pantins, dans son style, porte cet écriteau : « C'est pour rire. » Dès lors, on rit.

Telle est donc, selon moi, la caractéristique du talent de M. Labiche. Il a fait une caricature de la vie, et une des caricatures les plus amusantes et les plus innocentes qu'on puisse voir. De là son grand succès, sa longue faveur auprès du public. Le public ne veut pas qu'on le bouscule, qu'on lui montre la pourriture humaine, sous prétexte de l'égayer. Nous rions encore aux comédies de Molière, parfois du bout des dents, pris de malaise à l'idée des abîmes que nous devinons par-dessous. M. Labiche arrive en brave homme, abordant les sujets humains, mais avec une fantaisie qui entend rire de tout. Quand la vérité est trop triste, il lui fait exécuter une gambade, et cette gambade est irrésistible. Au fond, il ne veut pas savoir s'il y a de la boue et des crimes; il trouve avant tout qu'il y a du rire. Les hommes deviennent des marionnettes très comiques. En somme, ni moraliste ni philosophe. Un rieur, rien de plus.

C'est le jugement même de M. Émile Augier. Je me suis simplement permis de le développer et de l'appuyer sur des preuves. Il ne faut pas regretter que M. Labiche ait manqué de pédantisme; le pédantisme est une vilaine chose. Quant à l'amertume, elle fait les grandes œuvres. Entre Molière et M. Labiche, il n'y a qu'un abîme, l'amertume. C'est comme un fleuve qui roule dans les œuvres des grands observateurs. Qui connaît l'homme est amer, et c'est ce goût amer qui est presque toujours comme la saveur même du génie. Jetez la férule, mais gardez le fouet.

II

Mon jugement a été que M. Eugène Labiche était un rieur, rien de plus. J'ai regretté ensuite ce mot, craignant qu'on ne lui donnât pas une acception assez large. Ne rit pas qui veut, au théâtre surtout. Le rire est un des dons les plus heureux et les plus rares qu'on puisse apporter. Et rien n'est français comme le rire. Le génie national passe par Rabelais, par Molière, La Fontaine et Voltaire. Toute appréciation littéraire étant réservée, c'est déjà un bel éloge que de dire d'un auteur dramatique : « Il sait rire. »

D'ailleurs, il peut y avoir un grand dédain dans le rire. Voir l'homme comme un pantin sans conséquence ; l'étudier curieusement comme on étudierait un insecte grotesque ; lui faire, pour tout exercice, exécuter des sauts périlleux : c'est, en somme, traiter l'humanité d'une façon fort méprisable. On semble croire qu'elle ne mérite pas une analyse plus profonde. On déclare qu'on ne peut la regarder une minute sans pouffer. On ne lui fait pas même l'honneur d'avoir peur d'elle. On la trouve tout au plus bonne pour égayer les petits et les grands enfants. Ce doit être là l'opinion de M. Labiche, qui m'a écrit : « Je n'ai jamais pu prendre l'homme au sérieux. »

Reste la question de tempérament. Tous les analystes prennent difficilement l'homme au sérieux. Seulement, les uns se fâchent, tandis que les autres s'amusent. Et encore il y a deux manières de s'amuser : en bon enfant, comme M. Labiche, ou en esprit amer et cruel, comme les grands satiriques. Le propre de M. Labiche, c'est de pousser l'indifférence jusqu'à ne voir dans les vices que de simples accidents comiques. Ses personnages sont le plus souvent des poupées qu'il fait danser au-dessus des abîmes, pour rire de la grimace qu'elles y font. Il a bien soin, avant tout, d'avertir le public que c'est uniquement pour passer une heure agréable, que la comédie, quoi qu'il arrive, se terminera de la plus heureuse façon du monde.

J'ai souvent constaté que, dans la fantaisie, l'audace pouvait aller très loin au théâtre. Du moment où il est bien convenu entre l'auteur et le public qu'on plaisante, qu'il n'y a rien de vrai dans l'aventure, il est permis de tout montrer et de tout dire. M. Labiche a excellé dans ce tour fantaisiste donné aux réalités les plus déplaisantes. Son comique est fait des vérités cruelles de la vie, regardées sous leur côté caricatural et mises en œuvre par un esprit sans amertume, qui reste volontairement à la surface des choses. Rien n'est plus délicat que ce clavier: une note trop énergique, et le public se fâcherait. Il faut avoir les doigts légers, effleurer à peine les plaies humaines, de manière à ne produire dans la salle qu'un aimable chatouillement. Je ne dis point que M. Labiche, quand il s'est mis à écrire pour le théâtre, ait raisonné tout cela ; il apportait simplement une heureuse personnalité ; il devait être le rire de la bourgeoisie française pendant plus d'un quart de siècle.

Ce n'est pas là un petit honneur : tenir en gaieté deux ou trois générations, être pendant trente ans la joie de la France. Les auteurs comiques de grand talent, comme M. Labiche, finissent par être les représentants d'une gaieté qui a sa place dans l'histoire de nos mœurs. Certainement, on ne rit pas de la même façon à toutes les époques. Le comique de Molière n'est pas celui de Beaumarchais, qui n'est pas non plus celui de Picard. Et la preuve que le comique change à chaque société nouvelle, c'est que celui de M. Labiche commence à vieillir, je le répète. Maintenant, nous avons MM. Meilhac et Halévy. Je reprends le parallèle que j'ai indiqué tout à l'heure.

M. Labiche est plus sain, plus rond ; il tire la drôlerie des effets répétés, des situations poussées jusqu'aux dernières limites du cocasse. MM. Meilhac et Halévy ont le rire nerveux, précieux et raffiné, et ils prennent le public par leur ragoût parisien, finement pimenté, relevé de toutes les épices artistiques et mondaines. Il faut notre fièvre pour les comprendre et les aimer. On me dit, en effet, que leurs pièces, en province, restent des énigmes pour les trois quarts des spectateurs. J'ai revu dernièrement *Un Chapeau de paille d'Italie*. Cette farce reste immortelle ; mais la salle s'amusait moins qu'autrefois, la pièce paraissait trop simple, trop bonne enfant, sans un de ces tableaux pris sur une réalité un peu vive, comme nous les aimons à cette heure.

Le second volume du *Théâtre complet* contient les comédies les plus littéraires de M. Labiche. Je parlerai d'abord du *Voyage de M. Perrichon*, qu'on s'étonne de ne pas voir désormais au répertoire de la Comédie-Française. On connaît le sujet, tiré d'une observation toute philosophique, qu'un La Rochefoucauld misanthrope aurait pu formuler ainsi : « Nous aimons les hommes non pour les services qu'ils nous rendent, mais pour les services que nous leur rendons. » M. Perrichon, pendant un voyage qu'il fait en Suisse, est sauvé par un jeune homme, Armand, et se met à le détester cordialement, tandis qu'il se prend d'une tendresse extraordinaire pour un autre jeune homme, Daniel, qu'il croit avoir tiré d'un grand danger. Et c'est ici qu'éclate la grande habileté de M. Labiche. Ce bourgeois devrait être intolérable de vanité bête ; ajoutez qu'il est poltron, qu'il montre un égoïsme féroce. Eh bien, c'est cette insupportable ganache que M. Labiche nous fait aimer, tant il le peint naïf et brave homme au fond. Toujours cet heureux tempérament qui fait glisser l'auteur comique sur la vilenie humaine, pour s'arrêter simplement aux notes légères et drôles dont on sourit.

Ce qui m'a frappé plus encore, au point de vue du métier, ce sont les ressources d'invention dramatique dont M. Labiche a fait preuve dans un tel sujet. La pièce est uniquement basée sur la pensée égoïste que j'ai formulée plus haut ; on comprend quel pauvre parti en aurait tiré un auteur moins rompu que M. Labiche aux exigences scéniques. Il a prolongé les effets par toutes sortes de reprises du même thème, ce qui a fini par emplir les quatre actes. Pour ma part, j'aime surtout le second, où ont lieu les deux accidents en sens inverse, et le troisième, qui développe la situation ; le premier acte, qui se passe dans une gare de chemin de fer, paraît vide aujourd'hui ; quant au dernier, il dénoue la pièce d'une façon par trop commode, grâce à une conversation entre Daniel et Armand, surprise par Perrichon. Mais il faut quand même admirer les souplesses de l'auteur, la science avec laquelle il a su tirer une œuvre intéressante d'un sujet moral, qui semblait devoir être si ingrat au théâtre.

Remarquez que nous ne sommes pas là dans une comédie d'intrigue. Nous nous trouvons en pleine analyse humaine. Tout adroit qu'il est, M. Labiche ne cherche jamais les complications inutiles, et c'est pourquoi je le tiens en haute estime. Si l'on comparait son théâtre à celui de M. Sardou, on verrait combien il lui est supérieur, par le naturel de l'invention, l'abondance inépuisable des détails comiques coulant de source, la veine large, hautement française, ne s'arrêtant pas aux petits moyens, tirant le rire des situations elles-mêmes.

Que manque-t-il donc au *Voyage de M. Perrichon* pour être un pur chef-d'œuvre? Je serai franc, je dirai qu'il y manque une certaine tenue littéraire et plus de simplicité encore dans l'emploi des éléments comiques. J'ai constaté le vide du premier acte, qui est la caricature assez médiocre du départ en chemin de fer d'un bourgeois peu habitué aux voyages. Je serai encore plus sévère pour la façon dont le dénoûment est amené. Cette conversation surprise est un moyen indigne d'une œuvre supérieure. Il me semble qu'on aurait pu tirer le dénoûment du caractère même de Perrichon. Il y a aussi là des épisodes, celui du commandant Mathieu surtout, qui ont dû être ajoutés pour donner du corps à la pièce, mais qui lui retirent de sa largeur et de son unité. J'aurais désiré un jet unique et puissant.

La Poudre aux yeux est aussi une comédie dont le sujet est tout d'observation. L'auteur a voulu peindre cette rage qui pousse certaines familles à éblouir le monde, en affichant un luxe qu'elles ne peuvent soutenir. Rien n'est drôle comme les Ratinois et les Malingear, qui font assaut de mensonges sur leur véritable situation, avant de conclure le mariage de leurs enfants. Ce sont les Malingear qui commencent, pour mieux placer leur fille Emmeline et pour forcer les Ratinois à donner à leur fils Frédéric une plus belle dot; les Ratinois partent alors de leur côté, en croyant les Malingear très riches. Il faut lire la scène des deux pères réglant la question d'argent et montant malgré eux à des chiffres énormes. C'est là du bon comique, du comique de situation et d'analyse, comme il y en a dans Molière. Nous sommes loin des pièces à quiproquos de certains auteurs acclamés.

J'aime moins, je l'avoue, *les Petits Oiseaux*, qui n'ont pas eu de succès, d'ailleurs. Il s'agit d'un digne homme, d'une bonté continuellement attendrie, qui veut tourner à la dureté de cœur, sur les conseils pratiques d'un de ses frères, et qui heureusement ne peut y parvenir. Cela est joli, très fin, très bien observé ; mais, au demeurant, cela est pleurard.

Et j'arrive aux *Vivacités du capitaine Tic*. Ici, nous retombons dans la fantaisie, mais quelle aimable fantaisie ! Toute la comédie est dans cette aventure du retour du capitaine chez sa tante, de son amour pour sa cousine Lucile, de son caractère emporté qui, à chaque instant, manque de faire rompre son mariage. Et, avec cela, il fallait emplir trois actes. J'ajoute qu'un homme toujours en colère n'était point aimable à peindre. Puis, quelle violence lui faire commettre ? M. Labiche a imaginé un adorable garçon, auquel ses vivacités donnent un charme de plus ; et, de toutes les violences, il a su choisir la seule qui fût comique, le coup de pied quelque part. Il y a, là dedans, un coup de pied épique, celui que reçoit le tuteur grincheux, M. Désambois. Il est déjà dans la coulisse, il a disparu, lorsque le capitaine allonge violemment la jambe. Et le plus drôle, c'est que M. Désambois, quelques instants plus tard, rentre majestueusement, sans vouloir jamais ouvrir la bouche sur l'accident. Quelle heureuse gaieté ! comme les choses les plus fâcheuses tournent à la belle humeur, avec M. Labiche !

C'est là aussi que se trouve la fameuse scène de la sonnette, qui est typique, selon moi. On connaît la situation. Le capitaine a juré à Lucile de ne plus s'emporter ; mais celle-ci, pleine de doute, lui fait promettre de se calmer, lorsqu'elle agitera la sonnette qui est sur le guéridon. M. Désambois arrive et dit au capitaine les choses les plus dures ; le capitaine, impatienté, va lui sauter à la gorge, lorsque la sonnette se fait entendre ; il se calme en riant, il laisse le tuteur continuer. Rien de plus joli comme jeu de scène. Mais ce n'est pas tout : Lucile, à un moment, est tellement indignée des mauvaises paroles de M. Désambois, qu'elle entre elle-même dans une grande colère ; et c'est le capitaine qui prend la sonnette et qui sonne à son tour. Tout finit dans un éclat de rire.

Je ne connais pas de scène mieux menée ni d'un dessin plus amusant. Tout un certain théâtre est là, dans ce modèle de va-et-vient si bien équilibré. L'effet de la scène est toujours énorme, parce qu'elle satisfait les besoins de symétrie du public et qu'elle charme les yeux et les oreilles plus encore que l'intelligence. C'est du théâtre mécanique, dont l'observation est absente. Dans la vie, certes, ce ne sont pas des coups de sonnette qui corrigent un homme de ses défauts. Le capitaine, au lendemain de ses noces, jurera et allongera des coups de pied de plus belle. Peut-être même la femme sera-t-elle battue. Mais, qu'importe ! elle a un si joli tintement, la sonnette, qu'elle contente absolument le public.

Le volume contient encore *la Grammaire*, cet acte

si fin et si comique. Je me résumerai en disant que, si le premier volume montre M. Labiche comme un des fantaisistes les plus sains et les plus vigoureux que nous ayons eus, on trouve dans le second un auteur dramatique d'un vol plus large, se haussant parfois jusqu'à la grande comédie.

MEILHAC ET HALÉVY

I

MM. Meilhac et Halévy sont des peintres très souples de la vie moderne. Ils ont saisi à merveille les côtés particuliers de certains mondes, et leurs comédies sont parfois des tableaux d'une grande vérité, exécutés par des artistes. Je les crois même de beaucoup supérieurs à leurs œuvres. Je veux dire que les nécessités des planches, les cadres imposés par les genres qui réussissent dans tels ou tels théâtres, ont dû le plus souvent les empêcher de rester eux-mêmes jusqu'au bout. Ainsi, dans *le Prince*, ils ont à coup sûr sacrifié trop à la farce. La pièce pèche plus encore par le genre que par leurs propres défauts.

Une chose remarquable, c'est que, dans toutes leurs comédies, le premier acte est excellent, presque toujours préférable aux autres. Je citerai seulement *la Boule, Tricoche et Cacolet, le Prince*. La raison en est simple, leur premier acte est un acte d'observation, où ils se contentent de poser les personnages, en les analysant d'une façon exacte. L'effet est alors considérable. Je ne me lasserai pas de répéter que la vérité au théâtre est encore l'élément le plus puissant qu'on puisse employer. Puis, l'action s'affole aussitôt, la fantaisie arrive et détraque tout, les dénoûments deviennent impossibles, et la pièce est obligée de tourner court. Le malheur est qu'il faut absolument tailler des rôles extravagants à certains comédiens aimés du public, si l'on veut qu'ils aient leur succès habituel. Selon moi, les auteurs en pâtissent, MM. Meilhac et Halévy surtout, qui sont des hommes de talent, très capables de porter une comédie d'observation pendant cinq actes.

Ce n'est pas que la fantaisie me déplaise. Je la trouve au contraire excellente, dans cette donnée du rire à outrance. Elle arrive comme une flamme, elle a créé certainement tout un comique nouveau. Par exemple, la scène où Escouloubine fait un second gentilhomme campagnard, est un chef-d'œuvre d'invention folle. A cette hauteur du burlesque, l'extravagance devient une véritable poésie. Elle enlève et elle fait penser. Mais je voudrais que l'œuvre entière fût comprise alors dans ce sens, et surtout que l'effet allât en se renforçant. Malheureusement, l'œuvre s'éparpille au lieu de se resserrer. Elle n'aboutit pas à un dénoûment qui soit l'épanouissement même de l'idée comique, elle n'est pas l'éclat de rire ménagé et peu à peu grandi que l'on rêve.

Je viens de dire que la fantaisie avait créé, dans

notre littérature dramatique, un nouveau comique.
Le mot me paraît très juste. Comparez, par exemple,
une scène de Molière avec une scène de MM. Meilhac
et Halévy. Je prends la première scène de *George
Dandin*. Lubin se heurte au mari, et lui conte, sans
le connaître, avec toutes sortes de mystères, que sa
femme le trompe. On rit beaucoup, mais d'un rire
naturel et franc, car l'aventure a pu arriver, et, si
elle paraît drôle, elle ne surprend pas. Au contraire,
lorsque Escouloubine, dans *le Prince*, fait un second
gentilhomme campagnard devant madame Cardinet
effarée, on éclate d'un accès de rire nerveux, et il
semble qu'on vienne de recevoir un coup de bâton
sur la nuque. C'est que la situation est impossible ;
elle est une pure fantaisie des auteurs, une imagination extraordinaire dont la folie devient commu-
nicative. On mourrait de ce rire-là, s'il durait trop
longtemps.

Je crois que le chef-d'œuvre de ce comique nerveux n'est pas écrit. Je connais çà et là des scènes
stupéfiantes. Mais il n'existe peut-être pas de pièce
en trois ou quatre actes, ayant en ce genre la solidité des œuvres qui durent. Il faudrait, je le répète,
une gradation savante, une farce dont la folie fût
menée puissamment de la première à la dernière
scène. Je serais curieux de savoir dans quel état
seraient les spectateurs à la sortie.

II

Le succès que MM. Meilhac et Halévy viennent de remporter aux Variétés, avec leur dernière pièce, *la Cigale,* est un nouvel argument en faveur de la thèse que je soutiens avec obstination : celle de l'absence de tout code dramatique et de l'absolue liberté dont la fantaisie des auteurs jouit au théâtre.

Voici donc *la Cigale.* Dans cette œuvre, il n'y a pas de pièce, comme on dit en argot théâtral, ou du moins l'intrigue est si connue, si usée, que les auteurs, évidemment, ne se sont pas inquiétés le moins du monde de la charpente. Les critiques, qui connaissent sur le bout du doigt les répertoires de nos plus petits théâtres, citeraient quelques douzaines de vaudevilles auxquels *la Cigale* ressemble, sans compter les drames et les opéras-comiques. Jamais l'insouciance des deux écrivains n'est allée plus loin à l'égard de l'intrigue, de la carcasse plus ou moins solide d'un ouvrage. C'est de la science dramatique va comme je te pousse.

Il s'agit, dans la pièce, d'une jeune fille volée par des saltimbanques, la Cigale, qui s'enfuit un beau jour pour échapper aux entreprises amoureuses de trois de ses camarades. Elle tombe dans une auberge fréquentée par des peintres, devient subitement amoureuse de l'artiste Marignan, puis, tout d'un coup, retrouve ses riches parents et se transforme en mademoiselle des Allures. Le malheur est que Marignan appartient à une maîtresse qui le trompe, et que, d'autre part, on veut marier mademoiselle des Allures avec son cousin Edgard. Mais tout s'arrange de la façon attendue : Edgard hérite de la maîtresse de Marignan, et celui-ci épouse la Cigale. Et voilà tout. C'est plus que maigre, c'est nul.

Qu'est-ce qui a donc pu tenter MM. Meilhac et Halévy, ces auteurs si habiles et d'un esprit si fin, dans un sujet dont le dernier des faiseurs de vaudevilles n'aurait pas voulu? J'estime que, d'abord, ils ont dû être séduits par le personnage de la Cigale : ils avaient sous la main mademoiselle Chaumont, et ils trouvaient là un excellent rôle pour cette comédienne si personnelle et si nerveuse.

Mais ce n'est pas tout : je crois que MM. Meilhac et Halévy sont surtout partis, en raisonnant de la façon suivante : « Nous avons deux mondes fort pittoresques, ceux des saltimbanques et des peintres ; il est impossible que nous ne fassions pas les plus heureuses rencontres, en nous abandonnant tout bonnement à notre fantaisie et à nos observations. »

Et ils ont fait la pièce, non pour la pièce, mais pour les scènes. Qu'importait l'ensemble, si chaque épisode était assez puissant en lui-même pour conquérir les spectateurs! Il s'agissait uniquement de faire vivre les personnages, de tailler dans la vie des tableaux d'un vif relief, de remplacer enfin la mécanique théâtrale par un souffle de réalité aiguisée d'une pointe d'esprit parisien. Remarquez que Musset n'a pas eu d'autre système dramatique ; il poussait simplement les choses à la poésie, tandis que MM. Meilhac et Halévy les poussent à une vérité railleuse.

Regardez de près comment la pièce est construite. Vous y verrez bien vite ce seul souci des tableaux modernes, vivants et légèrement tournés à la charge. C'est toute une poétique nouvelle, soyez-en convaincus. Tandis que la vieille charpente dramatique, telle que les dramaturges et les vaudevillistes de la première moitié du siècle l'ont inventée, craque de toutes parts, des écrivains de tempéraments différents arrivent de plusieurs côtés, en ayant tous conscience que notre théâtre national, pour se renouveler et rouvrir une veine aux chefs-d'œuvre, doit s'adresser à la peinture exacte du monde contemporain.

Étudiez donc de quelle manière MM. Meilhac et Halévy ont su donner à un sujet usé une intensité toute nouvelle. Ils se sont contentés de le placer dans des milieux très parisiens, des milieux d'hier et d'aujourd'hui, que l'on n'avait pas encore mis au théâtre et que le public a été enchanté de trouver là. Dès que la toile se levait, la salle était conquise par les milieux dont je parle, tant il est vrai que la réalité est puissante sur la foule.

Ainsi quel adorable tableau que le premier acte, cette auberge de Barbizon, dont le décor reproduit si exactement les moindres détails! Les premières répliques des deux peintres Marignan et Michu, l'entrée de la Cigale trouvée évanouie au pied d'un arbre de la forêt, sa longue histoire qu'elle raconte si drôlement, l'arrivée étonnante des trois saltimbanques, Carcassonne, Bibi, Filoche, enfin la dernière scène où l'homme d'affaire reconnaît dans la Cigale la noble demoiselle des Allures, toutes ces scènes prennent une vie extraordinaire, parce que, dans leurs exagérations comiques, elles contiennent une somme incroyable de détails vrais et d'observations justes. On sent que les personnages sont copiés sur le vif.

J'aime moins le second tableau. Il se passe chez la tante de mademoiselle des Allures et rentre dans les ficelles ordinaires du métier. Encore de très jolies scènes, par exemple celle où Edgard et sa cousine s'expliquent sur le manque absolu d'amour qu'ils ont l'un pour l'autre, celle où l'on apporte Marignan qui vient de tomber à la rivière, celle où la Cigale et la maîtresse du peintre sont sur le point de se prendre au chignon; mais tout cela sent un peu l'effort. Et pourtant le milieu est encore une merveille, ce chalet de Bougival bâti au bord de la rivière, cette banlieue de Paris si élégante et si pleine de promiscuités.

Mais c'est surtout le troisième tableau qui a fait mon admiration. Remarquez qu'à la fin du deuxième acte la pièce est absolument finie, si elle a jamais commencé. Il n'y a plus qu'à marier la Cigale et Marignan, opération des plus simples qui ne saurait emplir un acte. On pouvait se demander comment MM. Meilhac et Halévy allaient occuper les planches. Leurs amis tremblaient. Eh bien, ce troisième tableau est le plus amusant. C'est celui qui décidé du grand succès de l'œuvre.

Les auteurs ont carrément lâché la pièce. Je ne crois pas qu'il y ait d'exemple d'un dénoûment traité avec plus de dédain pour la mécanique théâtrale. Marignan épousera la Cigale, mais cela n'importe pas. Ce qui importe, c'est de nous montrer l'intérieur du peintre, c'est de mettre à la scène la jeune école de peinture qui se fait, avec tant de vaillance, une place au soleil. Marignan raffine encore sur les impressionnistes ; il est luministe et intentionniste. Dès lors, vous devinez les plaisanteries, dont quelques-unes sont fort spirituelles. Le décor de l'atelier, avec ses charges des toiles célèbres de MM. Manet, Claude Monet, Degas, Cézanne, Renoir, Sisley, Pissarro, etc., est des plus amusants. Et l'acte tout entier roule sur la nouvelle formule artistique, que les expositions de la rue Le Peletier ont fait connaître à tout Paris.

J'éprouve, je l'avoue, une grande tendresse pour les peintres impressionnistes. Aussi suis-je très reconnaissant à MM. Meilhac et Halévy de les avoir plaisantés pendant tout un acte. Maintenant, voilà la jeune école plus connue encore qu'elle ne l'était ; et il ne lui reste qu'à faire œuvre de virilité. Je veux croire qu'au fond MM. Meilhac et Halévy sont pleins d'affection pour ces artistes novateurs, qui cherchent à peu près en peinture ce qu'eux-mêmes cherchent au théâtre, la vie moderne, le côté intense et incisif des choses, les aspects multiples du grand Paris. Même si l'on discute leur façon de réaliser, il faut accorder aux impressionnistes le mérite d'avoir découvert le sens dans lequel notre peinture nationale va opérer un renouvellement. On a beau rire et les nier, ils n'en ont pas moins imprimé à l'art le seul mouvement vraiment artistique qui se soit produit, depuis le mouvement romantique de 1830. Et ce qui le prouve, c'est que nos Salons annuels sont aujourd'hui plein d'impressionnistes, je veux dire de jeunes gens malins qui copient les impressionnistes en les édulcorant, pour la plus grande jouissance des bourgeois.

Mais je reviens à *la Cigale*. On répète que MM. Meilhac et Halévy peuvent seuls se permettre une pièce si mal bâtie et si intéressante. Cela revient tout simplement à dire qu'ils ont une originalité. Sans doute, il serait fâcheux que d'autres auteurs dramatiques allassent s'ingénier à copier *la Cigale*; et ces auteurs tomberaient, que la chute me paraîtrait méritée. Seulement, puisque l'originalité réussit si bien au théâtre, en dehors de tout code dramatique, pourquoi d'autres originalités ne tenteraient-elles pas de même le succès, sans s'embarrasser le moins du monde des traditions? Nous voyons les règles souffletées, aux grands applaudissements d'une salle. Cela doit nous retirer le peu de respect que nous aurions pu garder pour les règles.

Et remarquez que je ne vais même pas si loin que MM. Meilhac et Helévy. *La Cigale* est un bon argument pour la cause de la liberté du talent, dont je me suis fait l'avocat. Mais j'estime que les choses n'en iraient pas plus mal, si, au lieu de ce sujet dégingandé, ils avaient choisi quelque histoire solide, se tenant d'un bout à l'autre. A force d'esprit parisien et de fine observation, ils arrivent à se passer tout à fait de charpente, qui plus est à gagner la gageure de lutter contre une charpente défectueuse. C'est là un tour de force que j'applaudis, sans conseiller à personne de l'imiter.

Ne comprennent-ils pas eux-mêmes la puissance que leurs œuvres prendraient, s'ils poussaient jusqu'au bout leur tendresse de la modernité et de la réalité? Ils ont l'amour de notre Paris et la connaissance de tous ses mondes, la touche légère et vive qui est nécessaire pour le bien peindre. Mais ce ne sont là que des outils. Il faudrait ajouter le fond, je veux dire une grande carrure de sujet. Puisqu'ils empruntent les types et les dialogues à la vie réelle, pourquoi ne lui prennent-ils point aussi des histoires, au lieu de s'enfermer dans des intrigues qui ne supportent pas l'examen? Ils ne tiennent pas à la charpente; qu'ils choisissent donc alors, en même temps que des personnages vrais, une action vraie, bien simple, et ils écriront un chef-d'œuvre, j'en suis certain.

Je sais bien que là est le difficile. Porter la réalité des faits au théâtre, c'est autrement grave que d'y porter la réalité des types et des mots. Si *la Cigale* a réussi, cela vient de ce que le public a vu que les auteurs plaisantaient. Enfin, les temps arrivent où la tentative pourra sans doute être risquée. MM. Meilhac et Halévy auront eu l'honneur d'être les pionniers les plus hardis dans cette voie; et je ne serais pas étonné, s'ils faisaient jouer un jour la pièce que je demande, celle où la solidité du fond se joindrait à l'exactitude et à la finesse de la facture. Une telle œuvre serait digne de leur grand talent. En finissant, je crois devoir dire pourquoi je mets un tel entêtement à réclamer toute liberté sur la scène. C'est que je songe à la génération d'écrivains qui grandit, cette génération qui fatalement renouvellera notre art dramatique. Or, l'obstacle le plus terrible pour un auteur qui veut écrire des drames ou des comédies, c'est le code que la critique entend lui imposer. Il lui faut accepter la vieille formule et laisser là toute originalité. Aussi ne me lasserai-je jamais, chaque fois qu'un argument se présentera, de prouver qu'on réussit au théâtre par la seule force du talent, sans avoir besoin de se plier à ce joug. Sans doute je ne donnerai du talent à personne. Mais, si quelque nouveau venu en a, je le déterminerai peut-être à se lancer dans les tentatives originales. Ce sera ma récompense. J'aurai, à mon sens, fait plus dignement mon devoir de critique, que ceux d'entre mes confrères qui rappellent chaque jour les débutants au respect de je ne sais quelles règles.

III

Le Palais-Royal semble tenir un succès avec la pièce nouvelle de MM. Meilhac et Halévy : *le Mari de la débutante*. Le public a fait aux quatre actes dont cette pièce se compose un accueil différent : très chaud au premier, enthousiaste au second, chaud au troisième, légèrement froid au quatrième; et je demande à parler de l'œuvre justement au point de vue de ces façons d'être du public, car il y a là d'utiles observations à faire.

D'abord, je donnerai une courte analyse de chaque acte.

Premier acte. — Mina a été élevée par madame Capitaine, une ancienne Rigolette, qui est devenue une épouse sage. Or, madame Capitaine a donné à Mina une double éducation : les solides qualités d'une ménagère et les agréments d'une fille; si bien que Mina hésite entre deux partis, épouser l'employé Lamberthier, ou se faire entretenir par le vicomte de Champ-d'Azur. Mais le sort décide, elle épouse Lamberthier.

Deuxième acte: — On est à la mairie. L'adjoint Montdésir va marier Lamberthier et Mina. Il faut savoir que Montdésir est en même temps directeur d'un théâtre d'opérette. Or, au beau milieu d'un immense succès, son étoile vient de tomber malade, et il est au désespoir, lorsqu'il apprend que Mina a déjà chanté le rôle dans une petite salle. Il l'engage séance tenante, il emmène toute la noce au théâtre.

Troisième acte. — Il se passe sur la scène même du théâtre de Montdésir. Toutes sortes de petits épisodes s'y produisent. Le seul fait important est que Lamberthier, casé par le régisseur dans une avant-scène du rez-de-chaussée, se fâche en voyant sa femme paraître devant le public, vêtue d'un costume très décolleté. Il enjambe la rampe, et l'on doit baisser le rideau, au milieu d'un tumulte épouvantable.

Quatrième acte. — Un an s'est écoulé. Chez les Lamberthier, les choses ont changé singulièrement. Mina a un succès fou ; les directeurs et les auteurs se la disputent. Quant à la transformation de Lamberthier, elle est plus complète encore : il a hôtel, voiture, secrétaire ; il n'est plus dans le ménage qu'un bon administrateur, tirant le plus d'argent possible du talent de madame. C'est lui qui l'aide à répéter ses rôles, en indiquant les intentions égrillardes ; c'est lui qui accepte ou qui refuse les pièces que les auteurs viennent lire humblement. Cependant, il force Mina à congédier deux amoureux. Mais celle-ci a déjà pris pour amant le secrétaire de son mari. Il lui faut rompre, et la pièce finit brusquement par le départ du ménage pour l'étranger, où la chanteuse est engagée à des prix fabuleux.

Tels sont les quatre actes du *Mari de la débutante.*
Comme on le voit, MM. Meilhac et Halévy continuent
à s'affranchir du code dramatique, en se moquant
parfaitement de toute intrigue suivie et équilibrée.
Nous voilà loin des pièces bien faites de Scribe. Les
auteurs présentent simplement au public une série
de tableaux, reliés entre eux par un fil très mince, et
qui casse même parfois. Ils n'ont au fond qu'un
souci : traiter séparément chaque tableau avec le
plus d'esprit et le plus de gaieté possible, y promener
des types pris sur nature, relevés d'une pointe de
fantaisie parisienne. Quant aux péripéties, elles arriveront tant bien que mal, elles n'arriveront même
pas du tout ; et quant au dénoûment, il sera n'importe lequel. L'intérêt n'est plus dans le mécanisme
ingénieux des divers éléments de la comédie ; il est
dans la vivacité, dans les peintures fines et vivantes de
tableaux traités isolément.

Cela est si vrai, qu'en analysant *le Mari de la débutante,* j'ai pu négliger un personnage important,
le comte Escarbonnier, joué par Geoffroy. Cette
incarnation nouvelle de M. Prudhomme, ce superbe
imbécile qui traverse les quatre actes en faisant des
discours, ce cocu magnifique que sa femme a abandonné et qui s'attendrit en trouvant un amant de la
dame dans le régisseur de Montdésir, est une excellente figure comique, d'un grand relief et très amusante ; mais elle est absolument inutile à l'action, elle
n'est nécessitée par rien et n'amène rien.

J'en dirai autant de Biscarat et de Marasquin,
accompagné de ses quatre filles. Biscarat, que chaque nouvelle étoile enflamme, a fait sourire, parce
qu'on a cru entrevoir le profil discrètement indiqué

d'une personnalité bien connue dans le monde des théâtres. Marasquin et ses quatre filles ont été accueillis également comme de vieilles connaissances, car ils ont déjà servi plusieurs fois ; MM. Meilhac et Halévy eux-mêmes nous les avaient montrés dans *le Roi Candaule.* En somme, ce ne sont que des types qui défilent. Ils n'apportent rien à l'intrigue ; ils complètent une collection d'originaux parisiens. J'insiste, parce qu'il y a là une nouvelle application, heureuse et applaudie, des idées que je défends. Une fois de plus, il est prouvé que le sujet n'importe pas, que l'intrigue peut manquer, que les personnages n'ont pas même besoin d'avoir un lien quelconque avec l'action ; il suffit que les tableaux offerts au public soient vivants et qu'ils le fassent rire ou pleurer.

Toutefois, le public est encore singulièrement ombrageux sur certains points. Rien ne m'intéresse comme la façon dont une salle se comporte devant une œuvre dramatique ; et cela me ramène à l'examen des quatre actes, dont j'ai donné l'analyse plus haut.

La salle a été prise par le premier acte. Il est réellement charmant d'un bout à l'autre. J'ai déjà dit que MM. Meilhac et Halévy, dans leurs pièces, réussissaient toujours le premier acte, et cela s'explique par la façon même dont ils travaillent. Procédant par tableaux, ils mettent fatalement dans le premier l'idée qui les a frappés, le point de départ ; ensuite, il leur faut se battre les flancs pour tirer des conséquences et arriver au dénoûment. Rien n'est joli comme la scène de séduction, lorsque le vicomte de Champ-d'Azur se penche sur l'épaule de Mina, assise à son piano, et lui promet un hôtel, une voiture, toute une vie de paresse et de luxe ; Mina refuse d'abord, puis elle va céder, et la phrase du piano revient en mourant, avec une langueur voluptueuse. Cela est d'une fantaisie littéraire tout à fait exquise. Excellente scène aussi, la partie de whist qui décide du sort de Mina ; si Lamberthier gagne, elle l'épouse ; et il gagne, après lui avoir donné l'émotion d'une partie nulle.

J'ai dit qu'au second acte, la joie de la salle était devenue de l'enthousiasme. J'aime pourtant beaucoup moins ce second acte. Il est très gai, mais d'une gaieté un peu grosse. Puis, on l'a déjà vu. Sans parler de la noce d'*Un Chapeau de paille d'Italie*, l'adjoint Montdésir, auquel ses soucis de directeur de théâtre font perdre la tête, ne rappelle-t-il pas le juge de *la Boule*, qui mêle les couches de sa femme à l'affaire qu'on débat devant lui ? La situation est identique, le rire est amené par les mêmes procédés. Examinez de près les deux actes, et vous serez frappé de la ressemblance. Sans doute, le public s'est tant amusé, précisément parce qu'il retrouvait un cadre connu. Toute la force de la tradition est là. On a ri hier d'une chose, pourquoi n'en rirait-on pas encore aujourd'hui ? Rien n'est plus drôle, en effet, que cet adjoint fantasque, qui interrompt à chaque instant la lecture du Code pour s'inquiéter de son théâtre. D'autre part, la noce ahurie, affolée, la mariée qui chante *la Petite Poularde* avec sa couronne de fleurs d'oranger, l'effarement du mari, l'importance bête du comte Escarbonnier, élargissent le cadre connu et y apportent des éléments nouveaux. De là, le grand succès.

Et ce qui prouve que la tradition ne suffit plus, c'est

que le troisième acte a moins pris le public. Les dix à douze petits épisodes qui s'y suivent à la débandade, ne sont pas bien nouveaux. On a déjà vu souvent, d'ailleurs, la scène d'un théâtre regardée à l'envers, avec les coulisses retournées, le rideau se levant et découvrant, comme toile de fond, une salle emplie de spectateurs. Le grand succès a été le truc très simple qui montre les spectateurs de cette salle dans trois états, d'abord immobiles et attentifs, puis commençant à s'agiter lorsque Lamberthier trouble le spectacle, puis tout à fait furieux, menaçant du poing, faisant voler les petits bancs. On baisse simplement le rideau, qui découvre successivement, en se relevant, les toiles de fond, où les trois états du public sont peints d'une façon fort amusante.

J'arrive au quatrième acte, et j'insisterai, car c'est surtout celui qui m'a intéressé.

Je crois savoir que c'est là qu'il faut chercher l'idée première de la pièce. Les auteurs voulaient mettre à la scène un certain ménage d'artistes, la femme adorée du public, le mari battant monnaie avec cette adoration, homme charmant au fond, mais chez lequel l'époux s'est effacé pour faire place à un administrateur de premier ordre. Il est inutile de chercher si les auteurs n'ont pas trouvé leurs modèles dans notre monde contemporain. Ce qu'il faut dire, c'est que la donnée était d'une grande originalité et qu'elle devait fatalement tenter un jour des observateurs parisiens comme MM. Meilhac et Halévy.

Ainsi donc, la donnée était très originale ; j'ajoute qu'elle était très dangereuse. C'est sans doute ce que les auteurs ont compris, car ils n'ont point osé l'aborder franchement. Je veux bien croire que, s'ils l'ont réservée pour leur quatrième acte, s'ils l'ont étranglée et escamotée dans un dénoûment au lieu de l'étendre dans toute une pièce, cela est simplement venu du désir qu'ils ont pu avoir de répondre aux critiques qui leur reprochent d'habitude de terminer pauvrement leurs pièces; ils espéraient sans doute finir par un coup d'éclat. La vérité n'en est pas moins qu'ils semblent avoir reculé devant leur idée première, que les trois premiers actes paraissent une préparation bien longue au quatrième; que la pièce, en somme, la pièce nouvelle, originale, hautement contemporaine et parisienne, était dans ce quatrième acte. Pour moi, la comédie s'achève juste au moment où elle commence. MM. Meilhac et Halévy n'ont pas plutôt abordé la situation capitale de leur œuvre, qu'ils tournent court et font disparaître leurs personnages, en les envoyant à l'étranger.

On a fait remarquer que le titre parle du mari d'une débutante, et non du mari d'une comédienne. Eh bien, j'attendrai alors la pièce qui doit suivre, la pièce originale, celle, en un mot, que nous promet le quatrième acte interrompu. MM. Meilhac et Halévy sont tenus à l'écrire.

D'ailleurs, ils ont fait preuve d'une grande habileté, en promenant les spectateurs dans trois actes d'épisodes déjà connus, avant d'aborder la grosse affaire, celle qu'ils avaient sans doute depuis longtemps en notes dans leurs tiroirs, et qu'ils n'osaient risquer. Le public, en effet, est devenu subitement sérieux et un peu froid, quand il a senti où on le menait. Cela lui semblait raide; ce n'était plus pour rire, il devinait où les observations avaient dû être prises, il flairait la réalité derrière la fantaisie. J'ai été vivement frappé de cette gêne subite, de cette défaillance devant le document humain.

Je n'en suis pas moins convaincu que la pièce aurait eu une autre allure, si le quatrième acte était venu après le premier acte, et si la pièce s'était ensuite magistralement développée. Nous y aurions perdu les actes très amusants de la mairie et du théâtre; mais ce sont là des actes connus, dont la perte, au point de vue littéraire, n'aurait pas été grande. En somme, ils n'apportent rien et ne laissent rien que le souvenir d'un éclat de rire, dont on ne se rappelle même plus bien la cause. On a ri, mais il serait difficile, le lendemain, de dire pourquoi.

Peut-être aurait-on sifflé le mari. Peut-être, en le présentant plus tôt dans son rôle d'administrateur, les auteurs l'auraient-ils suffisamment expliqué et imposé au public, à force de gaieté et d'adresse. En tout cas, ils auraient créé un type, ce qui est le suprême triomphe au théâtre.

IV

Me sera-t-il permis de chercher une légère querelle à MM. Meilhac? et Halévy C'est au sujet du *Mari de la débutante*, qu'ils ont donné de nouveau au Palais-Royal, après lui avoir fait subir une transformation complète. On se souvient que, lorsque la première version fut jouée, les trois premiers actes firent un grand effet, celui surtout qui se passe à la mairie. Puis, le quatrième acte, le dernier, faillit tout gâter.

Les auteurs, sans crier gare, étaient entrés dans une peinture osée du mari d'une comédienne, se posant en administrateur du talent et de la beauté de sa femme. Cette peinture un peu crue, d'une férocité d'observation que des plaisanteries ne déguisaient pas suffisamment, glaça le public qui devint froid, presque hostile. Et j'avoue volontiers moi-même que cela détonnait à côté des autres actes, tous de pure fantaisie.

J'ai beau m'en garer, la question de la convention revient toujours sous ma plume. Voilà, certes, un exemple dont les zélateurs de la convention pourraient abuser. Ils diraient : « Vous voyez bien qu'on ne peut pas tout dire au théâtre, puisqu'il suffit que des hommes du talent et de l'habileté de MM. Meilhac et Halévy mettent un mari peu délicat, pour compromettre toute une œuvre, qui marchait vers le plus grand succès. » Sans doute ; mais il faudrait ajouter que le seul tort des auteurs était de recommencer une pièce, de manquer d'équilibre et de logique, de terminer par un coup de massue inattendu, au bout d'une simple plaisanterie agréable. On peut tout mettre au théâtre, et je ne fais que répéter ici l'opinion d'un célèbre auteur dramatique, qui à la vérité paraît avoir changé d'idée aujourd'hui ; seulement, il faut savoir tout mettre.

C'est évidemment ce dont se sont aperçus MM. Meilhac et Halévy. Ils ont retiré le dernier acte, peut-être avec la pensée d'en faire plus tard le point de départ d'une autre pièce. Puis, ils ont décidé que *le Mari de la débutante* resterait une simple fantaisie, sans aucune portée d'observation. Rien de plus raisonnable, en somme. Pourtant, cela m'a surpris, et c'est ici que je cherche querelle aux auteurs. Je crois qu'on ne doit jamais toucher à une œuvre qui a été jouée. Elle est bonne ou mauvaise, peu importe ; du moment où elle appartient au public, il faut la conserver avec ses qualités et ses défauts. Je doute même qu'on ait intérêt à la raccommoder, car il n'y a pas d'exemple qu'une œuvre ainsi retapée ait pris une solidité plus grande. Il vaut mille fois mieux employer à un nouvel ouvrage le temps qu'on perd à vouloir équilibrer un ouvrage qui boite de naissance.

Voyez le cas présent. *Le Mari de la débutante* est plus homogène peut-être ; mais le voilà sans relief, sans ce relief des défauts qui tire souvent une œuvre de sa médiocrité aimable. La pièce aujourd'hui reste une fantaisie, dont certains détails sont amusants ; seulement, elle est inférieure à d'autres fantaisies de MM. Meilhac et Halévy, ce qui la met à un second rang. On sourit, on ne se fâche plus ; cela est grave. Il est vrai que mon goût bien connu de la perversion me rend un très mauvais juge. Moi, je l'aimais beaucoup, cet ancien dernier acte, sacrifié à la première froideur du public, et je poussais les choses jusqu'à prétendre qu'il était le seul original et nouveau. Donc, quitte à ce que la pièce restât d'un ensemble défectueux, je l'aurais gardé. Cela pouvait être mauvais, mais cela n'était pas ordinaire.

V

Samuel Brohl, la comédie en cinq actes et un prologue que M. Meilhac a tirée d'un roman de M. Cherbuliez, n'a pas réussi à l'Odéon.

Il s'agit du fils d'un aubergiste, Samuel Brohl, qu'une princesse russe, la princesse Guloff, achète à son père en Galicie, dans un but plus ou moins avouable. Plus tard, Samuel Brohl fausse compagnie à la princesse, court le monde, fait tous les métiers, finit par voler les papiers d'un certain Polonais, le comte Abel Larinski, qu'il a peut-être assassiné. Ce point de l'histoire reste louche. Et voilà le comte Abel Larinski qui cherche à couronner sa carrière en épousant la fille d'un savant chimiste français, mademoiselle Antoinette Moriaz. Il y arriverait, car la jeune personne est singulièrement romanesque, si la princesse Guloff ne venait le démasquer et si un bon jeune homme, un cousin amoureux de sa cousine, ne le forçait à rendre certain portrait et certaines lettres, ce qui permet à Antoinette de rentrer dans la prose.

Évidemment, ce sujet est d'une originalité médiocre ; mais, en somme, il en valait un autre, et un homme de l'expérience de M. Meilhac pouvait en tirer une pièce agréable. D'où vient donc que l'œuvre a été si mal reçue ? Les raisons me paraissent assez complexes.

D'abord, le personnage de Samuel Brohl aurait demandé un développement plus large et plus original. J'ai bien deviné quel héros avait rêvé le romancier, un gredin compliqué d'un artiste et d'un dévot, une de ces natures entortillées où le pire se mêle à l'excellent, très capable de s'agenouiller passionnément devant une jeune fille et de lui voler sa dot ; en un mot, un aventurier qui a lu Byron et qui met de l'art dans ses escroqueries. Malheureusement, une bonne moitié de tout cela a été perdue dans la comédie. Samuel reste en partie inexpliqué. Il ne tient plus à la terre ; il s'efface dans le gris ; on ne le déteste ni on ne l'aime. On bâille, voilà tout.

Et il en est de même pour les autres personnages. Que nous font tous ces gens-là ? Est-ce que nous les connaissons ? Pour sûr, ils n'appartiennent à aucun monde. On a beau nous dire que M. Moriaz est un membre de l'Institut; qu'Antoinette est une demoiselle romanesque, mais honnête ; que le cousin a un cœur d'or : nous n'en sommes pas convaincus, parce que tous restent pour nous à l'état d'ombres indécises. Ils semblent s'agiter derrière une mousseline. Ils n'ont ni os ni muscles. Ce sont de vagues formes qui flottent de l'autre côté de la rampe et où nous ne trouvons rien d'humain. De là le grand froid, l'ennui du public. Un lien d'humanité, de fraternité, ne s'établit pas entre la scène et la salle. Les plus jolies choses se perdent, les spectateurs finissent par devenir hostiles et injustes.

J'ai lu que la salle, le premier soir, s'était montrée nerveuse et goguenarde, dès le commencement. Cela est radicalement faux. Jamais, au contraire, je n'ai vu une salle mieux disposée. Et pourquoi aurait-elle été méchante, grand Dieu ! M. Cherbuliez n'a pas un ennemi, personne ne le discute, les personnes distinguées lisent ses romans et se pâment ; il est connu comme un de nos romanciers les plus moraux, les plus délicieusement doués, les plus dignes de figurer sur la table d'un salon. Ajoutez qu'il règne à la *Revue des Deux Mondes* et que l'Académie lui garde depuis longtemps un fauteuil. Quant à M. Meilhac, il est adoré du public des premières représentations, et l'on a tellement l'habitude de l'applaudir, qu'on a vraiment souffert, l'autre soir, de lui marchander le succès.

Donc, personne n'était venu pour siffler, et les auteurs, très sympathiques, n'avaient pas derrière eux une meute affolée et grondante. Si le public a fini par rire et se fâcher, c'est qu'il était las de s'ennuyer. J'ai déjà constaté cela plusieurs fois. Le prologue n'est pas aussi original qu'on l'annonçait ; mais c'est encore le meilleur tableau, et on l'a écouté avec plaisir. Ensuite, la pièce commence ; le premier acte est d'un ennui à faire pleurer ; le second n'est guère plus amusant, il faut en attendre la dernière scène pour arriver à une situation dramatique, la rencontre de Samuel et de la princesse Guloff. Puis, le troisième acte rentre dans le brouillard. C'est alors que des signes d'impatience se sont manifestés parmi les spectateurs. Ils s'étaient montrés jusque-là d'une tolérance parfaite, attendant toujours. Comme rien ne venait, ils ont tâché de s'égayer eux-mêmes. Lorsqu'un public en arrive à ce point, il tourne tout d'un coup à la férocité. Et les choses se seraient très mal terminées, sans le quatrième acte.

Au quatrième acte, heureusement, se trouve une belle scène, l'explication entre Samuel et Antoinette, lorsque la princesse Guloff a tout appris à cette dernière. Supérieurement jouée, cette scène a sauvé la pièce d'un désastre complet. On a beaucoup applaudi et rappelé deux fois les artistes. C'était, dès lors, une partie perdue honorablement. Il est fâcheux que le cinquième acte soit banal, car une victoire était même encore possible.

Je tâche d'être absolument juste et de donner un procès-verbal exact de la soirée. Il faut insister sur ce fait que la pièce est remplie de charmantes choses, d'épisodes adorables, mais que tout cela ne passe point la rampe, parce que la pièce ne vit pas, parce que les personnages sont en l'air, à plusieurs mètres du sol. La réalité manque, l'illusion ne peut se produire.

Ce que je veux constater encore, c'est que l'expérience, cette fameuse expérience qu'on jette au théâtre dans les jambes de tous les débutants, est en somme une bien pauvre chose. Voici M. Meilhac, par exemple : il a derrière lui vingt succès, il a grandi sur les planches, il connaît toutes les ressources du métier, et l'on est mal venu à prétendre qu'il n'est bon qu'à bâcler de petites pièces, car il a écrit *Froufrou*, la *Boule*, d'autres pièces en quatre ou cinq actes, qui comptent parmi ses meilleures. Eh bien, *Samuel Brohl* est plein des inexpériences les moins excusables. La pièce ne procède que par récits ; à chaque instant, les personnages entament des histoires interminables, et ils racontent les mêmes choses deux et trois fois, sans se lasser. On a fini par rire. On a ri également d'un domestique qui, tous les quarts d'heure, paraît avec une lettre sur un plateau ; ce plateau devenait comique, cette ficelle des lettres ainsi employée coup sur coup tournait à la farce. Si *Samuel Brohl* était signé d'un nouveau venu, comme on renverrait ce nouveau venu à l'école, en lui disant d'étudier MM. Dumas, Sardou, Meilhac et Halévy ! Mais, avec M. Meilhac, il faut bien confesser que la prétendue science dramatique se réduit simplement à ceci : il y a des pièces qui ennuient et il y a des pièces qui amusent.

Je traiterai la question de moralité avec M. Cherbuliez. Si j'ai bien compris la morale qu'on doit tirer de *Samuel Brohl*, c'est qu'une jeune fille ne doit pas être romanesque ; quand on est romanesque, on court le risque de s'éprendre d'un aventurier, terrible leçon qui doit faire réfléchir les demoiselles rêveuses, guettant à leur fenêtre la venue d'un prince Charmant. Certes, j'applaudis vivement, car je suis pour les réalités de la vie. Soyez à terre, voyez la prose.

Mais je crains fort que mademoiselle Antoinette Moriaz n'ait longtemps nourri sa tête folle des romans de M. Cherbuliez. Elle a certainement dévoré en cachette le *Comte Kostia, Paul Méré*, l'*Aventure de Ladislas Bolski* et les autres ; peut-être même les a-t-elle lus ouvertement, devant son père, car il est entendu que les romans de M. Cherbuliez peuvent être mis entre toutes les mains. Et voyez les ravages, dans cette jeune cervelle ! Cette littérature aventureuse, ces histoires d'êtres excentriques, ces personnages et ces sentiments alambiqués, tout ce clinquant de l'idéal a donné à Antoinette le dégoût de la vie commune ; elle ne sait rien de l'existence, elle dédaigne son cousin qui est le bonheur, elle va se jeter dans les bras d'un gredin, par amour de l'extraordinaire. Vraiment, M. Cherbuliez est bien coupable. Il constate lui-même où conduit la lecture de ses romans; il voit quel est le résultat de sa prétendue morale, de ce fameux idéal qui relève les âmes, dit-on. Pour moi, il les abaisse, il les trouble et les affadit. Il n'y a qu'une bonne éducation, celle de la vérité. Qu'on mette entre les mains d'Antoinette les œuvres de Balzac, et on en fera une femme.

Je n'en ai pas fini avec M. Cherbuliez, car je n'ai point encore parlé de l'*Aventure de Ladislas Bolski*, la pièce en cinq actes jouée dernièrement au Vaudeville. Dans cette œuvre, l'homme de théâtre, l'adaptateur a été M. Maquet.

En deux mots, voici la pièce. La comtesse Bolska, dont le mari, le père, les frères sont morts pour la cause de l'indépendance polonaise, a encore un fils, qu'elle a élevé dans l'ignorance de l'histoire de son pays et de sa famille. Mais il apprend tout et il veut aller se battre. Comme il aime une dame russe, madame de Liéwitz, il la sacrifie à son patriotisme. En Pologne, il retrouve cette dame, et lâchement, pour obtenir d'elle une nuit d'amour, il se couvre de honte. Quand il revient à Paris, sa mère le maudit; d'autre part, il apprend que madame de Liéwitz, au lieu de se donner elle-même, dans la nuit qu'il a si chèremnt payée, s'est fait remplacer par sa femme de chambre. Telle est l'aventure de Ladislas Bolski.

Le sujet se prêtait beaucoup plus à la forme dramatique que celui de *Samuel Brohl*. Aussi le succès a-t-il été moins discuté. Les premiers actes, ceux où vibre la corde patriotique, ont soulevé de chaleureux applaudissements; toutes les fois que la patrie est en jeu, l'effet est certain. Le dernier acte est malheureusement venu tout gâter. Une protestation générale a accueilli l'histoire de la femme de chambre. C'est la même situation qu'on a si joliment sifflée, dans le *Bouton de rose;* et encore, moi, j'étais en pleine farce. Il paraît, décidément, que le public de nos jours ne goûte plus les bons contes de nos pères. A la seconde représentation, MM. Maquet et Cherbuliez se sont hâtés de supprimer l'intervention égrillarde de la femme de chambre ; de sorte que leur dénoûment ne signifie plus rien et qu'il n'y a plus d'aventure, dans l'*Aventure de Ladislas Bolski.*

Je ne défendrai pas le joli rôle de la femme de chambre, car cela achèverait de me faire passer pour un homme sans mœurs. Mais, en vérité, je crois que la seule faute des auteurs a été de ne pas assez préparer ce coup de scène. Il a surpris le public, qui ne se méfiait de rien ; de là l'indignation. Autrement, l'histoire est curieuse ; elle montre bien le parfait mépris de madame de Liéwitz, et elle est une leçon cruelle pour Ladislas, qui voit lui échapper jusqu'au prix de sa honte.

En somme, l'*Aventure de Ladislas Bolski* est encore la meilleure pièce qu'on ait tirée des romans de M. Cherbuliez. Le *Comte Kostia*, si ma mémoire ne me fait pas défaut, a été autrefois accueilli très froidement au Gymnase. *Samuel Brohl* vient de tomber à l'Odéon. Reste la pièce du Vaudeville, dont deux actes sur cinq produisent un grand effet.

VI

MM. Meilhac et Halévy ont fait, avec leurs œuvres aimables, une bien rude besogne contre les charpentiers dramatiques, ces fameux ouvriers qui avaient la prétention de fabriquer la pièce parfaite et définitive. Les auteurs de *la Petite Mère*, de *la Boule* et de tant d'autres succès, ont donné un coup de pied dans le code de Scribe, qui a volé en éclats, et dont les débris ne sont pas même bons pour faire un acte de vaudeville. Tout est démoli, c'est déjà un joli travail. Je sais bien que, maintenant, il faut reconstruire, car les pièces de MM. Meilhac et Halévy, si charmantes, d'un esprit si fin, ne sont malheureusement que des tableaux reliés entre eux par des invraisemblances. Ils ont parfaitement compris que la vie réelle devenait indispensable au théâtre, et ils ont servi la vie réelle au public en tranches minces ; seulement, l'ensemble n'a pas de solidité, les vues générales manquent, la carcasse est la première venue, un simple motif à scènes spirituellement observées. Puis, pour ne pas trop effrayer le public, tout cela reste en l'air, dans une humanité de carnaval, qui peut être bête, méchante et cynique, sans qu'on en pleure.

A propos des œuvres de MM. Meilhac et Halévy, j'ai dit quelle serait leur force, s'ils voulaient porter, dans le sujet lui-même, l'observation et la logique qu'ils mettent dans les détails. Parmi les sottises qu'on me prête, on affirme que je demande au théâtre une suite de tableaux réels, jetés au hasard et sans lien solide. La vérité est que j'ai pu constater, comme un symptôme caractéristique, le succès de certaines pièces, ainsi construites. J'ai applaudi *le Club*, bien que l'œuvre soit peu d'aplomb sur ses trois actes ; j'ai triomphé, lorsqu'on a tiré certains drames de romans célèbres et que ces drames ont bruyamment réussi, malgré leur évidente infériorité. Quand on soutient une cause, on prend les arguments qu'on trouve. Il est certain qu'un mouvement se produit, qu'une transformation a lieu. Demandez aux auteurs et aux directeurs. Le public ne se soucie plus des pièces bien faites, et va d'instinct aux pièces qui lui apportent des tableaux de la vie quotidienne, plus ou moins amenés par des invraisemblances et déguisés par de la fantaisie. Mais ce serait un véritable désastre, si le mouvement s'arrêtait là, car notre théâtre national pataugerait au milieu de ruines.

Dans toute évolution, il y a au moins deux phases, la phase de démolition et la phase de reconstruction. Or, je l'ai dit, nous en sommes à cette heure où, le terrain étant déblayé, il faut rebâtir. C'est une grosse affaire. Évidemment, la réalité monte sur la scène, il est clair que le public supporte chaque jour une somme de vérité plus grande. La preuve est faite. Il s'agirait maintenant de ne pas s'en tenir à des tableaux séparés, de faire que chaque acte soit une des faces réelles d'un sujet, d'écrire en un mot l'œuvre complète, logique, allant d'un bloc de l'exposition au dénoûment. Nous avons bien les cadres exacts, mais il nous faudrait aussi les personnages exacts, avec leurs actions et leurs caractères. On peut rêver un drame d'une grande simplicité, puissant par la solidité de sa structure, mettant sur les planches la vie telle qu'elle est, en une série de tableaux qui découleraient logiquement les uns des autres. Ce serait le chef-d'œuvre.

Je parlais plus haut des pièces qu'on tire de certains romans et qui réussissent. Ces pièces font ma grande joie, car elles sont des arguments décisifs contre les théories de certains critiques. Je veux bien qu'elles ne constituent pas des œuvres de premier ordre; j'admets même qu'elles ne valent pas grand'chose. Alors, pourquoi réussissent-elles? qu'on m'explique cela. Elles vont contre toutes les idées admises, elles sont la négation des règles posées par les défenseurs des pièces bien faites. D'abord, elles restent fatalement obscures et embrouillées, étant tirées de romans dont des passages entiers ont dû être sacrifiés; ensuite, elles n'ont qu'une action assez pauvre, sans cesse encombrée d'épisodes; et je ne parle pas des situations qui se répètent, des longueurs de l'exposition, de toutes les recettes, de toutes les ficelles mal employées. Et on les applaudit, et elles ont des centaines de représentations! Il faut donc qu'elles portent en elles une force.

Prenons *le Nabab*, par exemple. Le voilà en route pour la centième, et la salle reste comble. On dira que le grand bruit du roman a fait le succès de la pièce. Sans doute, mais le fait n'en est pas moins là : une pièce qui ne se pique pas d'être une pièce fabriquée dans les règles, a aujourd'hui le grand succès qui était réservé autrefois aux œuvres seules des grands charpentiers. Imaginez que l'expérience se répète, qu'après *le Nabab*, tous les romans d'Alphonse Daudet et d'autres romans encore fournissent des drames, et que ces drames soient acclamés par le public. L'aventure est possible, je sais même qu'on travaille en ce moment à la réaliser. Dès lors, vous voyez l'importance du mouvement. C'est une véritable invasion du théâtre par les romanciers, ces romanciers que les critiques dramatiques ont méprisés si longtemps ; car vous n'ignorez pas qu'il suffisait d'avoir écrit des romans pour être une vraie bûche comme auteur dramatique. Le code le voulait ainsi.

La question se pose donc nettement. Admettez que des pièces tirées de certains romans se produisent et obtiennent de grands succès. Aussitôt les directeurs, qui ne boudent pas contre les belles recettes, se lancent dans cette voie ; et voilà l'envahissement accompli. Naturellement, ces éventualités ne sauraient faire rire les charpentiers qui travaillent sur l'ancien patron ; on bouscule leur besogne, on détourne le public de l'article qu'ils tiennent ; ils ont le droit d'être mécontents, de trouver que le public devient idiot et qu'il s'amuse en dehors de toutes les règles. La bataille est engagée, on verra bien de quel côté restera la victoire.

Je le dis une fois encore, je ne m'illusionne pas un instant sur la valeur que peut avoir une pièce tirée d'un roman. Le drame doit avoir sa vie propre. Seulement, à l'heure de transition que nous traversons, quel argument que le succès d'une de ces pièces ! comme il répond à toutes les objections faites par nos adversaires ! comme il ferme la bouche aux défenseurs de la convention ! Puis, rien de meilleur pour l'éducation du public. Et c'est ici le point important, sur lequel je veux insister.

Souvent, j'ai réfléchi à ce mouvement naturaliste

qui s'accomplit au théâtre. Le grand péril est de dépayser trop brusquement les spectateurs. On a fait un code de ce qui est permis et de ce qui n'est pas permis sur la scène. Or, il est toujours très dangereux de se risquer dans ce qui n'est pas permis, surtout lorsqu'on rêve d'apporter tout ce qui est défendu. A ce point de vue, les pièces tirées des romans deviennent d'une tactique excellente. En effet, elles permettent d'oser beaucoup et de tâter le public. Les épisodes des romans sont connus, la salle les attend, et ils perdent dès lors de leur danger, quand ils mettent sur les planches un tableau nouveau. Dès qu'un drame tiré d'un livre est annoncé, on s'étonne, on se récrie ; pas possible, telle situation est trop vive, tel personnage sera hué ; puis, quand la situation et le personnage ont passé, un pas est fait, dans l'acceptation de toutes les vérités. Il y a sans doute des escamotages, mais peu importe ; je parle ici des idées reçues, de cette croyance qui faisait du théâtre un monde à part, et qui peu à peu cède devant certains succès.

Laissez les faits s'accomplir, attendez que d'autres adaptations réussissent, et vous verrez quel bélier le roman naturaliste, mis à la scène, aura été contre les conventions actuelles. Cela sans doute ne donnera pas une grande œuvre, mais au moins toutes les sottises dont on nous assourdit, seront par terre. Ensuite, comme le public sera habitué, et comme la critique aura reçu des leçons, il deviendra possible de risquer le drame moderne, dans sa logique et dans sa vérité.

Je ne prêche ni ne pontifie, comme des sots m'en accusent. Je tâche simplement d'étudier ce qui se

passe et de prévoir ce qui sera demain, en m'appuyant
sur ce qui a été hier. En critique, il faut se contenter
d'être un observateur, si l'on veut ensuite raisonner
juste. Jamais un critique n'a eu une influence, jamais
il n'a déterminé un mouvement. Mais un critique,
lorsqu'il constate les faits et cherche leur enchaine-
ment logique, peut arriver à déterminer l'impulsion
de son temps ; et, dès lors, s'il ne crée pas le mouvement, il le suit et marche avec lui à l'avenir. Je
prendrai une comparaison. Imaginez un mécanicien
qu'on met en présence d'une machine inconnue, très
compliquée. D'abord, il ne peut en comprendre le
travail ; c'est une confusion de roues, de pistons,
de leviers. Puis, par l'étude, peu à peu, il se rend
maître du mécanisme, il finit par savoir d'où vient
le mouvement et où il aboutit. Dès ce moment, tout
en ne pouvant changer le travail de la machine, il
l'expliquera et indiquera mathématiquement le produit final. Eh bien, en critique, je voudrais être ce
mécanicien. Le siècle ne m'appartient pas, je n'ai
aucune ambition imbécile de le conduire ; seulement, je tâche de me rendre un compte exact du travail du siècle et de savoir où il va.

EDMOND GONDINET

I

Le Club, la pièce en trois actes de MM. Gondinet et Cohen, que vient de jouer le Vaudeville, est une preuve nouvelle qu'un mouvement très accentué vers les scènes de la vie quotidienne se produit en ce moment au théâtre.

Lorsque j'ai parlé de *la Cigale*, j'ai déjà constaté cette tendance de faire de chaque acte un tableau particulier, coupé dans la réalité. L'intrigue importe peu et n'est qu'un prétexte. Ce dont il s'agit, c'est de mettre sur les planches, dans un cadre scrupuleusement vrai, un coin original de notre société, savamment analysé. Nous allons retrouver cette formule dans *le Club*, et appliquée avec plus de précision et plus de vigueur encore que dans *la Cigale*.

J'ai dit que l'intrigue importait peu. Il faut pourtant en parler. M. Roger de Savenay aime madame Jeanne de Mauves, une jeune femme dont le mari, Fernand, commence à se déranger avec une certaine madame de Morannes, qui, du monde, est tombée dans le demi-monde. Ajoutez que cette femme est une fort méchante créature. Dans un bal masqué, elle vient de réussir à être la cause d'un duel entre Roger et M. de Morannes, qui vit au club, séparé d'elle, plein d'une philosophie rare. Aussi refuse-t-il carrément de se battre pour sa femme. La dame alors pousse Fernand contre Roger, le mari contre l'amant, en laissant croire au premier que Roger a risqué de se rompre le cou à Étretat, en descendant une falaise à pic pour la voir quelques minutes sans témoins. La vérité est que Roger a précisément accompli cet exploit, afin de se jeter aux genoux de madame de Mauves, de sorte qu'il ne veut pas détromper le mari, et que le duel aurait lieu, si l'on ne confondait madame de Morannes, et si madame de Mauves elle-même n'ouvrait les yeux de Fernand, qui revient à elle.

Mon Dieu ! cette histoire ne vaut ni plus ni moins qu'une autre. Si l'on y ajoute un deuxième ménage, les Pibrac, un homme sédentaire et bon enfant, une femme nerveuse qui se croit toujours trompée, on verra qu'il y a là les éléments ordinaires d'une comédie banale, du comique, du sentiment, une pointe de drame. Mais je doute vraiment que cette histoire toute seule eût beaucoup récréé le public, car elle est lasse de traîner partout. Aussi la volonté bien arrêtée des auteurs était de ne pas s'en contenter. Elle leur a suffi pour leur premier acte, l'acte d'exposition. Dès le second acte, ils ont voulu autre chose.

C'est ici que pointe l'originalité de leur pièce. A coup sûr, leur première idée a été de mettre l'intérieur d'un club à la scène. On sait que les femmes n'entrent pas dans un club, ce qui rendait le tableau d'un maniement difficile. Ils n'en ont pas moins très bravement accepté le cadre, comptant sur la curiosité du public, des femmes surtout, pour venir voir sur les planches ce terrible club, où elles ne peuvent mettre les pieds, et qui leur enlève leurs maris. Le calcul était plein de malice, il réussira certainement. D'ailleurs, si les femmes ne pénètrent pas là, on y parle beaucoup d'elles. Et c'est alors seulement que les auteurs ont cherché une intrigue qui pût avoir un écho dans un club. Roger, Fernand, M. de Morannes, sont nécessairement membres du club en question, ce qui justifie l'emploi du cadre. La pièce, d'ailleurs, pourrait avoir pour moralité que les maris ont tort de délaisser leurs femmes, et qu'ils feraient mieux de passer leurs soirées au foyer conjugal.

Le cadre une fois justifié, le tableau devient d'un vif intérêt. D'abord, le décor est d'une exactitude extrême. Ensuite, les scènes sont vécues, je veux dire qu'elles se déroulent avec le mouvement des conversations véritables. On n'imagine pas avec quelle science MM. Gondinet et Cohen ont agencé les vingt ou trente épisodes qui emplissent l'acte. C'est un va-et-vient continu, des mots jetés, un entre-croisement de dialogues qui reproduit merveilleusement les causeries coupées d'un cercle. Tous les types ordinaires des clubs sont réunis et finement étudiés. On joue, on fume, on cause, on rit. Il y a là un coin de vie moderne absolument photographié. Il faut beaucoup louer les auteurs, qui ont osé risquer la tentative, et le théâtre, qui a réalisé ce prodige de mise en scène.

Tout autre cadre, d'ailleurs, aurait pu servir. C'est le point sur lequel je veux insister. Je pourrais citer vingt autres tableaux à prendre dans notre existence quotidienne. Et les auteurs du *Club* ont tellement bien compris la puissance des spectacles vrais, que, pour leur troisième acte, ils ont choisi de nouveau un cadre, celui d'une vente de charité. Rien de plus frais ni de plus joli : les dames jouant aux boutiquières, les jeunes filles changées en marchandes de cigares et d'allumettes, toute cette fièvre rapace que les femmes savent déployer au profit des pauvres. Imaginez le troisième acte sans ce cadre, et vous comprendrez combien il serait pâle.

Voilà donc où nous en sommes. On relègue l'intrigue au second plan. La grande affaire, c'est de porter au théâtre les tableaux qui nous frappent dans la rue, dans les salons, chez les pauvres comme chez les riches. On sent que la mécanique théâtrale a été retournée sur toutes les faces, que les combinaisons sont connues, qu'il est temps de tenter sur le public un autre intérêt, celui de la reproduction exacte de la vie. Les auteurs vont là par instinct, et ils s'y précipiteront de plus en plus, malgré eux, obéissant plus ou moins consciemment au mouvement qui les emporte. Pour ne citer que quelques pièces, après *l'Ami Fritz*, nous avons vu *Pierre Gendron*, nous avons vu *la Cigale*, nous venons de voir *le Club*, et nous en verrons bien d'autres, car la série ne fait que commencer.

Je tiens à constater que *le Club* est encore plus

audacieux que *la Cigale*. MM. Meilhac et Halévy, en
effet, se sauvent par leur fantaisie ; ils ajoutent à
la réalité une pointe de farce exquise, qui explique le
succès. Avec MM. Gondinet et Cohen, rien de cela ;
leur club et leur vente de charité sont peints dans
des couleurs strictement justes, sans aucun écart
d'imagination. Cela est ainsi. Si les deux tableaux plaisent,
c'est par leur exactitude elle-même. Aucune
note forcée. Et je trouve là un argument bien fort,
l'argument du puissant intérêt qu'offre la vérité toute
nue. On dit que le public ne veut pas voir au théâtre
ce qu'il voit tous les jours : cela est faux, car j'ai
remarqué au contraire le mouvement profond que
détermine dans une salle un décor exact, une scène
photographiée, un cri juste. Il n'y a qu'une puissance
indiscutable au théâtre, la vérité.

L'heure approche évidemment où le mouvement
naturaliste, que je m'obstine à annoncer, se développera
au théâtre. Quand la chose crèvera les yeux, on
finira par la voir.

Depuis longtemps, la cause est gagnée dans le roman.
A cette heure, le roman n'est plus qu'un procès-verbal.
Et je citerai comme unique preuve *le Nabab*,
cette suite de tableaux parisiens si profondément
intéressants qu'Alphonse Daudet vient de publier.
Le romancier a pris tous les documents humains
qu'il a pu ramasser autour de lui, et il s'est efforcé
ensuite de souder le plus simplement possible ces documents
les uns aux autres. Son œuvre est d'autant
mieux composée, qu'il en a déguisé davantage la composition.
Ce n'est plus que le large courant de notre
existence contemporaine. On pourrait mettre un nom
sur chaque figure, on se sent coudoyé par les per-

sonnages, on entre en pleine analyse. Certes, nous voilà bien loin de *Notre-Dame de Paris* et des *Trois Mousquetaires*. Il y a là, en dehors du style, en dehors de la volonté même de l'artiste, un souffle nouveau. Eh bien, c'est justement ce souffle qui commence à souffler au théâtre, et qui ne tardera pas à devenir assez violent pour emporter les anciennes formules conventionnelles.

Maintenant, est-ce à dire que le théâtre sera un simple tréteau à tableaux vivants? Non, certes. Je crois aussi à la toute-puissance de l'action, seulement de l'action logique, nettement déduite du caractère des personnages. Si vous voulez connaître mon opinion bien franche sur *le Club*, c'est que le deuxième acte est un peu long et cassé en trop petits morceaux. On sent que l'action est là pour le cadre; les épisodes, d'un ton fatalement uniforme, fatiguent à la longue, d'autant plus qu'on pourrait les supprimer sans nuire à l'intrigue. Cela vient de ce que les auteurs dramatiques n'entrent pas encore franchement dans la formule naturaliste et tâchent de se faire pardonner leur tentative d'analyse, en gardant les combinaisons usées du théâtre d'hier.

Il ne faut pas moins avoir une grande reconnaissance à MM. Gondinet et Cohen, qui viennent de remporter une victoire utile. Maintenant que le Vaudeville a réussi en montrant un club, nous allons voir des intérieurs de marchés, de gares, de tous les lieux publics ou privés. Le succès, voilà l'argument décisif pour bien des gens.

II

Certes, *les Tapageurs*, que vient de jouer le Vaudeville, auraient pu, dans les mains d'un charpentier dramatique, devenir une pièce d'intrigue et d'action, presque un drame noir.

Imaginez un homme du meilleur monde, député de talent, grand orateur, M. de Jordane. Il a épousé sur le tard une charmante femme, Clarisse, qui s'est laissé séduire par le bruit qu'on fait autour de lui. Mais M. de Jordane, tout en aimant et en estimant sa femme, n'a pas rompu avec ses habitudes de viveur ; il a des maîtresses, il est de tous les plaisirs parisiens. Clarisse souffre en silence jusqu'au jour où son mari, entraîné par une passion pour la belle madame Cardonnat, la femme d'un lanceur d'affaires véreuses, compromet son honneur en couvrant de son nom les spéculations de cet escroc. Elle surprend son mari avec sa maîtresse, chez le prince Orbeliani, dans une de ces fêtes où les honnêtes femmes ne vont pas. Dès lors, le drame éclate. L'ancien ministre Bridier, l'homme impeccable de la pièce, refuse sa fille Geneviève à Raoul, le fils de son vieil ami Jordane. C'est le déshonneur ; Cardonnat est en fuite. Enfin, tout s'arrange, naturellement. Jordane remboursera les actionnaires ; il se réconcilie avec sa femme, Raoul épouse Geneviève, tout le monde est converti.

N'est-ce pas là, je le répète, le canevas d'une comédie fortement bourrée de situations ? En ajoutant des péripéties, en compliquant les faits, on arriverait à une intrigue touffue et inextricable, qu'on dénouerait à la fin du coup de baguette habituel. Ce canevas, il est vrai, manque de toute originalité; on a vu cela cent fois à la scène ; rien n'est plus banal ni plus inutile. Mais, justement, ce serait encore une raison pour qu'on obtînt avec de pareils éléments une bonne comédie d'intrigue.

Eh bien, dans les mains de M. Gondinet, cette comédie d'intrigue a avorté. Non seulement il ne l'a pas compliquée, mais encore il l'a exposée avec tant d'insouciance, qu'il faut arriver à la fin du second acte pour comprendre. Il est évident que la fable ne lui importe pas ; il a pris la première venue, il en aurait choisi une autre, si une autre s'était présentée. Sa grosse affaire n'est pas là. Ce qu'il veut, c'est nous présenter des tableaux parisiens, des types parisiens, un coin amusant de la vie parisienne. Ainsi, au premier acte, nous avons une soirée chez Jordane, à l'heure où l'on sort de table ; au second acte, il nous mène chez le prince Orbeliani, un riche étranger, et nous fait assister à une redoute, une de ces fêtes où ne vont que les femmes galantes ; quant au troisième acte, selon la formule de l'auteur, il est réservé au drame. Ce n'est plus la pièce bien faite de Scribe et de M. Sardou ; ce sont des scènes de la vie qui défilent, à peine reliées les unes aux autres par une histoire quelconque.

Cette fois, M. Gondinet nous montre une galerie de portraits, tout un petit monde d'originaux qu'il nomme « les tapageurs ». Pour lui, le tapage, c'est cette soif de réclame qui brûle nos temps modernes, c'est cette vie jetée aux quatre vents de la publicité, cette course après la notoriété bruyante, ces réputations d'un jour fondées sur les indiscrétions et les informations des journaux. Voilà Jordane qui se compromet dans le tapage des viveurs ; son fils Raoul, élevé par lui en camarade, et qui l'imite dans le monde tapageur des filles ; le prince Orbeliani, qui vient à Paris jeter son argent par les fenêtres pour entendre le bruit qu'il fera en tombant sur le pavé ; Cardonnat, le gredin pour lequel la réclame est un moyen d'attrouper les dupes. Voilà enfin les seconds rôles : Balistrac, un ancien préfet qui a le besoin d'entendre continuellement parler de lui ; Saint-Chamas, un député battant lui-même la grosse caisse autour de ses discours ; Puyjolet, Descourtois, d'autres encore, tous dévorés de l'ambition d'être quelqu'un, de jouer un rôle, de lire chaque matin leurs noms dans les échos et les chroniques des feuilles du boulevard.

Il y a là, en effet, un travers du temps qui prêtait à la comédie. Je regrette seulement que les types seuls soient vivants et que l'action ne soit pas déduite des caractères. Jordane, en somme, n'est pas un tapageur, mais un viveur. S'il se ruine, s'il risque de se déshonorer, s'il met sa femme en larmes et s'il compromet le mariage de son fils, ce n'est pas parce qu'il aime la réclame, le bruit, la notoriété ; c'est parce qu'il aime madame Cardonnat. Dès lors, l'action centrale ne répond plus à la donnée générale, et la pièce entière se déséquilibre. Il y aurait aussi beaucoup à dire sur la façon dont le fléau du tapage est présenté. Ce fléau est né évidemment de la presse à informations. De tout temps, l'homme a été vaniteux ; seulement, aujourd'hui que des outils puissants de publicité ont été créés, la vanité se traduit par ce besoin de livrer sa vie à tous, d'être continuellement en scène comme un comédien, de donner son nom chaque matin en pâture à un million de lecteurs. Donc, dans la comédie de la réclame, qui reste à faire, il faudra mettre le journalisme en avant.

Je ne regarde *les Tapageurs* que comme un agréable mélange de toute sorte d'éléments. Ce que je loue beaucoup chez M. Gondinet, c'est la tendance très marquée qu'il montre à s'affranchir de la vieille formule dramatique. Ses deux premiers actes sont curieux à ce point de vue. On n'y trouve plus une scène filée ; le dialogue se casse en petits morceaux ; ce ne sont que des entrées et des sorties, avec des mots jetés, des phrases dites en courant. L'action disparaît, se noie ; nous sommes dans un véritable salon, écoutant une véritable conversation parlée. Dans *le Club*, j'avais signalé la manière originale de M. Gondinet comme une tentative naturaliste intéressante. Aujourd'hui, il me semble que *les Tapageurs* affirment cette manière plus largement encore. Aussi, suis-je très heureux du succès. Il est désormais prouvé que l'action n'est pas indispensable au théâtre ; un tableau de la vie suffit pour intéresser.

Maintenant, j'aurais de bien gros reproches à faire. Comme M. Gondinet soutient surtout ses pièces par son esprit parisien, par ses mots, elles languissent un peu, dès que son esprit sommeille. Je suis pour la vérité des tableaux, pour les comédies vécues et non jouées ; mais si la meilleure langue au théâtre me paraît être la langue parlée couramment, encore faut-il que cette langue soit réduite aux phrases typiques. Dans *les Tapageurs*, on parle trop pour ne rien dire ; de là, une certaine fatigue, des moments d'ennui.

C'est comme pour le mouvement, je trouve qu'on s'y agite beaucoup trop ; la vérité même demanderait qu'on ne gesticulât pas autant dans un salon. Le mouvement n'est pas la vie. En quelques traits plus forts, plus originaux, choisis avec plus de puissance, M. Gondinet obtiendrait, je crois, un relief plus grand ; ses cent petites touches, ses peintures essayées, lâchées, puis reprises, ce papillotage d'observations menues arrivent à danser devant le spectateur et à ne pas constituer un ensemble.

Enfin, je l'ai dit, mon blâme porterait particulièrement sur le manque de liaison entre l'action, le milieu et les personnages. Je comprends très bien le cas de M. Gondinet. Il a senti combien la comédie d'intrigue était usée, il a éprouvé le besoin de renouveler la formule. Dès lors, il a pris en mépris l'action, il s'est juré de ne plus donner d'importance à la fable. Tout son effort a porté sur les milieux. Son but a été de peindre des tableaux parisiens : un club, une vente de charité, une soirée, une redoute ; et il est arrivé que le public s'est intéressé à ces tableaux détachés, ce qui montre combien, d'une façon plus ou moins consciente, le public a un besoin grandissant de réalité au théâtre. Malheureusement, M. Gondinet s'en est tenu aux cadres ; il a campé des personnages d'une manière charmante, il les a placés dans des milieux reproduits très exactement ; mais, lorsqu'il a dû les faire agir, il s'est contenté de tous les vieux poncifs d'intrigue qui traînent. Son dédain de l'intrigue sotte n'est pas allé jusqu'à la supprimer tout à fait ; il en a gardé des lambeaux, peut-être pour ne pas trop heurter le public et se sauver par cette dernière concession, si les milieux vrais venaient à le compromettre. C'est ce mélange d'intrigue banale et de milieux vrais qui empêche les œuvres de M. Gondinet d'être solides et supérieures.

J'ai déjà répété souvent que, pour moi, l'action était la résultante logique des personnages et des milieux. On ne peut pas prêter à des types réels des actes de pure imagination ; c'est ainsi que la conversion de Jordane et de Raoul, au dénoûment, fait sourire, parce que la nature humaine n'a pas de ces souplesses. Évidemment, au bout d'un mois, Jordane retournera chez ses maîtresses. Rappelez-vous le baron Hulot, cette superbe figure de Balzac, aussi grande que les figures de Shakespeare, si non plus grande. N'importe, je conclus en souhaitant un très vif succès aux *Tapageurs* ; il suffit que les cadres vrais soient acceptés aujourd'hui ; demain, nous aurons sans doute toute la vérité.

III

M. Edmon Gondinet vient encore de donner au théâtre du Palais-Royal un petit acte qui est toute une fine comédie. *Les Convictions de papa* mettent en scène un député fort amusant, et dont chaque mot a été accueilli par les applaudissements et les rires de la salle. Cela montre quelle mine féconde de comique serait la politique, si les auteurs pouvaient marcher hardiment sur ce terrain brûlant. Je suis certain pour mon compte que la comédie moderne est là, et là seulement on la trouvera, le jour où il sera permis de tout dire.

Il faut tenir compte à M. Gondinet des difficultés qu'il a dû rencontrer. Son député est tout juste le député permis par la censure. Nous avons déjà vu ce député dans *Dora*, dans *le Secrétaire particulier* et dans plusieurs autres pièces. Si un auteur sort de cette silhouette facile et inoffensive, il est immédiatement arrêté, et l'on réduit son personnage aux dimensions voulues. Je veux dire qu'il est défendu de fouiller l'homme politique trop à fond, d'en faire un type de quelque puissance. On tolère une agréable plaisanterie, mais on empêcherait une création large et vivante.

Ce dont il faut louer M. Gondinet, c'est d'avoir su tirer un si habile parti du député en pâte tendre admis par la censure. Il a d'abord inventé une fable ingénieuse. Flavignac a une fille, Marthe, qui est aimée du jeune Alcide, le fils du concurrent malheureux de son père; elle-même le voit d'un œil tendre, seulement elle se désole, car jamais Flavignac n'acceptera un gendre qui ne partagerait pas ses opinions. Alcide n'a pas d'opinions. Il est prêt à partager tout ce qu'on voudra. Et le voilà à la piste des opinions de Flavignac. Rude tâche, et qui suffit à toute la gaieté de la pièce.

La scène, naturellement, se passe à Versailles. L'Assemblée est en séance, au beau milieu d'une crise ministérielle. Marthe, pour tout renseignement, apprend à Alcide que son père fait partie du groupe Fléchinel. Qu'il étudie le groupe Fléchinel. Alcide court acheter une douzaine de journaux, et il revient avec les convictions du groupe Fléchinel. Mais, pendant sa courte absence, Flavignac a reparu, en déclarant qu'il appartient désormais au groupe

Lalubize. Qu'à cela ne tienne, Alcide relit les journaux et prend les convictions du groupe Lalubize. Troisième rentrée de Flavignac; la crise continue, il vient de fonder un groupe à lui tout seul, le groupe Flavignac; comme cela, dit-il judicieusement, si l'on choisit un ministre dans mon groupe, ce ministre ne pourra être un autre que moi.

On comprend l'effarement du pauvre amoureux. Comment connaître les convictions du groupe Flavignac? Marthe elle-même ne peut donner aucun renseignement précis. Une scène amusante est encore celle où Flavignac trouve Alcide dans son salon. Heureusement, il ne le connaît pas. Aussi le prend-il pour un reporter chargé par un éditeur de biographies de venir recueillir des notes sur lui. Et le voilà qui remet au jeune homme, feuille par feuille, un dossier. Alcide est obligé d'entendre, entre autres histoires, comment une de ses tantes a trompé autrefois son mari avec Flavignac. La scène est finement menée; c'est de l'excellente comédie, comme on en voit rarement dans nos théâtres les plus littéraires. La vanité complaisante de Flavignac, la pose qu'il prend devant l'histoire, l'ahurissement d'Alcide, sont des traits du meilleur comique.

Je n'ai point encore parlé d'un autre personnage, le père Grenou. Celui-là est chargé de représenter les électeurs. C'est un vieux cultivateur madré qui soutient un procès interminable, au sujet d'un héritage dont il paraît s'être emparé indûment. Il s'est installé chez son député, et il veut l'amener à jurer devant le tribunal qu'il est bien le parent du défunt, ce que Flavignac ignore absolument. Je signale encore cette scène qui est un petit bijou de satire; je trouve même qu'on n'a jamais rien écrit de plus vif sur la matière. Ici, la comédie politique dépasse les limites tolérées d'habitude.

Ce père Grenou sert au dénoûment. Flavignac reçoit une lettre qui l'invite à se rendre chez le président, et il s'évanouit presque de joie en se voyant déjà ministre. Dans l'ivresse du triomphe, il pardonne à ses adversaires, il consent au mariage de Marthe et d'Alcide; mais le père Grenou reparaît, c'est lui qui a fait prier Flavignac de se rendre chez le président du tribunal. Et pour comble de malheur, on a profité de l'absence de Flavignac, à l'Assemblée, pour l'invalider. Alors, celui-ci accepte définitivement Alcide pour gendre, à la condition qu'il soutiendra sa nouvelle candidature, contre le père Grenou qui, lui aussi, déclare se porter candidat.

Il ne faut pas regarder ce dénoûment de trop près. M. Gondinet, pour le talent duquel je me sens de la sympathie, me permettra-t-il de lui dire toute ma pensée? Je trouve qu'il emploie des moyens dramatiques un peu trop ingénieux et le plus souvent hors du vrai. La construction de ses pièces est faite de morceaux cousus les uns aux autres. Je voudrais un jet plus puissant et tout d'une venue. Je crois, en un mot, qu'il pèche par une trop grande recherche de l'habileté scénique. Je ne dis point cela pour *les Convictions du papa* en particulier, mais pour toute l'œuvre de M. Gondinet en général. Avec le sens si fin qu'il a de la comédie moderne, il écrirait certainement des œuvres remarquables, s'il consentait à nouer et à dénouer ses pièces par les passions de ses personnages, au lieu de chercher à rajeunir les ficelles usées de Scribe et de M. Victorien Sardou.

IV

On connaît l'origine de *la Belle madame Donis*, que vient de jouer le Gymnase. Elle a été tirée par M. Gondinet d'un roman de M. Malot, qui eut un vif succès, il y a quelques années déjà. M. Gondinet a taillé à coups de hache dans le roman, comme un charpentier qui se débarrasse du bois inutile.

D'abord, il faut que je raconte cette histoire, telle qu'elle se passe au Gymnase. Le comte de Sainte-Austreberte, un vieux beau très entamé par les dames et le jeu, s'est retiré à Bordeaux, où il s'est mis à la tête d'une grande affaire, d'immenses travaux entrepris pour rendre les passes de la Gironde abordables aux vaisseaux du plus fort tonnage. Brusquement, son fils Agénor tombe chez lui. Agénor, pire encore que son père, usé par la vie à outrance, arrive en province, décidé à tout pour se refaire par un beau mariage. Et il a déjà jeté les yeux sur Marthe Donis, une héritière qui aura un jour douze millions. M. Donis, un négociant ambitieux, est remarié à une femme de la plus grande beauté, que tout Bordeaux appelle « la belle madame Donis », et qui passe en outre pour l'épouse la plus fidèle du département.

Les d'Austreberte dressent donc immédiatement leurs batteries autour des Donis. D'abord, ils mettent dans leur jeu madame de Cheylus, la femme du préfet, une dame charmante et affairée qui gouverne Bordeaux sous le nom de son mari. Ensuite, ils pénètrent chez les Donis, grâce à la fameuse affaire de la canalisation de la Gironde, dont le négociant est un des plus forts actionnaires. Mais là ils se heurtent contre un obstacle : l'ingénieur de l'entreprise, Philippe Heyrem, un jeune homme d'une probité ombrageuse, aime Marthe et en est aimé. Aussi Agénor est-il très mal accueilli. Il débute sottement dans la maison, il n'aurait pour lui que M. Donis, auquel il promet la députation, s'il ne consentait à se servir d'une arme abominable que le hasard et la ruse mettent entre ses mains.

La belle madame Donis, cette femme réputée si rigide, a un amant, M. de Mériolle, un des jeunes élégants de Bordeaux. Agénor intercepte une lettre, et il use de cette preuve pour exercer sur madame Donis une pression odieuse. D'abord, il lui a déplu, et elle ne s'est point gênée pour le lui faire sentir. Mais, quand elle se sent au pouvoir de cet homme, il faut bien qu'elle travaille pour lui. Justement, elle vit dans une grande froideur avec Marthe, qui lui a toujours tenu rancune d'avoir pris la place de sa mère. Là se placent quelques scènes pathétiques. Mais le drame s'assombrit encore, Agénor s'arrange pour faire surprendre madame Donis et son amant par la jeune fille, qui, frappée au cœur, tremblant de tuer son père, s'il apprend la vérité, finit par se dévouer et par consentir à épouser le vicomte qu'elle méprise. Enfin, pour sortir de là, madame Donis, devant une telle abnégation, comprend qu'elle est de trop, et elle s'empoisonne. J'ai oublié de dire que M. Donis, instruit de l'amour de Philippe pour Marthe, a renvoyé celui-ci, en signifiant à sa fille qu'elle épouserait Agénor. Il est inutile d'ajouter que, sur le désir de la mourante, les jeunes gens s'épouseront, tandis que les Austreberte iront chercher fortune ailleurs.

Telle est l'histoire. Elle contient, comme on le voit, les éléments d'une tragédie bourgeoise fort émouvante. Cependant, il faut constater qu'elle a été accueillie assez froidement le premier soir, et qu'elle aura, je le crains, un succès médiocre. A quoi cela tient-il? A une foule de choses, selon moi, et que je vais tâcher d'expliquer.

On a dit que l'impression pénible du public venait de ce que les deux personnages les plus en vue étaient des gredins. Sans doute il y a un peu de cela. Au théâtre, les spectateurs, même les plus tarés, ont un besoin singulier d'honnêteté. Pourtant, dans bien des pièces, des gredins ont eu de jolis succès. Je croirais plutôt que le vicomte de Sainte-Austreberte manque d'originalité dans la gredinerie. Son histoire de lettre interceptée est bien usée. Puis, il n'a pas de brillant. Enfin, après avoir mis trop de malice à deviner les amours de madame Donis avec M. de Mériolle, il finit sottement, en simple traître de mélodrame. Je dirai aussi que les auteurs ont eu le tort de confier ce rôle à Saint-Germain, qui est un artiste de grande valeur, mais qui ne réalise guère l'idée qu'on se fait d'un viveur parisien égaré en province. Pour sauver un peu l'odieux du personnage, il faudrait une originale distinction. Rappelez-vous Coquelin dans le duc de Septmonts, de *l'Étrangère*.

Je passe à la belle madame Donis, pour laquelle on reste singulièrement froid. Dans le roman, les antécédents de cette femme sont contés tout au long, et

l'on s'intéresse à elle, parce qu'avant d'aimer un
M. de Mériolle, elle a vécu une vie qui l'a préparée à
la chute. Mais là, sur les planches, quelle pauvre
figure! M. Gondinet a bien essayé d'expliquer sa
faute, en disant que Marthe ne l'a jamais aimée
comme une mère. Est-ce suffisant? On a toutes les
peines du monde à lui pardonner cet amant bellâtre, avec lequel elle a une seule scène, et bien
escamotée. Remarquez que ce n'est pas l'adultère
qui m'inquiète. Seulement, dans ce cas, il fallait lui
donner le tempérament de l'adultère. Comment
croire qu'une femme qui va s'empoisonner si courageusement, soit tombée si bêtement?

Je ne parle pas de M. Donis. Ce négociant, bon père,
bon époux, qui se laisse tenter par l'ambition et qui
devient alors féroce, est étudié dans le livre. Mais, à
la scène, il pâlit et s'efface. Ce type très curieux n'est
plus qu'un père et un mari de théâtre. Son ambition
est à peine indiquée dans une courte scène. Il reste
un pantin dont on tire le fil.

En somme, l'intérêt ne saurait se porter que sur
Philippe Heyrem et sur Marthe. J'écarte Philippe, car
rien n'est devenu plus agaçant sur les planches que
l'ingénieur honnête; on a vraiment trop abusé de
l'ingénieur. Et celui-ci est de l'espèce la plus déplaisante, car il vous assassine avec son honnêteté. Sans
doute, il faut être honnête, cela va de soi; il est inutile d'en faire le serment à toutes les minutes, en prenant des airs d'employé aux pompes funèbres.

Je me rabattrai donc sur Marthe. Elle est charmante et son dévouement touche beaucoup. Mais là
je ferai une grosse querelle à M. Gondinet. A un moment, il faut que Marthe surprenne sa belle-mère

avec M. de Mériolle ; et c'est après les avoir vus qu'elle se dévoue. Or, M. Gondinet a placé la scène à la cantonade. Agénor arrive en disant qu'il a forcé la jeune fille à se réfugier dans un certain bosquet, où elle trouvera les amants. Bientôt après, Marthe entre, toute pâle et défaillante. « Elle les a vus, » dit Agénor. Sentez-vous combien cela est ingénieux, compliqué et froid? Je doute même que tous les spectateurs comprennent. Au théâtre, les seules choses qui portent sont les choses qui frappent les yeux. Sans doute la scène était difficile à faire, car la situation est bien pénible. Mais elle aurait peut-être enlevé le succès. J'aurais voulu que Marthe, amenée par Agénor, trouvât sa belle-mère et son amant la main dans la main. Les scènes qui suivaient étaient ensuite indiquées.

Je n'ai dit qu'un mot de madame de Cheylus, la femme du préfet, cette dame bavarde et tourbillonnante qui traverse l'action. Les auteurs avaient certainement beaucoup compté sur elle. Il est arrivé que, malgré la verve de mademoiselle Massin, le rôle n'a pas produit tout l'effet qu'on en attendait. Et, cependant, il pétille de mots très vifs. Je pensais à la princesse russe de *Dora*, qui a tant amusé. Les deux rôles se ressemblent. Pourquoi l'accueil si différent du public? Il faut bien admettre que le public a ses jours de bonne humeur.

Et j'aurai tout dit lorsque j'aurai ajouté que les deux premiers actes, consacrés à l'exposition, ont paru traîner en longueur. Les détails sur la canalisation de la Gironde sont trop complets, pour l'utilité qu'ils ont dans la pièce. Madame de Cheylus prend aussi là une place énorme ; et, dès que le drame se noue, elle disparaît, on sent le peu de nécessité de son rôle. Ce n'est pas que je demande une intrigue compliquée. Seulement, il ne faut pas qu'une pièce soit bâtarde et trébuche. Voyez *le Club*, il a réussi par le détail, par les tableaux photographiés de la vie parisienne. Au contraire, *la Belle madame Donis* n'a pas eu tout le succès qu'elle méritait, parce que le détail est trop menu, autour d'une action qui demandait de l'énergie et de la précision. Par exemple, quel singulier cadre que ce bal de province, donné à des voisins de campagne, et au milieu duquel le drame se noue ! On ne saurait voir un tableau moins vrai. A tout instant, il faut déblayer la scène pour laisser causer les gens devant le trou du souffleur.

Je dis tout ce que je pense. Ainsi, j'ai été excessivement frappé du dénoûment, de la façon simple et grande dont madame Donis s'empoisonne. Cela est fait de rien, comme on dit, et cela produit un effet très large. Sans doute, ce poison qui laisse à l'actrice le temps de régler ses petites affaires, et qui la foudroie ensuite sans une colique, est un poison de théâtre. Seulement, la façon discrète et prompte dont disparaît la femme coupable a saisi toute la salle.

M. Gondinet n'a pris du livre que ce qui pouvait lui servir. Forcé de resserrer l'action, il a sacrifié une figure intéressante, le grand-père de Marthe, chez lequel la jeune fille se sauve, lorsqu'elle a découvert la conduite de sa belle-mère. Ce grand-père joue aussi un rôle dans le dénoûment, qui a lieu à Paris. En somme, je dois confesser que je préfère le roman. Il vit davantage. Ainsi, il faut y voir le préfet, que M. Gondinet a dû changer en une préfète, si l'on veut comprendre le rétrécissement que le théâtre impose à l'auteur dramatique qui travaille sur un livre. Et, cependant, je crois, comme M. Gondinet, que la meilleure façon est le plus souvent d'en agir librement avec le livre, de s'en inspirer sans tâcher d'y découper des scènes toutes faites. On y perd parfois, mais le travail d'adaptation est plus solide.

ÉDOUARD PAILLERON

I

L'Age ingrat, la comédie en trois actes de M. Édouard Pailleron, obtient, paraît-il, un très grand succès. Cela ne m'étonne point. Dès la première représentation, il était aisé de prévoir que *l'Age ingrat* allait avoir au Gymnase la même vogue que *le Club* a eue au Vaudeville, et pour les mêmes raisons.

Tout l'intérêt de la pièce est, en effet, dans un certain tableau de mœurs que l'auteur a mis à la scène, en le motivant par une intrigue quelconque. C'est un peu comme un ballet qu'on introduit dans une féerie. A un moment donné, un personnage dit : « Que la fête commence ! » Et le ballet est le grand succès, l'attraction. On ne va voir la féerie que pour le ballet. Au Gymnase, le ballet est le second acte, que le premier et le troisième sont simplement chargés d'amener et de dénouer.

Un mot d'abord de l'intrigue. Elle est absolument quelconque ; même on pourrait la désirer plus nette. Il semble que M. Pailleron ne soit arrivé à son titre de *l'Age ingrat* qu'après avoir écrit la scène troisième du premier acte. Je serais très étonné s'il était parti, comme idée mère de sa pièce, de ce singulier âge ingrat, qui, selon lui, est l'âge où l'homme n'est plus bon à faire un amant et se trouve encore trop jeune pour faire un mari. L'observation est bien ténue, il n'y a là qu'un agréable jeu d'esprit, qui fournit une scène et qui disparaît ensuite de la pièce. La comédie est ailleurs. Si réellement M. Pailleron a eu d'abord l'idée de peindre l'âge ingrat en question, il a été fort heureux de rencontrer en chemin le salon de la comtesse Julia Walker. Le vrai titre devrait être *le Salon de la comtesse,* puisque c'est dans la peinture de ce salon que se trouvent le succès et la pièce elle-même.

L'intrigue est donc des plus minces et des plus banales. Madame de Sauves s'est séparée de son mari, après six mois de mariage. Elle vit chez une vieille amie, madame Hébert, dont la fille, Henriette, est la femme d'un savant, un certain Fondreton qui se dérange fort depuis quelque temps. Ajoutez deux célibataires, les messieurs de l'âge ingrat, Lahirel et Désaubiers. Ce dernier rêve de consoler madame de Sauves et fait tout au monde pour l'empêcher de se réconcilier avec son mari. Or, M. de Sauves et Fondreton s'oublient précisément ensemble chez une comtesse étrangère, madame Julia Walker. C'est chez cette comtesse que madame de Sauves va réclamer Fondreton, le mari de son amie Henriette, qu'elle veut détourner d'un procès en séparation. Et la comtesse, avec une tranquillité railleuse, lui rend Fondreton et son propre mari par-dessus le marché. Au dénoûment, les deux ménages s'embrassent.

Comme on le voit, l'intrigue est d'une nouveauté médiocre. Dans tout cela, la peinture du fameux âge ingrat avorte; de sorte qu'il n'y aurait à peu près rien, si nous n'avions pas l'acte chez la comtesse. L'intrigue ne fournit qu'une scène originale, celle où madame de Sauves va chercher Fondreton chez Julia Walker. C'est une scène de théâtre brillamment conduite, avec la situation imprévue qui la termine, l'arrivée de M. de Sauves et le mot de Julia : « Tenez! je vous rends aussi celui-là. » Si l'on excepte cette scène, les autres scènes fournies par l'intrigue sont certainement pleines d'esprit, trop pleines même; mais elles n'avaient pas assez de consistance pour déterminer un succès.

Quel est donc ce salon de la comtesse Julia? Dans la salle, le soir de la première, on souriait de certaines allusions, on croyait reconnaître la maison qui avait servi de modèle; et cela n'a certainement pas nui au succès, car nous sommes très friands de ces sortes de peintures. Je crois qu'il est plus sage de dire que M. Pailleron, s'il a pris des notes, les a recueillies un peu partout, en y ajoutant même une fantaisie assez large. Il s'agissait de peindre tout un certain coin des colonies étrangères à Paris, le coin louche où les aventuriers et les aventurières se coudoient avec d'honnêtes gens, fourvoyés là par curiosité ou par ignorance.

La comtesse Julia est une de ces grandes dames étrangères comme on en voit à Paris, créatures énigmatiques dont on peut dire autant de bien que de mal. Tout reste équivoque en elle : sa noblesse, sa vertu, sa fortune. Elle va de la courtisane à la grande dame, de la comtesse millionnaire à l'aventurière vivant du jeu et du hasard. Avec cela charmante, très fine et très forte, abusant de ce qu'elle ne connaît ni nos usages ni notre langue, pour tout faire et pour tout dire. Les contrastes les plus heurtés se rencontrent en elle et ne la rendent que plus séduisante.

Rien de vrai et de neuf comme ce type. Il est une des caractéristiques de notre époque, il appartient à notre société, à notre Paris si hospitalier, si libre, si amoureux de plaisirs. Aussi a-t-il suffi à M. Pailleron de le mettre à la scène, pour écrire une jolie page des mœurs actuelles, la page de notre tolérance devant tout ce qui est nouveau et excentrique.

Mais le type ne suffisait pas ; il fallait le cadre. Et c'est ici que M. Pailleron a surtout fait preuve d'une touche vive et spirituelle. Son second acte est charmant de désordre fantastique, de vérité extravagante. Le salon de la comtesse est comme une place publique où se coudoient les nationalités du monde entier, des Turcs et des Anglais, des Russes et des Persans ; sans compter les Parisiens oisifs, qui ont pour axiome que les hommes peuvent aller partout. On reçoit là des ambassadeurs et des chevaliers d'industrie, des déclassés en quête d'un dîner et des voluptueux en quête d'une débauche. Monde étrange, assez semblable à celui que le hasard rassemble sur le pont d'un navire ; seulement, ici, les gens ne font que passer ; c'est une cohue qui se précipite, qui traverse les salons au galop, toujours changeante et toujours la même au fond.

Et quelles soirées extraordinaires ! Des dîners de

cinquante couverts pris d'assaut par cent invités ; des gens que la comtesse n'a jamais vus s'installant chez elle, lorsque les gens qu'elle invite se gardent bien de venir ; des réceptions où l'on cache l'argenterie, où l'on improvise les spectacles les plus étonnants, où les invités envahissent toutes les pièces, mangeant dans la chambre à coucher, dormant dans la salle à manger, tutoyant les domestiques, disposant de tout avec un sans-gêne tranquille. Le comique naît précisément de cette caricature du monde, de ces réceptions princières où l'on se conduit avec le laisser-aller et la fantaisie des bohèmes. Imaginez une bande de chienlits prenant possession d'un hôtel du faubourg Saint-Germain. La pointe d'élégance, c'est qu'on est là sur un terrain neutre, chez une étrangère qui pèche peut-être par ignorance de nos mœurs.

Ce n'est sans doute qu'un petit coin curieux de notre Paris. Mais, je le répète, il a suffi de mettre ce petit coin à la scène pour charmer le public. Je suis personnellement heureux de ce grand succès, parce que j'y vois une nouvelle preuve du goût qui se manifeste de plus en plus chez les spectateurs pour les tableaux réels, pris dans la vie. C'est un acheminement certain vers le théâtre naturaliste. Déjà, lorsque *le Club* obtint la vogue qu'on sait, j'ai dit ma joie : ce n'était plus l'intrigue qui passionnait la salle, c'était simplement une représentation exacte de ce qui se passe dans un club. Aujourd'hui, une seconde expérience réussit : le salon de la comtesse Julia suffit pour déterminer le succès, en dehors de la fable elle-même. Voilà donc qui est prouvé, les tableaux pris dans la vie réelle et portés sur les planches ont en eux une force dramatique assez grande pour empoigner le public.

C'est un grand pas, qu'on en soit persuadé. La comédie bien faite de Scribe reçoit là le dernier coup. Le code des ficelles et des recettes est jeté au feu. Je n'argumente plus, je constate des faits. Certes, je ne suis pas un adorateur du succès, je crois qu'on siffle de bonnes pièces et qu'on en applaudit de mauvaises. Mais, en somme, il faut considérer le succès comme le pouls même du goût public. Le goût public va à la vérité des peintures : voilà simplement ce que je constate. Maintenant que *le Club* et que *l'Age ingrat* ont réussi, le mouvement s'accélérera, car rien n'est contagieux comme les pièces qui font de l'argent. Il y a toujours là des auteurs habiles qui s'empressent d'emprunter les formules heureuses, de flatter le public dans ses nouveaux goûts, de renchérir sur les voisins. Puissent toutes les réalités de la vie être découpées en tableaux !

II

Il y a des œuvres heureuses. Voici M. Édouard Pailleron qui fait jouer à la Comédie-Française une petite bluette en un acte, un simple proverbe à trois personnes, et il arrive qu'on fête *l'Étincelle* avec un enthousiasme incroyable. Le soir de la première représentation, la salle se passionne, applaudit à tout rompre et rappelle deux fois les acteurs, ce qui est rare dans la maison de Molière. Le lendemain, toute la critique se pâme, crie au chef-d'œuvre, pousse les

choses jusqu'à déclarer que ce petit acte est à coup
sûr l'œuvre la plus forte de l'auteur. M. Pailleron a-
t-il été flatté de ce jugement? Je m'imagine que non.
Quand on a écrit des comédies de longue haleine,
des œuvres plus réfléchies et plus étudiées, il est un
peu cruel de se voir acclamer pour un simple jeu
d'esprit, fût-il des plus réussis et des plus délicats.

Je connais ce procédé de la critique. On fouille le
bagage d'un écrivain, on déterre une page aimable et
l'on écrase avec cette page tout ce qu'il a produit de
viril. C'est ainsi qu'on renvoie aux balbutiements
de leur jeunesse ceux qui plus tard font ouvrage
d'homme. Simple histoire de les nier. Mais, dans le
cas présent, la critique n'a certainement pas voulu
être désagréable à M. Pailleron. Il est un des auteurs
dramatiques du moment les plus aimés et les plus
dignes de l'être. Pourquoi donc noie-t-on son talent
très réel dans ce fleuve de lait? Telle est la question
que je vais me permettre d'étudier.

Imaginez-vous une de ces jeunes veuves de général comme on en trouve dans les romans bien pensants. Le général a ceci de commode qu'on le tue
aisément; puis, il est admis qu'un général épouse
une femme trop jeune, qui attend sa mort pour se
remarier à un capitaine. Cela se passe dans l'armée,
rien de plus distingué. Donc madame Léonie de
Rénald est une veuve intéressante et distinguée; je la
soupçonne même d'être poétique, car elle s'est enfermée dans son château de Touraine, où elle vit
en recluse, on ne sait trop pourquoi, promenant
des tendresses inavouées au fond des taillis. C'est la
châtelaine au col blanc des légendes romantiques.
Et elle n'a près d'elle, par une opposition artistique,

qu'une gamine de dix-huit ans, sa filleule, Toinon, la fille orpheline d'un compagnon d'armes du fameux général, que celui-ci a recueillie et confiée à sa femme. Toinon est la jeunesse bruyante et rieuse, un éclat de rire perpétuel, à côté de la gravité douce et un peu triste.

Telles sont les deux femmes. Arrive le capitaine de rigueur. Celui-ci est le neveu de défunt le général et s'appelle Raoul de Lansay, un nom trop joli. Naturellement, il a fait la cour à sa belle-tante; mais celle-ci l'a repoussé, ce qui s'explique moins. L'auteur nous laisse entendre qu'elle n'a pas voulu de lui, parce qu'il ne lui a pas paru sérieux et qu'il se permet d'être amoureux de toutes les femmes. Voilà une raison; seulement, cette raison-là va devenir bien gênante au dénoûment. Il faudrait ignorer absolument nos poncifs dramatiques pour ne pas deviner dès lors ce qui va se passer. Raoul se croira amoureux de Toinon, lui fera la cour, jusqu'à ce qu'un expédient plus ou moins ingénieux déséquilibre la situation et brusque son mariage avec Léonie. Il ne peut pas épouser Toinon; cela n'arrive jamais, quand il y a là une veuve de général. Dès la première scène, le dénoûment est donc prévu; il s'agit uniquement de l'amener de la façon la plus agréable possible.

Eh bien, la trouvaille de M. Pailleron a été d'inventer un expédient très scénique et très ingénieux. Raoul, repoussé par sa tante, a le malheur, en outre, de trouver Toinon trop rieuse, trop enfant. Il n'a pas de chance, ce garçon; entre la froideur mélancolique de l'une et l'insouciance pétulante de l'autre, il voudrait une femme qui flambât, dont le cœur brûlât, allumé par ce qu'il nomme l'étincelle. La tante pas plus que la filleule n'ayant l'étincelle, il imagine de se servir de celle-là pour enflammer celle-ci, rôle singulier que Léonie accepte avec une répugnance légitime. Il est, en effet, d'un bon goût douteux pour une femme de se prêter à un pareil jeu ; d'autant plus que le calcul de Raoul me paraît peu clair. On ne comprend pas très bien comment Toinon se mettra à aimer le capitaine, parce qu'elle croira avoir surpris une conversation, dans laquelle Léonie donnera au jeune homme un congé formel. Mais peu importe ; ce que l'auteur voulait, c'était mettre aux prises le capitaine et la veuve, dans une querelle fictive.

Et, dès lors, il tient sa situation. La scène est une des plus heureuses qu'on puisse voir. Voilà Raoul se fâchant pour rire, rappelant tout bas son rôle à Léonie, qui répond du bout des dents. Puis, les voilà tous les deux oubliant la comédie qu'ils jouent, se fâchant pour tout de bon, ayant une de ces belles et bonnes querelles d'amoureux, après lesquelles on tombe forcément dans les bras l'un de l'autre. Et le tour est joué, le capitaine peut épouser la veuve du général. C'est Toinon qui se sacrifie, ce qui met une petite larme du meilleur effet dans son rôle tapageur d'écervelée. D'ailleurs, elle épousera un notaire ; cela me paraît une compensation suffisante.

Certes, il y a là un jeu tout à fait galant. C'est l'éternel dépit amoureux accommodé à une sauce nouvelle, relevée d'une pointe de fines épices. Le capitaine qui joue, non pas aux quatre coins, mais aux deux coins, qui gagne la tante après avoir mis son enjeu sur la filleule, est un des plus jolis capitaines de théâtre qui soient dans l'annuaire. Seulement, je crois qu'on aurait tort de voir là dedans autre chose qu'un jeu. N'ai-je pas entendu donner la scène comme une scène de Molière, une des scènes fortes, profondes, humaines de notre théâtre? On se moque vraiment. Mettez que Marivaux aurait pu l'écrire, ce qui est déjà un bel éloge. Ne voit-on pas que Léonie n'a pas plus de raisons pour épouser Raoul après la scène qu'auparavant? La fameuse étincelle est une invention scénique; les femmes ne sont pas si machines électriques que ça. A la place de Léonie, je me méfierais beaucoup du capitaine; il aimera comme il a aimé, et il est trop ingénieux en amour, avec ses comédies qui tournent au sérieux, pour faire jamais un mari bien solide. La mieux partagée, dans tout ceci, c'est Toinon avec son notaire. Je suis sûr que celle-là sera heureuse.

Donc restons dans le simple badinage du proverbe, ne gonflons pas les choses jusqu'à parler maladroitement de haute comédie, d'observation et d'analyse. Dès lors, *l'Etincelle* devient un petit acte exquis, très heureusement équilibré, manœuvrant des poupées proportionnées et opposées avec un art délicieux. C'est du saxe ou du sèvres, si vous voulez, de la pâte la plus tendre et de l'émail le plus fin. Cela est bon à mettre sur une étagère.

J'estime que M. Pailleron est de mon avis. Je parlais tout à l'heure de ce besoin que la critique éprouve à réduire aux jolis riens la production des écrivains. Je citerai M. Alphonse Daudet, qu'on a tâché vainement d'enfermer dans les petits chefs-d'œuvre, dans les contes merveilleux par lesquels il a débuté. Je nommerai aussi M. François Coppée.

dont l'ambition est certainement de n'être plus l'auteur du *Passant*. Voilà que M. Pailleron va être l'auteur de *l'Etincelle*. Qu'il se méfie, c'est terrible !

Je comprends très bien, d'ailleurs, comment les choses se passent, lorsque la critique n'entend pas être désagréable à l'auteur. Elle n'a qu'à se laisser aller au goût naturel du public pour les bijoux travaillés à la loupe. Voici *l'Etincelle*, par exemple. N'est-ce pas tout ce qu'il y a de plus charmant à voir après dîner? Cela ne trouble personne. On n'a pas même besoin de penser. C'est un caquetage élégant, une musique qui ravit l'oreille. Et quel mélange réussi, beaucoup de rire, presque autant d'amour, avec une larme à la fin, tout juste l'attendrissement nécessaire! Il n'en faut pas davantage pour faire pâmer notre bourgeoisie. Un chef-d'œuvre d'observation, une œuvre vraie la trouverait inquiète, hostile, tandis qu'elle fait à une romance sentimentale, à un petit rien gentiment présenté, le succès bruyant, enthousiaste, disproportionné, qu'elle a de tout temps marchandé au génie.

Une autre réflexion m'a frappé. *L'Etincelle* procède directement des proverbes de Musset. On a même reconnu Toinon. Pourquoi alors les proverbes de Musset ont-ils d'abord été accueillis si froidement, et pourquoi, aujourd'hui encore, laissent-ils toujours un léger frisson dans le dos du spectateur? C'est qu'ils ne sont pas aussi distingués que *l'Etincelle*; on n'y voit pas des capitaines aussi jolis ni des veuves de général aussi comme il faut. Le poète y lâche la bête humaine, sous la distinction de la forme. Ce n'est plus du saxe ni du sèvres ; c'est tout d'un coup, entre deux phrases, la nudité de l'homme et de la femme.

De là une gêne dans le public, qui n'aime pas ça. Puis, Musset n'est pas scénique ; il analyse trop. Nulle part, chez lui, on ne trouverait un pièce faite pour une scène unique. Cela suffit à expliquer l'enthousiasme des spectateurs, après la scène désormais fameuse de *l'Etincelle*.

ADOLPHE D'ENNERY

I

MM. d'Ennery et Cormon viennent de remporter un grand succès à l'Ambigu, avec un gros mélodrame en six actes : *Une Cause célèbre*. La salle, le soir de la première représentation, n'a pas cessé de pleurer et d'applaudir. C'est là un fait qu'il faut constater et résolument aborder.

La grande chance des auteurs a été de choisir un sujet profondément humain. Avec leur expérience du théâtre, ils ont dû être frappés du drame émouvant qu'il y aurait à tirer d'une situation que plusieurs procès récents ont indiquée, celle d'un père assassin, que sa fille, par exemple, une fillette de quatre ou cinq ans, fait condamner à mort par son témoignage. Le prologue sera poignant et la pièce consistera plus tard à remettre en présence ce père et cette fille, en exploitant le plus dramatiquement possible leur situation réciproque.

Naturellement, les auteurs sont partis de ce point indispensable au boulevard : le père sera innocent. Et voici comment ils ont imaginé le prologue, qui est en deux tableaux. On est à la veille de la bataille de Fontenoy. Un sergent, Jean Renaud, vient, en se cachant, embrasser sa femme Madeleine et sa petite Adrienne, une enfant de cinq ans. Mais il vient aussi pour confier à Madeleine un dépôt sacré, des papiers et des bijoux de famille qu'un voyageur, le comte de Mornas, pris entre les deux armées et blessé mortellement, lui a confiés, en lui remettant pour lui-même une somme de trois cents louis. Il faut dire que le sergent a délivré le comte d'un de ces rôdeurs de champs de bataille, le juif Lazare, qui était en train de l'achever. Puis, Jean Renaud retourne au camp ; mais à peine est-il sorti par la porte que Lazare entre par la fenêtre. Il veut forcer Madeleine à lui donner les papiers et les bijoux. Comme celle-ci résiste et qu'Adrienne, enfermée dans la chambre voisine, se met à crier, il force la mère à faire taire l'enfant, en disant : « Je suis avec ton père. » Madeleine tombe, frappée d'un coup de couteau, les voisins arrivent, un sénéchal verbalise sur la déposition de la petite qui répète ce qu'elle a entendu. Et personne dans le village ne s'étonne, car Jean Renaud, un honnête homme qui adorait sa femme, avait souvent avec elle de terribles querelles de jalousie.

Le second tableau se passe au lendemain de Fontenoy. Jean Renaud a pris un drapeau, et son colonel, M. d'Aubeterre, le félicite. C'est alors que le sénéchal arrive, avec la petite Adrienne. Interrogatoire de Jean Renaud, témoignage de l'enfant, condamnation finale du père, que la mort violente de sa femme et l'accusation épouvantable et inconsciente de sa fille jettent dans le désespoir le plus tragique. Il ne garde que l'amitié d'un compagnon d'armes, Chamboran, qui ne peut le croire coupable.

Voilà l'action posée. Ce prologue indique à l'avance tout le drame, et pour qui connaît son répertoire du boulevard, il n'est point difficile de deviner ce qui va se passer. A coup sûr, on peut prédire qu'Adrienne, très heureuse, va se retrouver en présence de son père très malheureux, et que celui-ci, après des péripéties plus ou moins cruelles, finira par voir son innocence reconnue, tandis que le véritable coupable, Lazare, sera puni comme il le mérite. L'adresse des auteurs va seulement consister à augmenter le plaisir du public, en le menant au mot de ce rébus, connu à l'avance, de la façon la plus émotionnante qu'il soit possible. On sait le dénoûment, mais on ignore comment les auteurs y arriveront.

Et même il ne faut pas être bien malin pour se douter par quelle preuve accablante Lazare sera confondu. Madeleine possède un certain collier très riche que sa marraine, je crois, madame d'Aubeterre précisément, lui a donné comme cadeau de mariage. Jean Renaud l'a mis avec les bijoux que le comte de Mornas lui a confiés ; de sorte que Lazare, s'il produit jamais les bijoux, apportera lui-même, sans le savoir, la preuve du meurtre et du vol. Voilà toute la petite mécanique du drame fort adroitement montée et préparée.

Alors, le drame s'engage, et carrément, trop carrément même. Quand les dramaturges ne sont plus adroits, ils sont impudents. Chamboran a tranquillement confié Adrienne à la duchesse d'Aubeterre, qui en a fait sa fille adoptive, en ignorant quel est son père. Il y a là des histoires très compliquées, dans lesquelles je ne puis entrer, et qui ont pour unique but de faire que tout ce monde, qui se connaissait, ne se connaisse plus, quinze ans plus tard. Adrienne a été malade et a perdu la mémoire ; cela est commode. Le duc et la duchesse sont sans doute simplement distraits. Enfin, quoi qu'il en soit, au moment où la jeune fille, riche, heureuse, comblée de tous les biens et de tous les dons, va épouser un jeune officier qu'elle aime, voilà une bande de forçats qui passe sur la route et que l'on prie poliment d'entrer se reposer sous les beaux ombrages du parc. Mon Dieu ! ce n'est pas plus difficile que cela. Ils entrent, et la reconnaissance du père et de la fille a lieu, car on se doute bien que Jean Renaud est parmi ces galériens. Ils crient un bon quart d'heure, pendant que les autres forçats font semblant de ne pas entendre. Puis, à la fin, lorsqu'il faut se remettre en marche, Jean semble s'apercevoir qu'il y a du monde, et il reprend la file, en faisant signe à sa fille de se taire. Cela est fort comique. On pleure pourtant, et très fort.

Le drame serait fini, si les auteurs n'avaient trouvé là une péripétie intéressante. Adrienne a pour amie de couvent une jeune fille, Valentine, dont l'histoire est également romanesque. Son père l'a confiée à la chanoinesse d'Armaillé et n'a plus reparu. Or, il arrive que cette Valentine est la fille du comte de Mornas. Lorsque Lazare se produit avec les papiers et les bijoux, qu'il promène depuis quinze ans, il réclame le titre de comte de Mornas, afin de rentrer dans d'immenses biens; et comme il a besoin de reconnaître Valentine pour arriver à ce but, il vient la chercher au château d'Aubeterre, où elle se trouve alors avec Adrienne. Je ne dis rien de ce coquin si patient, que l'on a vu en guenilles et qu'il s'agissait surtout de montrer en habit galonné.

D'abord, la voix du sang ne parle pas très haut chez Valentine. Elle accepte son père. Mais voilà qu'en fouillant parmi les fameux bijoux, elle trouve le collier de Madeleine, qu'Adrienne lui a décrit cent fois. Et, comme le faux comte de Mornas vient d'enlever à Jean Renaud sa dernière espérance, en apportant un témoignage écrasant, en affirmant qu'il n'a jamais confié ses bijoux et ses papiers à ce soldat, Valentine ne peut plus avoir aucun doute, c'est son père qui est le meurtrier. Ici, j'ai cru que la salle allait rire, tant la vraisemblance est outragée; mais pas du tout, la salle a applaudi. Il est bien évident que l'homme qui a volé les papiers et assassiné Madeleine, ne saurait être le comte de Mornas, et que, dès lors, il est à croire que Valentine n'est pas la fille de cet homme. A la vérité, celle-ci ignore quel est le nom de son père, que seule la chanoinesse connaît. Les auteurs diront que Lazare peut être le père de Valentine, tout en n'étant pas le comte de Mornas. Seulement, la pensée de la jeune fille devrait être avant tout une révolte : « Celui-ci n'est pas mon père. Il a volé des bijoux, il vole un titre, il doit voler et mentir encore. »

Mais il fallait que Valentine crût qu'elle était la fille du scélérat, pour les besoins du drame. Dès lors, elle va se trouver en présence d'Adrienne, et la situation est fort dramatique. Adrienne, âgée de cinq ans, a livré son père sans savoir ce qu'elle faisait, et c'est là une abomination dont elle agonise. Valentine, qui possède tout son libre arbitre, toute sa raison, doit-elle faire à son tour condamner son père pour sauver l'innocent Jean Renaud ? Cela amène entre Valentine et le faux de Mornas, et ensuite entre les deux jeunes filles, des scènes poignantes et très bien faites.

Enfin, la pièce se dénoue comme on l'a deviné dès le prologue. La chanoinesse apprend à Valentine qu'elle est bien la fille du comte de Mornas, mais que le scélérat qu'elle a devant elle n'est certainement pas son père. Dès ce moment, Valentine n'hésite plus à montrer le collier, et Lazare est écrasé. Jean Renaud, qui se trouve là, amené du bagne sur un ordre du duc, que les auteurs ont fait tout exprès gouverneur de Provence, sera réhabilité, et Adrienne épousera un jeune officier, lequel s'est montré chevaleresque, au point d'être très excité pendant tout le drame par cette pensée humanitaire qu'il prendrait quand même pour femme la fille d'un forçat innocent.

Telle est *Une Cause célèbre*, et je le dis encore, je n'éprouve aucun embarras pour en constater le très légitime succès. Ce qui est démodé surtout, c'est le drame romantique, le drame historique, à panaches et à tirades. MM. d'Ennery et Cormon ont, il est vrai, placé leur pièce sous Louis XV ; mais ce n'est là qu'une question de costumes. La pièce est toute moderne. D'ailleurs, il faut bien confesser que le mélodrame ainsi compris est et restera une puissance. Comment voulez-vous que la foule se défende contre des émotions si fortes : une mère qu'on assassine, une petite fille qui crie dans la coulisse, un père qui va être accusé faussement? Le public ira toujours fatalement à des spectacles pareils, comme il va voir guillotiner, rue de la Roquette, ou encore comme il se précipite dans une rue pour regarder un homme écrasé. Le plaisir est tout physique. La chair est prise, les nerfs sont secoués, les larmes coulent quand même. C'est d'un effet sûr et violent, contre lequel les raisonnements littéraires, les questions de goût n'ont aucune prise.

Le prologue est excellent de tous points. Si l'on en changeait la langue, qui est vraiment abominable, je n'en demanderais pas un autre pour un drame moderne, dans la formule exacte que j'indique. J'ai rarement vu au théâtre quelque chose de plus réussi dans l'horrible que l'assassinat de Madeleine. Le désespoir du père, l'épouvantable témoignage d'Adrienne, demanderait au second tableau un peu de génie pour rendre tout ce qu'ils devraient donner; mais, en somme, les auteurs ont suffisamment indiqué la situation.

Où tout se gâte pour moi, c'est quand le drame commence. Quelle étrange combinaison de duc et de forçat! Comme cela ferait sourire, si une émotion brutale ne vous prenait à la gorge! Certes, MM. d'Ennery et Cormon se moqueraient, en m'entendant leur reprocher l'invraisemblance de tous les épisodes. Ils cherchent bien la vérité! La grande affaire, à leurs yeux, c'est de prendre le public. Et ils accumulent les couleurs criardes des images d'Épinal, ils ne se donnent même pas la peine de cacher leur procédé, certains que les femmes pleureront toujours aux endroits où elles ont pleuré une fois. Le galérien arrive chez le duc, émotion; la fille en falbalas se jette dans les bras de son père en casaque rouge, émotion; le traître arrive avec son coffret, émotion; le dénoûment, que tout le monde a deviné, se produit sans aucun imprévu, émotion, émotion malgré tout et à cause de tout. Et ce seront les phrases les plus bêtes, d'une bêtise à pleurer, que l'on applaudira le plus violemment. Cela est, à quoi bon se fâcher? Il faudra toujours un débouché pour la bonne grosse sottise publique.

Maintenant, quel critique osera dire à notre jeunesse littéraire : « Vous voyez, cela réussit, faites de cela! » Où est le barbare, l'homme sans goût littéraire, qui rêverait une pareille ornière pour notre théâtre? Il est entendu que le mélodrame est un genre grossier et inférieur, qui n'a pas de grandes prétentions. Je le laisse à son rang, tout en bas; seulement, je rêve pour lui un peu de bon sens et un peu de style. Est-ce trop? Par exemple, pourquoi MM. d'Ennery et Cormon, après leur très vigoureux prologue, n'ont-ils pas cherché un drame plus acceptable, placé dans un cadre qui ne fît pas sourire? Quand on aura joué leur pièce deux ou trois cents fois, il n'en restera qu'une brochure dont nos fils s'égayeront. Avec un respect plus grand de la vérité, ils auraient pu laisser une œuvre. Voilà ce que la critique doit dire à la jeunesse. Que les jeunes auteurs apprennent de M. d'Ennery comment on charpente un mélodrame, qu'ils se rendent compte du mécanisme du théâtre, mais, grand Dieu! qu'ils tâchent d'écrire en français et qu'ils n'aient jamais l'indignité de battre monnaie avec des histoires bêtes.

II

L'immense succès du *Tour du monde en 80 jours*, et le succès plus modeste, quoique très retentissant encore, du *Voyage dans la Lune*, ont déterminé un courant que les auteurs dramatiques vont suivre, tant qu'il les portera à de belles recettes. La trouvaille, à première vue, paraît ingénieuse. On s'est dit que la féerie classique, avec ses enchanteurs, ses bonnes et ses mauvaises fées, ses trucs simplement amusants ou superbes, commençait à devenir bien vieille ; et l'on a eu l'idée de la remplacer ou plutôt de la rajeunir, en substituant aux données de la fantaisie les données de la science. Justement, un aimable vulgarisateur, M. Verne, obtenait des succès énormes avec des livres qui succédaient aux contes de Perrault, entre les mains des enfants. Les féeries d'il y a trente ans étaient tirées de ces contes ; il devenait logique que les féeries d'aujourd'hui fussent tirées des livres de M. Verne.

C'est comme cela qu'à la place de *Cendrillon* et de *Peau d'Ane*, nous avons actuellement le *Tour du monde* et *les Enfants du capitaine Grant*. Les charpentiers dramatiques ont suivi le mouvement, en puisant leurs sujets dans la bibliothèque des familles, et si leurs cadres ont changé, c'est qu'il s'est opéré d'abord un changement dans cette bibliothèque. Par parenthèse, on voit donc que le livre a une influence sur le théâtre : ce que certains critiques nient en affirmant que la littérature dramatique est une littérature complètement à part.

D'ailleurs, remarquez que les cadres seuls ont changé. On connaît la recette de l'ancienne féerie. Prenez cinq ou six personnages que vous placez sous l'influence double d'un bon génie et d'un mauvais génie, et vous aurez la pièce en promenant ces personnages tour à tour dans les pires catastrophes et dans les saluts les plus surprenants, pour arriver à un triomphe final. L'intérêt d'une œuvre pareille naissait de ces obstacles accumulés et franchis, des milieux terribles, cocasses ou magnifiques, par lesquels devaient passer les héros. On voyageait en pleine imagination, sous les eaux ou dans les airs, à travers les entrailles du globe ou parmi les astres dansant leur ronde; sans compter les symboles, les allégories, les prodiges. Dans tout cela, le merveilleux régnait en maître, les talismans réglaient les péripéties et dénouaient l'intrigue.

Or, cette recette tout entière a pu être appliquée à la formule nouvelle, celle de la féerie scientifique. Ces deux mots hurlent d'être ainsi rapprochés; mais ce n'est point ma faute, ce sont les auteurs qui ont voulu cela. En effet, ils ont gardé le groupe de personnages sympathiques qui vont être le jouet du bon génie et du mauvais génie. Ces génies ne sont plus des fées ou des enchanteurs, mais de simples hommes, un traître de mélodrame et un sauveur quelconque. La grande trouvaille consiste donc uniquement dans la nature des obstacles que les héros auront à franchir pour arriver au bonheur. Au lieu d'obstacles fantaisistes, de murs se dressant tout d'un coup, de précipices se creusant, d'hôtelleries enchantées retenant les voyageurs, on choisit des obstacles naturels, une mer à traverser, un combat à soutenir contre des animaux, un bateau qui saute ou un chemin de fer qui déraille. En outre, la géographie est mise à contribution ; au lieu de promener le spectateur dans les mondes de l'imagination pure, on le promène parmi les contrées et les peuples les plus curieux de la terre.

Je prends, par exemple, *les Enfants du capitaine Grant*, de MM. Verne et d'Ennery. Voici le sujet, en quelques mots. Le capitaine Grant est abandonné avec son enfant sur un rocher, par un gredin qui a soulevé son équipage. Ce gredin a poussé la scélératesse jusqu'à laisser avec le capitaine un matelot farouche, une brute qui le torturera. Voilà le groupe sympathique posé : le capitaine et son enfant aux prises avec un misérable. Dès lors, il y aura autour des abandonnés deux principes qui lutteront, l'un pour les sauver, l'autre pour consommer leur perte ; le premier est représenté par un certain lord, qui possède un navire, et que deux autres enfants du capitaine Grant déterminent à chercher leur père ; le second n'est autre que le gredin qui a soulevé l'équipage du capitaine, et qui redoute un juste châtiment. Naturellement, c'est le bon principe qui l'emporte, comme dans l'ancienne féerie. On retrouve le capitaine ; apothéose, tableau final.

Voilà donc l'usage qu'on fait de la science. Elle ne modifie rien dans le fond, car elle laisse subsister toute la fable de l'intrigue, toutes les extraordinaires péripéties des vulgaires mélodrames. Elle n'arrive que comme décor, ou encore comme prétexte à des trucs nouveaux. Les décorateurs, les machinistes et les costumiers, ont à en tenir compte, car ce sont eux qui peignent les horizons réels, qui établissent les machines, qui coupent et qui cousent les costumes des peuples lointains. Quant aux auteurs, ils se moquent parfaitement de la science, car ils ne l'emploient qu'en qualité de truc, et ne s'inquiètent pas une seconde de mettre une histoire vraie dans un cadre vrai.

Ainsi, *les Enfants du capitaine Grant* sont en vérité stupéfiants à ce point de vue. On ne s'imaginerait jamais comment lord Glenarvan, le bon génie, arrive à savoir que le capitaine a été abandonné sur un rocher. Rien de plus élégant comme ficelle : le capitaine a jeté une bouteille à la mer, un requin a avalé cette bouteille, et le requin vient se faire prendre par lord Glenarvan, qui a la précaution de l'ouvrir, comme on ouvre une boîte aux lettres. Mais le truc de la baleine est peut-être plus plaisant encore. Le bon génie ne sait toujours pas sur quel îlot il doit aller chercher les abandonnés, et il se désespère, lorsque ses hommes pêchent une baleine, par manière de distraction. O prodige! la baleine portait déjà dans son flanc un harpon cassé, et sur le fer de ce harpon se trouve gravée l'adresse actuelle du capitaine Grant.

Vraiment, se moque-t-on de nous? Je demande qu'on me ramène à l'ancienne féerie, où du moins nous allions de prodige en prodige. Quel est ce mélange bâtard de données scientifiques et de bourdes à dormir debout? Et l'on prétend que de telles pièces sont instructives! Jolie instruction, qui gâte les notions les plus élémentaires, en les accommodant aux vieilles conventions théâtrales, lasses de traîner. Certes, je suis très heureux de ce mouvement scientifique, qui grandit et qui s'impose même au théâtre. Mais j'attendrai, pour triompher, qu'on respecte la science au lieu de la rendre ridicule. Il n'y a là qu'une spéculation, faite sur la curiosité publique.

J'avoue ne pas avoir lu le livre de M. Verne d'où M. d'Ennery a tiré la pièce. Je ne puis donc dire au juste quelle est la part de chacun d'eux. D'ailleurs, je suis persuadé que M. d'Ennery a montré beaucoup d'habileté dans l'adaptation, qui, avec les idées qu'il a sur les nécessités du théâtre, ne devait pas être chose commode. Il lui fallait ses oppositions ordinaires, le vice d'un côté, la vertu de l'autre, un continuel équilibre dérangé par les péripéties et rétabli par le dénoûment. Ainsi, son idée de montrer d'abord le capitaine et son enfant, abandonnés sur un rocher en compagnie du matelot farouche, pose heureusement le sujet; et il est très habile ensuite de montrer à plusieurs reprises les pauvres victimes, de plus en plus en danger, dans des tableaux qui s'assombrissent, pendant qu'on travaille autour d'elles à leur perte et à leur salut. La conversion de la brute qui rêve d'assassinat, et que la prière d'un enfant fait tomber à genoux, est encore d'une bonne sensiblerie, calculée avec adresse pour toucher les âmes tendres.

Mais, en vérité, M. d'Ennery est le dernier auteur dramatique qui devrait toucher à la science. Il a été le César, le Charlemagne de la convention; il ne peut que gâter le vrai, dès qu'il le touche. Sans doute, on s'adresse à lui parce qu'on le connaît assez adroit pour tout faire accepter, même la science; et il est de fait qu'il la déguise au point qu'on ne la reconnaît plus, en l'accommodant à son unique sauce, cette sauce rousse des restaurants, qui lui sert depuis plus de quarante ans pour tous les genres et tous les sujets. Après avoir inventé la croix de ma mère dans la note sensible, il était destiné à inventer le harpon du capitaine dans la note scientifique. Je préfère M. d'Ennery lorsqu'il écrit *les Deux Orphelines;* il est là très touchant et d'une mécanique dramatique très puissante. Quant à la science, elle est trop haute.

III

La Gaîté vient de reprendre *la Grâce de Dieu.* Cette reprise a été malheureuse. On a ri, le premier soir, du vénérable mélodrame qui a fait pleurer tant de beaux yeux. Le public « empoignait » les situations les plus dramatiques, au lieu d'être empoigné par elles. Vraiment, je me montrerai doux, car il me serait trop aisé de triompher, après cette soirée lamentable.

La Grâce de Dieu empoignée! Mais sait-on que c'est l'abomination de la désolation! Sait-on que c'est la fin de tout un théâtre! *La Grâce de Dieu* a été le chef-d'œuvre de M. d'Ennery. Il faut se rappeler le succès de ce mélodrame. On en a peint les principales situations sur des assiettes; on en a tiré une série de gravures, qu'on rencontre encore pendues aux murs des paysans. Toute la France a sangloté sur les malheurs de la pauvre Marie. Et voilà maintenant qu'on éclate de rire, lorsqu'elle entend la vielle de Pierrot et qu'elle pousse ce cri du cœur : « C'est la voix de ma mère ! » Que s'est-il donc passé, grand Dieu?

Il s'est passé tout simplement que l'évolution dramatique a continué et que nous n'en sommes plus à ces niaiseries sentimentales. La convention tombe, on aperçoit la grossière charpente de la pièce, on est choqué par l'enfantillage des procédés et par le style, qui est vraiment abominable. *La Grâce de Dieu* va rejoindre les modes de 1841, voilà tout. Avez-vous jamais regardé de vieilles gravures de modes? On sourit, on se demande comment les femmes ont pu porter de pareils chapeaux. Eh bien, l'effet est le même. Les œuvres, qui ne sont pas écrites, meurent tout entières et deviennent grotesques.

Est-ce à dire que M. d'Ennery manque de talent? Certes, il a compté dans notre théâtre contemporain. On ne produit pas comme il a produit, on ne tient pas le public à sa dévotion pendant un tiers de siècle, sans être une force. Seulement, il a travaillé pour l'époque ; ses pièces n'ont pas d'au delà ; elles ne vont pas plus loin que la satisfaction immédiate du public. Je sais qu'il a beaucoup souhaité cette reprise de *la Grâce de Dieu*. Et cela se comprend. Il désirait voir s'il laisserait des œuvres solides. Aussi a-t-il entouré la reprise de tous les éléments de succès possibles. On a engagé madame Schneider pour jouer Chonchon ; on a ajouté un ballet ; on a élargi le cadre et doublé la figuration. Il s'agissait d'une vraie solennité, longtemps rêvée et préparée avec les soins les plus minutieux.

Et l'expérience a mal tourné. Je n'accablerai ni les

auteurs ni la pièce. Je suis presque attendri, c'est tout un monde qui s'en va. La ruine croulera de plus en plus. Seulement, la grosse question est de savoir ce que nous allons mettre à la place. Au travail ! au travail !

THÉODORE BARRIÈRE

I

Le soir où le Vaudeville a repris *les Faux Bonshommes*, j'ai été très frappé par la pièce, et, depuis la représentation, j'ai été frappé plus encore par ce que la critique en a dit. On me pardonnera de tirer profit de tous les arguments qui me sont fournis. Je marche, les yeux fixés sur un but déterminé, et j'utilise en route les moindres appuis que je rencontre. Aujourd'hui, d'ailleurs, il s'agit de preuves décisives.

Le grand reproche qu'on me fait, c'est de nier le théâtre contemporain. J'ai parlé de nos théâtres vides, de nos planches encanaillées, et l'on s'est fâché, en me répondant que jamais la scène française n'avait traversé une époque plus féconde en œuvres remarquables. Aujourd'hui, à l'occasion de la reprise des *Faux Bonshommes*, cette réponse semble prendre un accent plus vif et plus triomphant. Comment! vous osez dire que nous manquons de chefs-d'œuvre! eh bien, en voilà un! Il a vingt ans de date, et il n'a pas vieilli, il produit sur le public le même effet qu'autrefois. Là-dessus, toute la critique s'est pâmée, s'affolant d'admiration, prodiguant le lyrisme, perdant même le sens des mots, plaçant enfin *les Faux Bonshommes* au niveau du répertoire de Molière.

Soit, je le veux bien. Voilà qui est convenu : *les Faux Bonshommes* sont un chef-d'œuvre; il faut les mettre, comme ont dit plusieurs de mes confrères, parmi les quatre ou cinq pièces que laissera notre littérature dramatique contemporaine. Cela m'arrange. Voyons maintenant comment est bâti ce chef-d'œuvre.

D'abord, il n'y a pas de pièce, dans *les Faux Bonshommes*. L'intrigue est tellement banale et légère qu'elle n'existe point. Le bourgeois Péponnet a deux filles à marier; au dénoûment, elles se marient, après les vulgaires péripéties de nos vaudevilles, et c'est là toute la pièce. J'ajoute même que cette pièce est pauvrement fabriquée; les épisodes s'en vont à la débandade, le dénoûment est des plus faibles, on sent que Scribe n'a pas passé par là. En un mot, *les Faux Bonshommes* ne sont pas une pièce bien faite, selon les règles du fameux code dramatique. Je constate ce premier point.

Comment! une pièce qui n'est pas une pièce bien faite, peut être un chef-d'œuvre? Mais cela me donne raison dans ma campagne contre les règles et la convention. Tout le théâtre de Scribe, si merveilleux d'ébénisterie, se meurt, et *les Faux Bonshommes*, qui, de l'avis des hommes du métier, sont d'une ébénisterie discutable, s'entêtent à se bien porter. Alors, c'est que le théâtre bien fait est une plaisanterie, puisqu'il ne peut seulement vivre un quart de siècle. Cessez donc de le patronner et de le pleurer. Ne le donnez pas en exemple aux jeunes gens, à moins que vous ne vouliez vous moquer d'eux. Ne parlez plus surtout de la scène à faire, attendu que dans *les Faux Bonshommes*, qui est un chef-d'œuvre, comme nous en sommes convenus, il n'y avait pas de scène à faire ; les scènes de Dufouré sont aussi importantes que celles de Péponnet, ce n'est en somme qu'une enfilade de scènes ou plutôt de tableaux réussis. Pas l'ombre de mécanique théâtrale dans tout cela. J'en conclus, et vous devez en conclure avec moi, que la mécanique théâtrale est inutile aux chefs-d'œuvre.

Cela m'amène au deuxième point. S'il n'y a pas de pièce dans *les Faux Bonshommes*, qu'y a-t-il donc ? Je viens de le dire, une suite de scènes d'une satire amusante, une collection de portraits dont le trait caricatural a de la netteté et de la puissance. L'intérêt n'est pas dans l'intrigue, mais dans les personnages ; ce n'est plus une histoire qui se noue et se dénoue pour le plaisir des spectateurs ; c'est une galerie d'originaux qui défilent et qui suffisent par eux-mêmes à l'amusement du public.

Eh ! bon Dieu ! c'est précisément là le théâtre que je demande depuis trois ans. Qu'on relise mes études. Je n'ai cessé de réclamer à la scène des peintures de caractères, en gardant toutes mes sévérités pour les pièces d'intrigues, les pièces bien faites, selon les conventions et les règles. Les critiques qui déclarent aujourd'hui que *les Faux Bonshommes* sont un chef-d'œuvre, après avoir combattu mes théories, ne sont pas logiques avec eux-mêmes. C'est moi qui dois triompher du succès de la reprise faite au Vaudeville. Voilà l'œuvre dramatique telle que je la veux, toute de peinture humaine, dédaigneuse des habiletés et des ficelles, sachant qu'il y a dans l'étude de l'homme assez d'intérêt pour rendre immortelle la page qui apportera le moindre document vrai. Barrière, en dehors de tout le fatras scénique, a soufflé un peu de vie dans *les Faux Bonshommes*, et c'est pour cela qu'ils vivent.

D'ailleurs, la pamoison de la critique d'aujourd'hui en face des *Faux Bonshommes* est fort plaisante, lorsqu'on sait que cette pièce fut malmenée par la critique d'autrefois. Et cela devait être. Elle est d'allures trop libres, d'accent trop amer, pour avoir satisfait les juges d'une époque où le théâtre de Scribe régnait encore en maître. Le public, lui aussi, se montra froid, lors des premières représentations. Ce ne fut qu'à la longue, par la puissance même de l'œuvre, qu'un immense succès se dessina. On reprochait justement aux *Faux Bonshommes* ce qui, à cette heure, fait leur force : le dédain de la facture, le manque d'intrigue compliquée et ingénieuse, l'âpreté des peintures, l'observation poussée jusqu'au trait féroce. Quel exemple ! et quel cas devons-nous faire des jugements furieux qui accueillent aujourd'hui, comme autrefois, toute œuvre qui n'est pas coulée dans le moule commun !

Maintenant, soyons raisonnables et ne crions pas trop fort au chef-d'œuvre. Je mets de côté cette hypothèse que *les Faux Bonshommes* sont un chef-d'œuvre. La critique a ce tort de ne garder aucune mesure ; elle assomme les gens sur le pavé ou elle les encense dans la nue. Un peu de logique et de sang-froid serait pourtant une bonne chose. Certes, *les Faux Bonshommes* sont une pièce où il y a des scènes vraiment remarquables ; mais de là à crier au prodige de l'esprit humain, il y a loin, en vérité. Depuis une semaine, c'est un aplatissement général qui devient plaisant. Je vais tâcher de dire simplement et honnêtement mon opinion sur *les Faux Bonshommes*.

On a parlé de Molière, et l'on a eu raison. Seulement, il y a plusieurs Molière, il faut distinguer. Les charges énormes de Vertillac et d'Octave jouant l'homme de Bourse rappellent les charges de Diafoirus et de son fils. C'est le même comique, fou d'attitudes, de voix, de déclamation ; la création de l'acteur a ici complété, sinon dépassé la création de l'auteur. Péponnet, le personnage principal, est également une caricature poussée au delà de toute vraisemblance. J'en veux arriver à cette conclusion que c'est ici du Molière caricatural, du Molière du *Malade imaginaire*, de *Monsieur de Pourceaugnac* et du *Bourgeois gentilhomme*, et non du Molière de *Tartuffe* et du *Misanthrope*.

Une farce, telle est la vraie qualification des *Faux Bonshommes*. Si l'on veut, c'est une farce de Molière mise dans notre monde moderne. Remarquez que j'ai la plus grande tendresse pour la farce et que je n'emploie pas ce mot en mauvaise part. Je désire simplement classer avec netteté la pièce de Théodore Barrière. Ce qui lui manque, selon moi, pour être supérieure, c'est la maîtrise, c'est la marque magistrale du génie. Voyez même dans les farces de Molière, il y a un souffle qui enlève les plaisanteries les plus communes. On sent l'haleine puissante, la solide carcasse littéraire qui tient debout les fantoches. Dans *les Faux Bonshommes*, il y a un émiettement continuel des personnages, ils sont comme détaillés par petits morceaux. Puis, toute littérature manque, la pièce n'a pas de style. C'est surtout là une chose qu'il faut sentir, que j'ai sentie profondément l'autre soir. On dirait l'œuvre d'un homme ordinaire, que son sujet a porté, qui a trouvé la haute comédie dans quelques scènes, sans être sûr pour plus tard de la retrouver jamais. L'œuvre est supérieure à l'homme, ce qui arrive parfois. On ne sent pas, dans la pièce, un maître du théâtre ni de la langue, mais un tempérament inégal, plus capable du médiocre que de l'excellent. En un mot, des rencontres superbes, mais pas de maîtrise, je le répète.

Le répertoire de Théodore Barrière est là pour appuyer ce jugement. Il n'a pas retrouvé la haute comédie, il s'est noyé dans les pièces de tout le monde. Certes, un chef-d'œuvre peut pousser isolé, dans le crâne d'un homme ; mais c'est pour le moins un fait qui prouve l'inconscience et l'inégalité du talent. Celui-là n'est point un maître qui n'est pas certain de sa force. Il y a eu, pour moi, un avortement chez Théodore Barrière. Il n'a pas été l'homme qu'il aurait pu être, s'il avait apporté un tempérament plus complet. *Les Faux Bonshommes* sont l'indice d'un grand talent avorté.

L'affabulation de la pièce est étroite. Cette histoire d'un dessinateur qui prépare un album de caricatures, paraît être maintenant un chemin de traverse qu'il était inutile de prendre, lorsqu'on pouvait s'engager dans le grand chemin de l'observation directe. D'ailleurs, cette partie a beaucoup vieilli. Les deux peintres, qui tombent dans une maison bourgeoise, où ils se moquent de tout le monde, ne sont que des rapins mal élevés dont l'état civil est très vague. Les tirades sur l'argent et sur l'art sentent le moisi; et rien ne m'a paru plus drôle que la jeune fille qui cesse d'aimer Octave, parce qu'il a quitté la peinture. Toute la partie amoureuse est très faible. C'est là qu'on sent les petitesses de l'œuvre, le manque de maîtrise, comme je le disais tout à l'heure.

Il faudrait analyser chaque personnage. Les deux peintres jouent, l'un l'éternel Desgenais, l'autre l'ancien personnage de Valère qui s'avise de se grimer et de feindre pour épouser celle qu'il aime. Je ne vois aucune trace d'observation. Avec Bassecour commencent les originaux. Bassecour est fort amusant, mais on ne trouve pas chez lui le développement d'un caractère; tout son comique réside dans son fameux « seulement »; c'est l'homme qui entame l'éloge de tout le monde, puis qui arrive à la restriction « seulement », et qui assomme alors ses meilleurs amis. Il n'y a qu'une silhouette bien indiquée et qu'une tournure de phrase heureuse.

Quant à moi, je trouve le personnage de Dufouré, comme profondeur d'observation et finesse de peinture, bien supérieur au personnage de Péponnet. Celui-ci est une enluminure assez grossière du bourgeois; son mérite est dans son exagération; il vient en avant, tant son égoïsme est outré, tant il est naïvement déloyal et cupide. Dufouré, au contraire, est d'une vérité stricte ; il ne dit pas un mot de trop, il est simple et effroyable.

Pour la même raison, je préfère la scène de Dufouré, au quatrième acte, lorsqu'il arrange sa vie de veuf, avant que sa femme soit morte, à la scène beaucoup plus célèbre du contrat. Sans doute, cette dernière est d'une force caricaturale irrésistible. Le marchandage, la discussion de la dot, cette bataille cocasse des intérêts a une grande valeur de satire. Rien n'est plus lugubrement bouffon que ce cri de Péponnet, lisant le contrat : « On ne parle que de ma mort là dedans ! » et que cette réponse d'Octave : « Parbleu ! de quoi voulez-vous qu'on parle ? » Mais tout cela ne découle pas assez directement de l'étude des caractères ; on ne sent point assez la vérité par-dessous ; ce n'est qu'une fantaisie très brillante. Au contraire, quelle férocité vraie dans ce déjeuner de Dufouré, parlant, la bouche pleine, de sa pauvre femme qui se meurt ! et comme on devine qu'il a pris ses précautions contre le chagrin, et qu'il ne serait même plus fâché de voir mourir sa femme, pour vivre à sa guise ! Ici, tout est superbe, le personnage se met à nu, c'est un document précieux et complet sur l'égoïsme. On parle d'un chef-d'œuvre ; voilà où est le chef-d'œuvre, uniquement dans cette scène.

Je termine. On pousse beaucoup la Comédie-Française à reprendre *les Faux Bonshommes*. C'est là que je voudrais les voir. Quelle figure ferait cette farce moderne dans la maison de Molière ? Les acteurs du Vaudeville chargent terriblement les personnages. Je me demande si les acteurs de la Comédie-Française les chargeraient moins, et, dans ce cas, ce que deviendraient les types. Il faut bien dire que *les Faux Bonshommes* ont besoin d'être vus à la scène pour être compris. La pièce lue est d'un assez pauvre effet, parce qu'elle n'est pas écrite et que le comique y est souvent dans le jeu des artistes. Qu'on la joue donc à la Comédie-Française, l'expérience sera intéressante.

OCTAVE FEUILLET

Il y a une quinzaine d'années, il se fit beaucoup de bruit autour d'une comédie de M. Octave Feuillet : *Montjoye*, que jouait le Gymnase. On discutait avec passion le principal personnage, celui qui donnait son nom à la pièce, une création qu'on regardait alors comme tout à fait supérieure. Montjoye, disait-on, était l'homme fort, l'homme du siècle, le sceptique qui va droit devant lui, jusqu'à ce qu'un réveil brusque de son cœur et de sa conscience le brise et le fasse pleurer comme un enfant. Les uns se fâchaient, les autres approuvaient ; bref, c'était un grand succès.

Certes, la question avait sa gravité. Si M. Octave Feuillet avait créé un type, s'il venait de mettre debout, vivante et vraie, une création comme Tartuffe ou Figaro, il passait au premier rang des auteurs dramatiques, il se haussait au génie. Notre théâtre contemporain est justement très pauvre, nous avons des auteurs de talent, mais nous n'avons pas de faiseurs d'hommes ; ils ont toutes les qualités, ils n'ont point la puissance qui crée. En ce qui concerne M. Feuillet, pour ma part, je m'étonnais beaucoup que ce fût lui qui eût planté sur nos planches la grande figure de l'homme fort.

A coup sûr, M. Feuillet est un écrivain charmant, d'un talent très fin et très souple, dont les beaux succès sont mérités. Seulement, il écrit pour un monde qui lui défend trop de puissance, et son tempérament d'ailleurs ne le dispose guère à l'analyse des réalités de ce monde. Si l'on admet que Balzac avait le génie qu'il fallait pour créer le sceptique moderne, l'homme qui avance à coups de volonté, ivre de sa force, dédaigneux des sentiments, on comprendra que M. Feuillet n'était point l'écrivain de cette besogne.

Et nous venons bien de le voir, à la reprise de *Montjoye*, qui a eu lieu au Vaudeville. Le bruit s'est calmé, on sourit de la querelle qu'on avait entamée sur le scepticisme et la volonté humaine, à propos de ce fameux Montjoye. Vraiment, c'était lui faire trop d'honneur. Aujourd'hui, il apparaît simplement, comme un personnage mal d'aplomb, d'une convention théâtrale irritante, bon à mettre avec toutes les marionnettes de nos autres comédies. Si l'on cherche à le juger au point de vue moral et philosophique, ce qui n'est point commode, car il est plein d'inconséquences et de trous, on arrive à conclure qu'il est un coquin digne du bagne, un coquin en gants blancs qui se bat après avoir volé, et qui se fait ermite en devenant vieux. Nous voilà loin du colosse qu'on rêve, lorsqu'on s'attend à la haute figure de l'homme du siècle.

Il faut l'analyser, ce Montjoye, pour voir combien il est creux. D'abord, il débute par une flouerie qui devrait le mener en police correctionnelle. Associé avec un certain Sorel, pour l'expoitation d'une mine d'or au Brésil, il apprend par le rapport d'un ingénieur que cette mine contient plus de cuivre que d'or. Aussitôt un plan abominable germe en lui; il supprime le rapport, il se retire de l'association, laissant Sorel se ruiner et se tuer d'un coup de pistolet; puis, il rachète la mine à vil prix, l'exploite comme mine de cuivre et gagne une fortune colossale. Dès lors, quoi qu'il fasse plus tard, Montjoye est un gredin et non un homme fort. La force n'est pas le crime. Il est sorti de la loi, il entre dans la banale famille des traîtres de mélodrame. Voilà pour le point de départ.

La suite, l'intrigue qui se noue, est plus vulgaire encore. On s'attend tout de suite à ce que Sorel aura un fils, qui se dressera un jour comme un vengeur. Le cliché sera complet, si de son côté Montjoye a une fille, et si les deux jeunes gens s'aiment, sans se douter de la mare de sang qui les sépare. Croyez que M. Feuillet n'a pas cherché un instant à s'écarter de cette ornière. Le fils de Sorel s'appelle Georges, la fille de Montjoye, Cécile, et tous deux s'adorent, et le drame commence lorsque Georges apprend la coquinerie de Montjoye. Une explication terrible a lieu, un duel en résulte, Montjoye blesse grièvement Georges. Telle est la péripétie.

Il est possible que tout cela soit très scénique. Mais, en vérité, ce duel achève de gâter pour moi la figure de Montjoye. On ne se bat pas autant dans la vie que les auteurs dramatiques semblent le croire; surtout, on ne se bat que dans un certain monde. Dans le monde du haut commerce, on compte les rares rencontres qui se produisent, et certes, le cas de Montjoye et de Georges étant posé, un duel ne s'explique guère. D'un côté, Georges fait trop d'honneur à un fripon en croisant l'épée avec lui; d'un autre côté, voilà Montjoye qui, de filou, devient spadassin, en cherchant à supprimer le fils comme il a supprimé le père. Dans quel étrange monde sommes-nous donc? Nous sommes dans le monde de la fiction, du romanesque, de l'arrangement scénique, ce monde où se passent les romans et les pièces de M. Feuillet. Il lui est impossible de rester dans la note juste et vraie; un héros qui ne se bat pas n'est pas pour lui un héros; il gante quand même ses personnages et leur met une épée à la main. Cela les rend chic.

Raisonnons un peu. Où voit-on que le duel joue un rôle quelconque dans notre société? Quelle place tient-il, que signifie-t-il, où conduit-il? Il est un accident fâcheux, rien de plus. Jamais il n'entrera dans les calculs d'un homme du siècle. Lorsque Balzac a créé Mercadet, est-ce qu'il l'a fait se battre? Lisez les chefs-d'œuvre de Balzac, je ne me souviens que d'un duel; et comme il est à sa place! C'est le duel au sabre de cette superbe canaille de Bridau. Voyez au contraire le déluge de duels, dans les romans mondains et idéalistes. Les duels vont avec les tours en ruines, les conversations au clair de la lune, les jeunes filles sauvées par de beaux jeunes gens. La mode est telle que M. Feuillet, en voulant peindre un homme fort, n'a rien eu de plus pressé que de lui fournir son petit duel. Eh bien! mon avis tout net est qu'un homme fort ne se serait pas battu, parce qu'il est sot de se battre. Nos hommes forts ne se promènent plus une épée à la main, comme sous Louis XIII. Nous avons bien d'autres batailles.

Mais ce n'est pas tout. Pour compléter la figure de Montjoye, M. Octave Feuillet lui a fait enlever une noble demoiselle, Henriette de Sissac, avec laquelle il vit maritalement. Voilà sans doute, selon l'auteur, la marque de l'homme fort. Il refuse de régulariser sa situation, par dédain, par amour de l'indépendance. Remarquez qu'il a deux enfants, Cécile et Roland. Ici, je ne comprends plus bien. Ce Montjoye met vraiment de la coquetterie à être odieux. Certes, je l'accepterais tout de suite, si M. Octave Feuillet avait voulu le donner pour un misérable. Mais c'est que je sens très bien que M. Octave Feuillet ne le tient pas pour tel, qu'il le regarde sans doute comme un égaré, comme une nature puissante que l'esprit du siècle a simplement gangrénée, et qu'il est encore possible de ramener au bien, puisque, au dénouement, il accomplit lui-même le miracle de le convertir.

Si Montjoye ne se marie pas et ne légitime pas sa fille, il ne fait pas preuve de force, il fait preuve de bêtise, voilà tout. L'avenir qu'il se prépare ainsi sera plein d'ennuis. Puis, quelle singulière aventure d'enlever une fille noble ! Pourquoi Henriette de Sissac ? Les filles nobles se font donc enlever ? Est-ce pour donner une preuve nouvelle de son scepticisme, que Montjoye s'est adressé à la noblesse, le jour où il a éprouvé le besoin d'une concubine ? Tout cela fait la plus singulière salade qu'on puisse voir. Les personnages sont en l'air. Pas un ne va largement et tranquillement son bonhomme de chemin.

Il y a donc là une accumulation incroyable de notes

fausses sur la tête d'un seul personnage. Ce monsieur qui prétend marcher le code dans une main et une épée dans l'autre, est une pure imagination. Il doit tenir son code à l'envers, puisqu'il s'en moque si parfaitement; et, quant à son épée, elle est tout simplement ridicule et odieuse. Mais le pis est encore le dénouement. Tout d'un coup, Montjoye s'attendrit. On ne sait pas bien d'où vient la grâce. A la première menace d'isolement, lorsque Henriette et ses enfants se retirent, le voilà ébranlé et fondant en larmes. Ainsi, cet homme qui a bâti sa fortune sur la ruine et sur le sang des Sorel, cet homme qui refuse son nom à Henriette et qui manque de tuer le fiancé de sa fille, cet homme sera transformé sur un coup de baguette, sans que rien nous ait préparés à ce changement, et deviendra un modèle de vertu, pour l'édification des âmes sensibles !

Non, la chute est vraiment trop rude. Montjoye est un criminel dont le repentir ne nous touche pas. Il s'est rendu impossible ; il n'a qu'une chose à faire, s'il voit enfin clair dans sa conduite : avaler son code et se passer sa fameuse épée au travers du corps, pour débarrasser les siens. Voyez-vous Georges marié et dînant avec son gredin de beau-père ? Je ne parle pas de l'invraisemblance d'une pareille conversion. On ne retourne pas un homme en une minute. Les quatre premiers actes ne sont que faux et inconséquents. Le cinquième noie dans de l'enfantillage une action mélodramatique.

L'homme fort est donc par terre. Je soupçonne que M. Feuillet voulait justement en venir là. Il a commencé par noircir l'homme fort, l'homme du siècle, pour que la conversion qu'il rêvait fût ensuite plus éclatante. Peu important les entorses à la vérité. Quand on veut prouver, on dispose les personnages comme des arguments. Voilà le scepticisme, voilà la force qui ne reconnaît pas Dieu : un coquin, un voleur, un assassin. Et, maintenant, voici Dieu, voici le cœur, voici le devoir : un pantin féroce qui brusquement devient un ange. Après ce beau coup, M. Feuillet croit sans doute avoir vaincu le siècle. Allons, l'homme fort reste à créer, la querelle demeure entière, entre l'homme dont la volonté s'affole, et Dieu qui se transforme.

Montjoye n'en est pas moins une comédie faite avec talent. Je dirai même qu'elle est la plus forte de M. Octave Feuillet. Elle contient quelques belles scènes, et elle est menée scéniquement avec une rare habileté. Enfin, certains détails sont charmants. On raconte que, si l'on a hésité si longtemps à la reprendre, c'était qu'on ne savait à qui confier le rôle de Montjoye, créé par Lafont. Il fallait, paraît-il, beaucoup de distinction. Cela achève, pour moi, de caractériser le rôle ; de la distinction dans de la coquinerie, c'est toute une littérature. Montjoye, tel que l'a compris M. Feuillet, ne serait pas complet, en effet, s'il n'était point distingué.

GEORGE SAND

I

Le théâtre de George Sand a un grand charme. Longtemps on a refusé au romancier le don des planches. On trouvait, et avec raison, qu'elle n'avait pas la science de la charpente dramatique, qu'elle ne savait point nouer habilement ni dénouer une intrigue. En un mot, on la jugeait trop littéraire, trop simple et trop humaine. Ai-je besoin de dire que c'est justement pour ces qualités rares qu'une partie de son théâtre me plaît ?

D'ailleurs, elle a remporté de grands succès au théâtre, et toujours par une simplicité de moyens très louable. Je parlerai plus loin de son *Mauprat*, qui est une pièce bâtarde, mélodramatique et paradoxale, tout à fait médiocre selon moi. Mais quelle bonhomie pleine de tendresse, quel beau courant de facilité aimable dans le *Marquis de Villemer* et dans *Claudie*, par exemple! Certes, je ne trouve pas là tout ce que je voudrais; une chose y est au moins: le dédain de la mécanique théâtrale, l'effet obtenu par le développement naturel des caractères et des sentiments, et c'est là un beau mérite déjà.

Le succès de *François le Champi* vint également de l'heureuse simplicité du drame. Le public dut subir le charme de cette histoire toute nue, que l'auteur lui contait en trois actes, sans employer le moindre coup de théâtre. Je cherche aujourd'hui des arguments pour établir sur des faits que la mécanique théâtrale n'est pas de toute nécessité, et j'ai déjà trouvé les arguments péremptoires de l'*Ami Fritz*, de la *Cigale*, du *Club*. Comme on le voit, il y a trente ans, *François le Champi* m'aurait fourni, lui aussi, un article, ce qui prouve qu'à toutes les époques le talent a suffi pour le succès, sans qu'on ait à s'embarrasser le moins du monde des prétendues règles. Même j'irai plus loin: *François le Champi* a été certainement un repos délicieux pour le public, au milieu des abominations compliquées du mélodrame romantique.

Aujourd'hui, ce qui nous fait accueillir *François le Champi* avec quelque froideur, c'est l'intolérable prétention à la naïveté qu'on y rencontre, dans les moindres phrases. L'histoire en elle-même est charmante; mais, bon Dieu! comme le cadre est maniéré, comme ces paysans sont de drôles de paysans! Le roman et la pièce ont été écrits à l'époque où triomphait le principe de la couleur locale. Pour donner de la couleur locale à une œuvre, le procédé était simple; par exemple, dans un roman italien, on mettait des « signor », et dans un roman espagnol, des « senor »; ou encore, quand on faisait parler un paysan, on lui prêtait des « j'avions » et des « j'étions » : cela suffisait, l'étude semblait complète. Sans doute, George Sand, avec son grand talent, procédait d'une façon plus littéraire ; mais, au fond, soyez certain que son insouciance était la même pour une étude complète et sincère.

Je me trompe, je veux même croire qu'elle était de bonne foi. Peut-être s'est-elle imaginé que, dans ses romans champêtres, elle avait étudié le Berri d'une façon sérieuse. Il n'y a eu là, si l'on veut, qu'une duperie de son tempérament idéaliste, qui lui défendait de voir la vérité vraie et surtout de la reproduire. Le résultat, au demeurant, n'en reste pas moins le même. Je ne connais rien de plus faux que ses romans champêtres. Les paysans, chez elle, sont des messieurs qui jargonnent, avec une affectation de naïveté insupportable. On dirait des paysans en pâte tendre de Sèvres, dorés et enrubannés. Ils ont un raffinement de sensations, une correction pittoresque de langage des plus curieux. Ce sont les paysans typiques de l'école idéaliste.

Cela, dans la nouveauté, a pu paraître très joli. On s'est extasié pendant trente ans sur les romans champêtres de George Sand. Elle avait nettoyé la campagne et fait des dessus de pendule avec des groupes bucoliques. A cette heure, je crois que l'on commence à s'apercevoir combien sont fades et mensongères de pareilles imaginations. L'autre soir, j'ai remarqué quelque impatience, dans le public de l'Odéon, en écoutant d'étranges phrases, d'une coupe balancée et toute littéraire, sur lesquelles se trouvent plaqués des mots rustiques, ou plutôt des mots de l'ancien français ressuscités pour la circonstance. C'est là ce qui agace : la convention et le parti-pris sont évidents, l'auteur n'a pas un instant cherché à équilibrer le langage et les actions, à descendre dans la façon de sentir, avant de trouver la façon d'exprimer. Je l'ai dit, il y a là un placage, un travail d'ébénisterie littéraire, des pantins déguisés, inventant un langage que personne ne parle, pas plus aux champs qu'à la ville.

Voilà donc où s'en vont les engouements littéraires : au ridicule. Lorsqu'une étude n'est pas basée sur l'observation exacte, on est certain qu'elle prêtera à rire plus tard.

Les gens dont la moralité est susceptible, et qui semblent à chaque pièce se méfier d'un assaut pénible contre leur vertu, se sont toujours montrés très choqués du sujet même de *François le Champi*, de cette tendresse filiale du pauvre enfant trouvé, qui devient peu à peu de l'amour pour sa mère adoptive, Madeleine. On a prononcé jusqu'au gros mot d'inceste. J'accorde que le sujet est délicat et d'un maniement difficile. Il devait plaire à George Sand, très curieuse de toutes les nuances de l'affection, et dont la bonté tolérante ne mettait pas le mal où les autres le voyaient. D'ailleurs, avec quelles restrictions, avec quelles touches prudentes et délicates elle a traité ce sujet ! On devine plus qu'on ne lit, dans son œuvre.

Une fois le sujet accepté, le dirai-je ? j'aurais souhaité plus de carrure. Elle est très intéressante, cette étude psychologique, et faite pour tenter un puissant analyste. Il y a là un combat profond dans un cœur, des nuances infinies à trouver, une notation de cette transformation dans l'amour qui pouvait faire une grande œuvre. Je me plains donc que, dans la pièce surtout, cette notation n'existe pas. On voit bien le Champi devenir amoureux, et encore la transition est-elle trop brusque. Quant à Madeleine, elle attend le dénouement pour tout comprendre ; puis, quand elle accepte le mariage en trois phrases, on ne sait pas si elle aime François. On ignore ce qui la détermine. Selon moi, toute la pièce aurait dû être dans la peinture des tendresses de Madeleine se transformant peu à peu en une passion pleine de douceur et de reconnaissance. Voyez *Phèdre*, le sujet était autrement difficile à traiter. En somme, l'amour de Madeleine est légitime, et elle y arriverait par une lutte très touchante avec son propre cœur. La faire passive, c'est diminuer l'œuvre.

II

Au théâtre, *Mauprat* devait fatalement perdre beaucoup. Mon opinion est que le drame est très inférieur au roman. Il faut remarquer que ce conte est fait de deux parties : une légende sanglante et une analyse de sentiments. Dans le livre, la légende tenait strictement sa place, l'analyse se développait à son aise et était la partie la plus finement écrite. Au théâtre, au contraire, toute la longue éducation de Bernard par Edmée, toute cette romanesque liaison d'une fille civilisée et d'un sauvage, a dû disparaître ou du moins se résumer brièvement, tandis que la partie noire déborde et que le drame tourne au gros mélodrame.

Les deux premiers tableaux et les deux derniers ressuscitent les beaux soirs du boulevard du Crime. Cela est indigne de George Sand comme combinaisons grossières et comme style déclamatoire. Qu'on nous ramène à Ducray-Duminil. Quant aux deux tableaux du milieu, ceux dans lesquels Edmée dompte Bernard, ils produisent à la scène un effet qui m'a stupéfié. Ils y sont comiques, je veux dire que la salle rit de chaque révolte de Bernard. On entre en pleine comédie, on trouve très drôles cet amoureux si mal commode et cette amoureuse qui fait le pion. Remarquez que jamais l'intention de l'auteur n'a été d'exciter le rire. Le succès a tourné ainsi, il a bien fallu s'accommoder du succès.

Ah! cette pauvre Edmée, si fière et si touchante dans le roman, comme elle devient là une désagréable personne! Elle n'a pas une scène vraie, et je plains sincèrement l'actrice chargée de rendre sympathique cette insupportable poupée. Au dernier tableau seulement, elle a un cri d'amour; mais il vient bien tard, et il est inattendu, parce que forcément toute l'étude analytique du personnage a dû être sacrifiée. J'en dirai autant de Bernard, dont les transformations paraissent trop rapides à la scène. Tout se passe dans les entr'actes. Les meilleurs effets du rôle sont encore les effets comiques, auxquels l'auteur n'avait pas songé.

Les personnages secondaires sont également diminués. Marcasse est d'un ennui mortel, avec son langage monosyllabique. Ce patois petit nègre reste le plus souvent incompréhensible; on ne sait si l'on

a affaire à un Huron de Fenimore Cooper ou à un de
ces innocents de village que les gamins poursuivent
à coups de pierre. La déchéance de Patience est plus
grande encore. Le philosophe rude et libre de la
tour Gazeau devient un fidèle serviteur qui radote.

Jamais je n'ai mieux senti le péril qu'il y a à tirer
un drame d'un roman. Un drame doit naître de
toutes pièces, avec la vitalité propre du genre. Le
faire avec les morceaux d'un livre, c'est faire une
œuvre bâtarde et qui n'est pas viable. Il faut voir, par
exemple, ce qu'est devenu à la scène le coup de feu
tiré sur Edmée par Jean de Mauprat et dont on
accuse Bernard. Déjà, il y avait là une péripétie d'une
vraisemblance douteuse ; mais, sur les planches, il
est absolument inacceptable que Bernard ne se défende pas et que les personnages présents soient
assez sots pour patauger dans une pareille aventure.

THÉODORE DE BANVILLE

I

M. Théodore de Banville est un poète exquis, avec lequel je ne commettrai pas la grossièreté de discuter. Il est si haut dans son ciel bleu, dans sa sérénité d'Olympien, que je me ferais un crime de vouloir le ramener à la prose. Non ! lorsqu'un écrivain vit les yeux sur les étoiles, en pleine extase du rêve, il ne faut point l'éveiller, il devient sacré, même pour les révolutionnaires qui cassent à coups de marteau les vieilles idoles. Je salue le poète, et je le mets en dehors de mon combat, car ce qui se passe sur la terre ne le regarde plus.

Deïdamia, la comédie en trois actes que M. Théodore de Banville vient de faire jouer à l'Odéon, est la légende d'Achille à Scyros. Nous sommes chez les rois et chez les déesses. Thétis elle-même, encore toute trempée d'une écume d'argent, veille sur son Achille, qui dort dans un rayon de lune. Puis, elle lui persuade qu'il doit, pour échapper à sa destinée, se cacher chez le roi Lycomède, et elle l'habille en jeune vierge; tandis que lui, honteux de ce déguisement, résiste et ne cède qu'en apercevant Deïdamia, une des cinquante filles du vieux roi. Et ces deux beaux enfants s'adorent, jusqu'au jour où Diomède et Ulysse débarquent à Scyros, à la recherche d'Achille, qui seul peut faire tomber les murs de Troie.

Ici, le drame se noue. Deïdamia ne veut pas laisser partir le héros. Elle et ses sœurs se serrent autour de lui, le font échapper aux discours de Diomède et aux ruses d'Ulysse. Mais ce dernier ayant feint une descente des Phrygiens dans l'île, Achille, dans un cri, se nomme et veut courir au combat. Alors, c'est Deïdamia elle-même qui envoie son époux à Troie, après lui avoir entendu peindre les deux destinées qui l'attendent, ou mourir jeune et glorieux, ou traîner une longue vieillesse de lâcheté.

Le poëte se soucie bien du théâtre! Il l'exècre, cela est certain. Ce qu'il a au cœur, c'est le seul besoin de nous parler de ces temps héroïques, qu'il imagine si purs et si grands. Ressusciter les héros, faire défiler les profils hautains des jeunes princesses, éclairer ces figures de l'aube éclatante de la poésie, voilà l'unique ambition qui le tourmente. Il souhaite une frise du Parthénon, des attitudes nobles et des gestes rhythmés. Pourvu que les personnages parlent la langue surhumaine des dieux, cela doit suffire à la beauté du spectacle. Et, vraiment, ce sont les dieux qui parlent, dans un langage prodigieux de clartés et d'images. Je ne connais pas de vers plus souples ni plus magnifiques.

Je fermais les yeux, l'autre soir, à l'Odéon. Alors, les voix semblaient venir d'en haut. Je pouvais croire que j'étais endormi, que ma fantaisie elle-même vagabondait dans mes souvenirs classiques. La mise en scène ne me dérangeait plus. Oui, vraiment, c'était l'Olympe qui ressuscitait, non pas l'Olympe dont on grelotte au collège, mais un Olympe tout ensoleillé, doré d'un reflet romantique, amusant comme une montagne ciselée par un orfèvre moderne. Il faut entendre la danse ivre des hémistiches, les césures imprévues faisant sauter les vers comme des chèvres au flanc d'un côteau grec. Cette imitation libre de l'antiquité doit donner des cauchemars à Boileau dans sa tombe. Ah! la fine débauche, ah! le beau rêve, pour des lettrés qui voient la Grèce à travers le lyrisme de 1830!

Je dois dire cependant que, lorsque j'avais le malheur d'ouvrir les yeux, l'homme brutal reparaissait en moi. Je ne pouvais étouffer, dans mes entrailles de critique, le grossier naturaliste qui osait s'agiter. C'était la mise en scène qui me torturait. Lycomède, surtout, avec sa grande barbe blanche et son sceptre immense, me causait une véritable consternation. Est-ce que, vraiment, les petits rois des îles grecques se promenaient dans cet attirail? La question est incongrue, je le sais; mais, ce n'est point ma faute, je la subissais et j'en souffrais. Alors, malgré moi, par suite de mauvaises habitudes que j'ai prises, voilà qu'à la fin du spectacle je me suis cassé la tête, en me demandant comment l'épisode, s'il a jamais eu lieu, a dû se présenter dans la réalité.

Ma conviction absolue est que, si nous voulons nous faire une idée exacte de la Grèce à son berceau, il nous faut aller étudier les mœurs d'une peuplade de l'Océanie. Plus tard, la Grèce civilisée a été grande par les arts et par les lettres. Mais, au temps de Lycomède, les petits rois des îles grecques étaient certainement des chefs de bandits, vêtus d'une loque, vivant dans le pillage et dans les plus monstrueuses aventures. Il suffit de visiter les lieux aujourd'hui, pour évoquer ces fameux temps héroïques, élargis par les poètes, des temps abominables de vols et de meurtres. Certes, ma surprise serait grande, si Lycomède et ses pareils n'avaient pas eu un sayon de poils sur l'épaule, des pieds sales et un couteau au poing pour assassiner les passants.

D'ailleurs, il faut lire Homère, en tenant compte du grandissement de l'épopée. Les héros y sont de simples chefs de bande. Là-dedans, on vole les femmes, on trompe les gens, on s'injurie pendant des mois, on s'égorge, on traîne les cadavres des ennemis morts. Lisez les romans de Fenimore Cooper sur les Peaux-Rouges, et vous établirez des ressemblances. Évidemment, on a affaire à des sauvages ; je prends ce mot dans le sens moderne. Tous les raffinements que nous prêtons à l'antiquité sont de purs hors-d'œuvre poétiques. Si l'*Iliade* était résumée en un de nos journaux, on croirait qu'il s'agit de l'épouvantable guerre de quelque tribu de l'Afrique centrale ; et nous n'aurions pas assez de dégoût pour ces nègres, qui ne sauraient pas se massacrer en hommes comme il faut.

Remarquez que je trouve les héros d'Homère

superbes de vie, d'autant plus grands qu'ils sont plus près de la nature. Et ceci m'a amené à penser que, si l'on voulait aujourd'hui écrire une œuvre directement inspirée de l'antiquité, il faudrait prendre chez nous des ouvriers ou des paysans pour personnages. Je ne plaisante pas. Nos ouvriers et nos paysans seuls ont la carrure simple et forte des héros d'Homère. Dès qu'on s'adresse aux classes élevées, bourgeoisie et noblesse, on n'a plus que la créature humaine modifiée et déviée par la civilisation. On doit dès lors observer des nuances infinies, tenir compte des conventions sociales, avoir un langage fabriqué, tout falsifier et tout adoucir. Avec les classes d'en bas, au contraire, on touche à la terre, on trouve l'être humain tel qu'il est sorti du sol, on se rapproche du berceau du monde.

Je veux donner un exemple. L'autre jour, en lisant l'*Andromaque* d'Euripide, — il arrive aux naturalistes de lire Euripide, — j'étais très frappé de la simplicité et de la brutalité des passions. Andromaque gêne Hermione, et celle-ci, qui veut se débarrasser de sa rivale, attend une absence de Pyrrhus, puis appelle à son aide son père Ménélas. Quand Ménélas a réussi à attirer Andromaque hors du temple de Thétis, en menaçant de tuer son fils Molossus, voici le dialogue qui s'engage entre eux :

ANDROMAQUE. — O ciel! tu m'as abusée par tes artifices, tu t'es joué de moi.

MÉNÉLAS. — Proclame-le devant tous, car je ne le nie pas.

ANDROMAQUE. — Est-ce là ce que vous appelez sagesse sur les bords de l'Eurotas?

MÉNÉLAS. — A Troie aussi, l'on rend le mal pour le mal.

ANDROMAQUE. — Crois-tu donc que les dieux ne sont pas les dieux, et n'ont aucun souci de la justice ?

MÉNÉLAS. — Quand ils parleront, je me soumettrai ; mais toi, je te tuerai.

ANDROMAQUE. — Et avec moi ce pauvre petit arraché de dessous l'aile de sa mère ?

MÉNÉLAS. — Non pas ; mais je le livrerai à ma fille qui le tuera, si tel est son plaisir.

ANDROMAQUE. — Hélas ! cher enfant, comment ne pas déplorer ton sort ?

MÉNÉLAS. — Il ne lui reste pas, en effet, de chance assurée de salut.

Voilà qui est carré, au moins. Parlez-moi de ces gens-là pour aller vite en besogne et pour dire ce qu'ils pensent ! Ce père complaisant, servant les passions de sa fille, est superbe. Il se glorifie d'avoir trompé Andromaque et il lui déclare sans périphrase qu'il va la tuer. Puis, comme la mère pleure sur son fils, il ajoute que le petit, en effet, sera sans doute de son côté tué par Hermione.

Racine a supprimé la scène, qui était impossible sur le théâtre pompeux du dix-septième siècle. Mais supposons qu'un écrivain, aujourd'hui, veuille remettre le sujet d'*Andromaque* au théâtre et le place dans le monde moderne. Eh bien ! s'il veut garder la scène, il ne pourra pas la mettre dans les classes supérieures, où les passions n'ont plus cette franchise; tandis que, s'il la met dans le peuple, il lui sera permis de tout conserver. Dans le peuple seulement, l'homme passe brusquement de la conception à l'action. Tu me gênes, ôte-toi de là ! Ma fille t'en veut, je vais te casser la tête ? Aucun raisonnement intermédiaire n'a lieu, c'est le coup de poing suivant la menace. Et je pourrais multiplier les exemples, les tragiques grecs sont pleins de ces violences, auxquelles nous assistons chaque jour dans nos rues.

Oui, l'ouvrier qui serre les poings et qui provoque un camarade, sur nos boulevards extérieurs, est un véritable héros d'Homère, Achille injuriant Hector. J'oserai dire que le langage a dû être le même. On ne sait point encore quel cadre vaste et puissant peuvent être les mœurs de nos faubourgs ; les drames y ont une force et une largeur incomparables ; toutes les émotions humaines y sont, les douces et les violentes, mais prises à leurs sources, toutes neuves. Il y a là des éléments qu'on ne soupçonne pas et qui réunissent ces deux qualités demandées pour les chefs-d'œuvre, la puissance et la simplicité. C'est une mine dans laquelle les romanciers de demain puiseront à coup sûr. Si l'on veut s'inspirer de l'antiquité, si l'on veut retrouver la largeur des temps héroïques, il faut étudier et peindre le peuple.

Ce n'est point l'antiquité qui se trouve dans *Deïdamia*, c'est le rêve de l'antiquité, et j'ai dit combien ce rêve était exquis.

II

En ouvrant la nouvelle édition des *Odes funambulesques*, de M. Théodore de Banville, je suis tombé sur la préface, datée de 1857, que je n'avais pas relue depuis longtemps, et qui m'a vivement intéressé. Elle contient une profession de foi très curieuse sur le théâtre.

M. de Banville, après avoir parlé d'une comédie moderne, jouée dans un vrai salon meublé de vrais meubles, par des acteurs qui ont de vrais pantalons et de vrais gants, ajoute : « Les gens qui se promènent sur ce tréteau encombré de poufs, de fauteuils capitonnés et de chaises en laque semblent, en effet, s'occuper de leurs affaires ; mais est-ce que je les connais, moi spectateur ? Est-ce que leurs affaires m'intéressent ? Je connais Hamlet, je connais Roméo, je connais Ruy-Blas, parce qu'ils sont exaltés par l'amour, mordus par la jalousie, transfigurés par la passion, poursuivis par la fatalité, broyés par le destin. Ils sont des hommes, comme je suis un homme... Comment connaîtrai-je ces bourgeois, nés dans une boîte ? Ils ont, me direz-vous, les mêmes tracas que moi, de l'argent à gagner et à placer, des termes à payer, des remèdes à acheter chez le pharmacien. Mais justement, c'est pour oublier tous ces ennuis que je suis venu dans un théâtre. »

Je cite ces lignes, non pour discuter, mais pour constater nettement les opinions de M. de Banville. Et, cependant, quelle démangeaison j'aurais de répondre à cette singulière affirmation que les héros des drames de Shakspeare et d'Hugo sont des hommes. Pour moi, s'ils me gênent tant parfois, c'est que justement je me retrouve en eux si étrangement déformé, que je refuse de me reconnaître. Je les perds, dans leurs sauts désordonnés, et ils m'ennuient. Ils appartiennent à une humanité secouée d'une continuelle fièvre chaude, une humanité monstrueuse, exaspérée, dans laquelle le plus souvent l'art étrangle la vie. C'est une erreur de croire qu'ils sont plus grands parce qu'ils ne touchent pas la terre. César Birotteau, ce gigantesque lutteur que Balzac a mis aux prises avec la faillite, est plus colossal que tous les matamores d'Hugo, parce qu'il est plus vrai.

Quant à cet argument, que les spectateurs viennent au théâtre pour oublier les ennuis quotidiens de la vie, il a vieilli, et l'on ne saurait l'employer désormais sans faire sourire. Le spectateur est d'autant plus ému que la pièce à laquelle il assiste le touche plus directement. Et c'est bien d'ailleurs l'opinion de M. de Banville, qui ajoute, en parlant des personnages d'une comédie moderne : « Que ces gens-là me soient étrangers, cela ne serait encore rien ; ce qu'il y a de pis, c'est que je leur suis, moi, profondément étranger. Ils ne savent rien de moi ; ils ne m'aiment pas ; ils ne me plaignent pas quand je suis désolé ; ils ne me consolent pas quand je pleure ; ils ne souriraient guère de ce qui me fait rire aux éclats. » Et il regrette le chœur antique qui, à chaque instant, intervenait dans la tragédie pour dire au public : « Nous avons, toi et moi, la même patrie, les mêmes dieux, la même destinée; c'est ta pensée qui acère ma raillerie, c'est ton ironie qui fait éclater mon rire en notes d'or. »

M. de Banville demande donc le lien le plus étroit entre les personnages et les spectateurs. Quel lien pourrait être plus étroit que la vie commune, les mêmes pensées et les mêmes occupations? Si nous n'avons plus besoin du chœur antique, c'est que justement tous nos personnages aujourd'hui jouent sur la scène le rôle qu'il était chargé de remplir. Lorsque la tragédie se passait dans la légende, entre les dieux, au-dessus des hommes, il fallait un intermédiaire entre le poème et les spectateurs : de là l'introduction des chœurs. A notre époque, le chœur doublerait les personnages. On peut dire que les dieux s'en sont allés et que nous n'avons gardé que le chœur dans nos œuvres dramatiques. Ces bourgeois que M. de Banville abomine sur les planches, ce sont justement les chœurs chargés de dire au public de nos jours : « Nous avons, toi et moi, la même patrie, les mêmes dieux, la même destinée ; c'est ta pensée qui acère ma raillerie, c'est ton ironie qui fait éclater mon rire en notes d'or. »

Mais voilà que je discute avec M. de Banville, et, je le répète, je ne veux saluer en lui que la fantaisie au théâtre. Souvent, mes amis m'ont reproché de n'être pas logique, lorsque j'ai loué sans réserve les œuvres dramatiques de ce poète exquis. L'occasion se présente, et je m'expliquerai franchement, d'autant plus que la question est assez grosse.

M. de Banville nie absolument toute réalité. Il est encore plus intolérant que moi, dans le sens opposé. Moi, j'admets quelques échappées en dehors du réel. Lui, exige une envolée continue au-dessus des choses et des êtres de ce bas monde. La nature n'existe pas : voilà son axiome; le rêve de la nature seul existe. Et, depuis plus de trente ans qu'il écrit, il n'a pas varié; chacune de ses œuvres a été conçue et réalisée dans le sens de ses théories, ou plutôt de son tempérament. Il est un romantique impénitent. Il est la fantaisie.

Avec un écrivain de cette nature, l'entente est facile. Je l'admets et je l'aime. Il ne me dérange pas plus que les étoiles ne me gênent. Nous sommes trop loin l'un de l'autre. Il n'y a pas de rencontre possible, lorsqu'on est à des points si opposés. Quand nous sommes intolérants tous les deux, nous pouvons nous tendre la main et nous comprendre.

Ce qui m'exaspère, ce sont les combinaisons du vrai et du faux. Par exemple, un auteur écrit, sur notre monde contemporain, une comédie où il a la prétention de peindre les mœurs; et le voilà qui, pour flatter le public ou simplement parce qu'il ne voit pas juste, entasse les erreurs, les niaiseries, les lieux communs. Il est pendable, tel est mon sentiment. On devrait faire tout de suite justice des poisons qu'il débite. Quand on annonce une peinture exacte, il faut la donner entière au public, et si on y introduit des mensonges, on est un gredin. Il y a tromperie manifeste sur les produits livrés. Avec un homme comme M. de Banville, au contraire, le marché conclu est de la plus stricte honnêteté. Son œuvre est intacte de tout mélange. C'est de la fantaisie pure, de l'épopée garantie sans un grain de prose. Venez ou ne venez pas, le poète porte haut son enseigne, un étendard de pourpre où il écrirait volontiers en lettres flamboyantes : « Mort à la vie réelle ! »

Cette attitude me plaît. J'aime les belles passions intenses. On sait qu'on a un adversaire devant soi, et même, je l'ai dit, ce n'est pas un adversaire, c'est un homme d'une autre planète, autrement conformé que nous, avec lequel on s'entend dans l'absolu. Quelqu'un a donné ce conseil : « Ne discutez jamais qu'avec les gens qui pensent comme vous. » Le mot est profond.

Certes, j'accepte la fantaisie au théâtre ; je l'accepte, quand elle est représentée par M. de Banville. Je voudrais qu'il écrivît des féeries. Les pièces que je connais du poète : *Diane au bois, Gringoire, Deïdamia,* sont pour moi des rêves charmants que j'ai faits éveillé. Rien ne me rappelle la terre ; je puis m'oublier dans une stalle, croire qu'un doux mensonge m'enveloppe. Aucune fausse note, un bercement dans la nue, et si haut, que les hommes ont disparu. Je ne saurais dire que cela me passionne ; mais cela m'est agréable. Pourquoi condamnerais-je cet art si souple et si fin? Il ne me blesse pas, loin de là. Il chatouille mon esprit. Ces épopées dramatiques sont d'un genre bien franc, bien défini, sans rien de bâtard. Elles s'agitent dans un monde superbe, elles évoquent les grands rêves. On doit admettre toutes les œuvres écrites dans une formule extrême.

Un dernier aveu. Je suis désarmé souvent par les qualités du style des artistes, lorsqu'ils ne pensent pas comme moi. Dans mon amour de la réalité, je ne suis pas encore allé jusqu'à tolérer le mauvais style ; c'est peut-être une faiblesse que l'on me reprochera plus tard. En Russie, où le mouvement naturaliste est si violent, on en est à mépriser la phrase, à dire que soigner le style, c'est négliger la vérité. Eh bien !

j'ai beau me fouetter, je n'en suis pas là. Ma génération a grandi en plein romantisme ; nous sommes tous restés des entortilleurs de phrases, des chercheurs de jargon poétique. Sans aller jusqu'à l'incorrection, j'ai conscience d'un style plus sobre et plus solide, débarrassé de tous ces ragoûts de couleurs, de parfums et de rayons, que le dernier des parnassiens sait aujourd'hui cuisiner à point. Mais, malgré moi, j'ai conservé des tendresses pour les jolies épithètes, les fins de période sonores, les expressions trouvées, la musique des mots, lorsqu'on les orchestre avec art.

M. de Banville est un des ouvriers stylistes les plus extraordinaires que je connaisse. Il faut relire ses *Odes funambulesques*. Ce sont des merveilles de difficulté vaincue ; il jongle avec les mots, il amène au bout de ses vers les rimes les plus imprévues, et d'une telle richesse, que les consonnances se prolongent comme des échos. Tout cela me touche beaucoup et m'emplit de douceur. Certes, nous ne pensons pas de même, mais nous avons des croyances communes sur la forme, et c'est là une fraternité. Il y a une franc-maçonnerie entre les artistes, qui échappe absolument aux profanes. On a beau être dans des idées diamétralement opposées, on s'entend sur les mots, et on se pardonne. Un adjectif bien placé a suffi pour se sentir et se reconnaître. On se salue en souriant, pendant que la galerie des gens à grosses plumes ne voient rien et ne comprennent rien.

Où M. de Banville est absolument aimable et touchant, c'est dans son feuilleton dramatique du *National*. Notez que les neuf dixièmes des pièces qu'il voit jouer lui semblent le comble de l'absurde et l'ennuient à périr. Il ne s'en montre pas moins d'une bienveillance universelle. Ce n'est pas faiblesse chez lui, car il a des ongles et même très pointus ; c'est le plus magnifique dédain que jamais critique ait montré pour ses justiciables. Tranquillement bercé dans son nuage, en compagnie des déesses, il estime que nos vaudevilles et nos drames ne valent pas un coup de pied. Tous se valent ; il n'y a point de différences appréciables entre le médiocre et le pire. Alors, il est plus commode de tout admirer. Puis, une question de bonté s'en mêle. Pourquoi faire du tort à de pauvres auteurs, qui ont le malheur de manquer de talent et qui se sont donné tant de peine pour arriver à un si fâcheux résultat ? Qui sait si une critique un peu vive n'enlèvera pas un morceau de pain de la bouche d'un malheureux ? Ce serait un remords, il vaut mieux être bon quand même.

Une seule chose passionne M. de Banville dans son feuilleton, c'est lorsqu'il a à défendre la pièce tombée d'un artiste. Il a senti un styliste, il est engagé d'honneur à le couronner, même vaincu, devant les gens qui ne savent pas écrire. Alors, il jette les fleurs à pleines mains, pour adoucir et masquer la chute ; il appelle l'Olympe à son aide, les belles déesses, les dieux puissants. Il consent à être isolé dans la presse, avec cette conviction qu'un beau vers ou une phrase bien faite donne seul une gloire immortelle.

EDMOND ET JULES DE GONCOURT

Le *Théâtre* complet de MM. Edmond et Jules de Goncourt ne contient que deux pièces: *Henriette Maréchal* et la *Patrie en danger*.

J'ai dit mon étonnement de ne pas voir reprendre *Henriette Maréchal* à la Comédie-Française. Cette pièce, qui n'a pas été écoutée et qui par conséquent n'est point connue, serait une haute curiosité littéraire. Songez que le vacarme, sous lequel une bande d'imbéciles l'a tuée, date déjà de quatorze ans. L'heure n'est-elle pas venue de juger l'œuvre sans passion, aujourd'hui que MM. de Goncourt sont sortis triomphants de leur longue lutte et que leur grand talent s'impose? Tôt ou tard, la pièce sera reprise, car il y a là une question de justice; alors, pourquoi attendre davantage ? M. Perrin et les sociétaires de la Comédie-Française s'honoreraient, en aidant tout de suite à la révision d'un procès, qui est un peu leur cause personnelle. Et mon avis est qu'*Henriette Maréchal* ne doit pas être reprise ailleurs qu'à la Comédie-Française. C'est là qu'on l'a assassinée, c'est là qu'elle doit revivre, sur les mêmes planches, dans des conditions identiques d'existence.

Quant à la *Patrie en danger*, que la Comédie-Française a refusée jadis sous le titre de *Blanche de la Roche-Dragon*, elle n'a été jouée nulle part, et j'en ai dit également ma grande surprise. Lorsque tant de directeurs risquent de grosses sommes sur des drames ineptes, il est vraiment stupéfiant que la seule tentative un peu sérieuse de drame historique n'ait pas trouvé un homme convaincu pour la risquer dans un théâtre quelconque. Mettons que la pièce fasse des recettes médiocres ; beaucoup de pièces en sont là, et celle-ci aurait tout au moins soulevé un vif intérêt littéraire. C'est déjà quelque chose pour un directeur que de s'honorer, en cherchant le succès avec des œuvres originales. Certes, la *Patrie en danger* sera jouée un jour ; cela ne fait pas un doute. Alors, je dirai comme pour *Henriette Maréchal :* pourquoi attendre ?

Je ne reviendrai pas sur ces deux drames. M. Edmond de Goncourt a écrit pour son *Théâtre* une longue préface, qui est aujourd'hui, à mes yeux, le gros intérêt du volume. On me permettra donc de m'y arrêter spécialement.

D'abord, ce qui m'a frappé, c'est que MM. de Goncourt ont toujours été très préoccupés par le théâtre. On ne les connaît que comme historiens et romanciers ; beaucoup de personnes s'imaginent qu'*Henriette Maréchal* a été une aventure dans leur vie, qu'ils ont fait un beau matin du théâtre par fantaisie et qu'ils n'y ont plus songé le soir. Eh bien ! pas du tout. La préface dont je m'occupe prouve au contraire que le théâtre a dû être un de leurs soucis constants, qu'ils s'y sont acharnés, qu'ils rêvaient tout un vaste ensemble de pièces.

Avant *Henriette Maréchal* et la *Patrie en danger*, M. Edmond de Goncourt ne mentionne pas moins de sept tentatives. Voici la liste curieuse de ces œuvres inconnues. D'abord, ils débutent dans la littérature par un vaudeville : *Sans titre*, refusé au Palais-Royal, et d'où il semble qu'un auteur plus habile ait tiré plus tard le *Bourreau des crânes*. Ensuite, vient un autre vaudeville en trois actes : *Abou-Hassan*, également refusé au Palais-Royal. Puis, ce sont à la file : une revue de fin d'année en un acte, la *Nuit de la Saint-Sylvestre*, refusée à la Comédie-Française ; un acte dont M. de Goncourt lui-même ne se rappelle que vaguement le sujet, refusé au Gymnase ; une farce, *Mam'selle Zirzabelle* ; un acte, *Incroyables et Merveilleuses*, refusé à la Comédie-Française ; enfin les *Hommes de lettres*, quatre actes, refusés au Vaudeville.

On voit qu'il y avait là beaucoup de travail, et qu'*Henriette Maréchal* ne s'est pas produite brusquement, en un jour de caprice. Sans la mort de Jules de Goncourt, nul doute que les deux frères eussent continué à lutter sur la scène, comme ils ont lutté dans le roman. C'était là un point peu connu de leur campagne littéraire, et il serait intéressant d'étudier leurs efforts au théâtre, si l'on avait des documents suffisants sous les yeux.

Mais j'arrive aux idées que M. Edmond de Goncourt professe sur le théâtre. Il prétend qu'elles sont diamétralement opposées aux miennes. Cela n'est point exact. Elles sont identiques aux miennes; seulement, M. de Goncourt, après avoir raisonné comme moi, conclut à la mort prochaine du théâtre, lorsque je tâche de conclure à sa prochaine résurrection.

Pour me faire comprendre, il me faut citer des passages de la préface de M. de Goncourt. Voici une première déclaration : « Dans le roman, je le confesse, je suis un réaliste convaincu ; mais, au théâtre, pas le moins du monde. » Et vient ensuite cette profession de foi formelle : « Nous entrevoyions si peu le théâtre de la réalité, que dans la série de pièces que nous voulions faire, nous cherchions notre théâtre à nous, exclusivement dans des bouffonneries satiriques et dans des féeries. Nous rêvions une suite de larges et violentes comédies, semblables à des fresques de maîtres, écrites sur le mode aristophanesque, et fouettant toute une société avec de l'esprit descendant de Beaumarchais... Parmi ces comédies, nous avions commencé à en chercher une dans la maladie endémique de la France de ce temps, une comédie-satire qui devait s'appeler la *Blague*, et dont nous avions déjà écrit quelques scènes. »

J'ai déjà dit ces choses moi-même. J'ai souvent répété que je ne voyais la fantaisie au théâtre que dans la féerie et la farce. Oui, certes, je prendrais un grand plaisir à une féerie écrite par un poète, à une bouffonnerie puissante due à la verve d'un satirique d'imagination et de style. C'est là que l'invention, que l'envolement d'un écrivain peuvent s'élargir à l'aise, parce que le cadre est indéfini, parce que l'œuvre s'agite en plein dans le merveilleux ou dans le symbole. Mais, borner le théâtre à la féerie et à la farce, c'est du coup tuer le drame et la comédie d'observation. M. de Goncourt rapetissait son horizon, voilà tout. Il consentait à être un des romanciers du siècle, tandis qu'il rêvait un retour en arrière, ou tout au moins un piétinement sur place, comme auteur dramatique.

D'ailleurs, continuons. M. de Goncourt reprend les arguments qu'on m'a opposés cent fois : l'impossibilité de porter au théâtre les personnages de nos romans, les nécessités de la convention, les difficultés d'observation et d'analyse exactes qu'on y rencontre. Pour lui, le théâtre demande des personnages faux. Le romantisme a pu avoir un théâtre, le naturalisme n'en aura jamais. Voici le passage : « Le romantisme doit son théâtre à son côté faible, à son humanité tant soit peu *sublunaire* fabriquée de faux et de sublime, à cette humanité de convention qui s'accorde merveilleusement avec la convention du théâtre. Mais les qualités d'une humanité véritablement vraie, le théâtre les repousse par sa nature, par son factice, par son mensonge. »

Voilà qui est clair : en dehors du mensonge et de la convention, pas de salut. Le théâtre classique, le théâtre romantique se sont produits parce qu'ils mentaient sur la nature et sur l'homme. Aujourd'hui, le théâtre naturaliste ne pourra se produire, parce qu'il dit la vérité. Donc, d'après M. de Goncourt, le théâtre est stationnaire, il ne peut marcher en avant avec l'évolution du siècle. Que lui reste-t-il donc à faire ? Il lui reste à disparaître. M. de Goncourt, qui est un homme de logique, dit carrément qu'il disparaîtra.

Écoutez ceci : « Et voilà comme quoi je ne crois

pas au rajeunissement, à la revivification du théâtre. »
Puis il ajoute, après avoir énuméré toutes les raisons qui annoncent la disparition du théâtre : « L'art théâtral, le grand art français du passé, l'art de Corneille, de Racine, de Molière et de Beaumarchais, est destiné, dans une cinquantaine d'années tout au plus, à devenir une grossière distraction, n'ayant plus rien de commun avec l'écriture, le style, le bel esprit, quelque chose digne de prendre place entre des exercices de chiens savants et une exhibition de marionnettes à tirades. Dans cinquante ans, le livre aura tué le théâtre. »

C'est parfait. Je n'ai jamais dit autre chose. On s'est beaucoup moqué de ma phrase : « Le théâtre sera naturaliste ou il ne sera pas. » M. de Goncourt la reprend à son usage particulier et déclare : « Le théâtre, ne pouvant être naturaliste, ne sera pas. » Ce n'est là qu'une conclusion désespérée, à la campagne de trois années que j'ai faite au *Bien public* et au *Voltaire*. Remarquez que M. de Goncourt oublie même, en concluant, la féerie et la farce, pour lesquelles il s'est montré plus tendre ; il ne dit point que la farce et la féerie peuvent encore sauver notre théâtre ; non, le théâtre pour lui est irrémissiblement perdu. C'est fini, du moment où notre siècle de naturalisme ne peut avoir son expression sur les planches. Le théâtre est mort.

Je m'imagine l'effarement de certains critiques, à la lecture de la préface de M. de Goncourt. J'avoue même que j'en suis doucement réjoui. Il s'agit des critiques qui m'ont accusé de vilipender nos gloires et qui soutiennent que jamais le théâtre n'a jeté chez nous un éclat pareil à celui de l'heure présente. Les voyez-vous devant cette prédiction de M. de Goncourt, qui donne cinquante ans d'existence au théâtre, et qui passe sous silence MM. Augier, Dumas et Sardou? C'est que M. de Goncourt est autrement radical que moi. Il est plein de mépris. Le théâtre, à ses yeux, devient un genre secondaire purement conventionnel, et comme la convention est morte, le théâtre se meurt. Je ne suis pas allé jusque-là, mais je suis bien aise qu'un de mes aînés, un écrivain que j'aime et que j'admire, ait donné à mes études sur la littérature dramatique cette conclusion formidable.

Ainsi donc, je suis d'accord avec M. de Goncourt sur la débâcle du théâtre classique et du théâtre romantique. Nous nous entendons pour déclarer que la convention est désormais impossible sur les planches. Seulement, tandis que M. de Goncourt conclut à la mort prochaine du malade, je prétends qu'il traverse simplement une crise, qu'il subit une évolution, d'où il sortira plus large et plus vrai, n'ayant gardé des conventions que les strictes conditions matérielles nécessaires à son existence. Voilà où nous nous séparons.

Je ne puis ici reprendre un à un les points en discussion et apporter des arguments que j'ai déjà donnés cent fois. Depuis trois ans que je traite la question, je n'ai pas craint de me répéter souvent. Mais il suffit aujourd'hui de faire remarquer que le théâtre a une trop grande puissance, dans notre société, pour disparaître aisément. D'ailleurs, l'évolution naturaliste y est très visible. Voici longtemps déjà que la réalité gagne et envahit notre scène française. Elle y fait des progrès merveilleux chaque jour, et j'ai cité MM. Augier, Dumas et Sardou comme de

ouvriers, volontaires ou non, de l'évolution actuelle.
Il est certain que leur tâche sera continuée. Le jour
où un véritable maître se produira, on verra la formule s'imposer, et d'une façon si aisée, qu'on ne
comprendra plus les efforts des générations pour
mettre sur les planches les faits vrais et les personnages exacts.

Je considère la désespérance de M. de Goncourt
devant l'avenir de notre théâtre, comme indigne de
sa foi et de son courage littéraires. Il montre des
craintes d'homme qui doute de son temps et de la
force du vrai. Comment, lui, qui doit tout à la puissance de l'observation et de l'analyse, qui a grandi
par la logique et par la vérité, peut-il se heurter à
cette borne ridicule de la convention ? Quelles sont
donc les conventions qu'on n'a pas renversées ? Il faut
laisser cet épouvantail puéril aux critiques de profession qui pataugent là devant, avec des cris de volailles
effarouchées. Mais quand on a l'honneur d'être un
grand romancier et de s'appeler Edmond de Goncourt, on s'assoit sur la convention et on la nie. Elle
n'est pas, parce que nous ne voulons pas qu'elle soit.
Voilà la déclaration que nous devons tous faire, au
nom de notre amour pour notre siècle de science.
C'est notre siècle qui par nous, ses ouvriers, accomplit l'évolution complète du naturalisme. Quiconque
recule devant un seul des prétendus obstacles insurmontables, déserte sa propre besogne et en portera
la peine, même dans sa victoire.

ALPHONSE DAUDET

Le *Théâtre* d'Alphonse Daudet se compose de six pièces : la *Dernière idole*, les *Absents*, l'*Œillet blanc*, le *Frère aîné*, le *Sacrifice* et l'*Arlésienne*. Les quatre premières, faites en collaboration avec M. E. L'Epine, n'ont qu'un acte ; les deux dernières, de Daudet seul, ont chacune trois actes, et sont de beaucoup les plus personnelles. Il faut cependant excepter la *Dernière idole*, qui est un chef-d'œuvre.

Je viens de relire cet acte. C'est tout un drame poignant en vingt-cinq pages. On connaît le sujet : un vieillard a épousé une jeune femme, et brusquement, après un long bonheur, lorsqu'il bénit la vie, il apprend que cette femme l'a trompé avec un ami ; il pardonne, le bonheur continue, dans une paix mélancolique. Le sujet est banal, et pourtant cet acte si court vous prend tout entier, ouvre une large trouée sur le néant de nos joies. Il est gonflé de larmes contenues, il vaut par la quantité d'humanité bonne et souffrante qu'il contient. Le dénoûment surtout est superbe, dans sa vulgarité; le facteur qui a apporté au vieil époux la terrible nouvelle, revient se faire payer, et les douze francs qu'on lui donne, le verre de rhum qu'il boit, sont comme la bêtise même de l'existence, le train courant qui reprend et qui noie les plus profondes douleurs. Un pareil chef-d'œuvre devrait être depuis longtemps au répertoire de la Comédie-Française.

J'aime moins *le Frère aîné*, dont le héros me paraît d'une humanité discutable. Ce garçon qui a fui son jeune frère, après l'avoir marié à une femme qu'il aimait lui-même, et qui se fâche en le retrouvant remarié à une autre femme, est d'une analyse de sentiments bien subtile. *Les Absents* sont également une fantaisie charmante, traitée avec beaucoup d'esprit, un peu vide pourtant. Mais l'*Œillet blanc* a des qualités dramatiques plus sérieuses. Il y a là un mouvement de passion qui émeut, une figure de jeune fille qui demeure dans la mémoire. Une bouffée de hardie jeunesse passe, avec ce marquis enfant, rentré en France et risquant sa vie pour cueillir la fleur qu'une coquette a désirée ; et, lorsque Virginie Vidal, la fille du conventionnel installé au château, lui a donné l'œillet souhaité, la minute d'amour qui les rapproche a un retentissement dans toutes les âmes. Ce n'est plus ici du théâtre au sens grossier du mot, c'est de l'humanité analysée avec une délicatesse de poète.

Je préfère l'*Arlésienne* au *Sacrifice*. Il y a pourtant de bien charmantes qualités dans cette dernière pièce. Les trois actes roulent sur le dévouement absolu d'un fils, qui se sacrifie pour son père et pour sa famille. Alphonse Daudet a choisi avec bonheur le milieu où il a placé l'action. Henri est un peintre d'avenir qui commence à percer, lorsque son père, le père Jourdeuil, comme on le nomme, un peintre également, compromet la situation de sa femme et de sa fille par le laisser-aller de son existence d'artiste. Et, dès lors, tout le drame va être dans l'opposition du père et du fils : le père croyant à une gloire qu'il n'a plus, professant le débraillé de 1830, insoucieux et superbe, rêvant tout éveillé, allant jusqu'à nier le talent d'Henri, qu'il traite de bourgeois ; le fils plein de respect et de raison, s'inclinant devant son père auquel il veut éviter la moindre blessure d'amour-propre, lui achetant lui-même, à l'aide d'un prête-nom, ses tableaux démodés, pour faire vivre la famille, donnant tout, son amour, ses amitiés, son talent. C'était là un sujet qui devait tenter un analyste délicat. Je n'en connais pas qui mette en action des sentiments plus tendres ni plus poignants, dans une gamme de tons simples. Toute cette lutte du fils s'immolant pour les siens, fournit des scènes d'une émotion pénétrante ; et le dénoûment indiqué, le père apprenant brusquement que ce fils qu'il traite de renégat, parce qu'il est entré dans une fabrique de papiers peints, est un cœur sublime, un martyr de l'amour filial, produit un grand effet sans coup de théâtre, par la logique même de la situation.

J'ai fait une remarque curieuse. Le fameux Delobelle, de *Fromont jeune et Risler aîné*, se trouve déjà en germe dans le père Jourdeuil. C'est la même vanité sereine et inconsciente, la même tranquillité à se laisser nourrir par les siens, sans s'inquiéter d'où vient le pain, et avec une carrure de dieu domestique fait pour être adoré. Jourdeuil lui aussi, ce vieux peintre sans talent, plane sur les hauts sommets de l'art. Et il est tout aussi complet que Delobelle, plus complet même comme création dramatique. Alphonse Daudet possède merveilleusement ces existences déclassées, qu'il analyse avec son ironie fine, mouillée de larmes.

Maintenant, ce qui donne au *Sacrifice* sa teinte grise, c'est que le drame ne se développe pas dans la passion. Il y a bien un amour au second plan, celui de la sœur d'Henri avec un personnage épisodique ; mais le sujet principal reste l'amour filial, le dévouement du jeune peintre à sa famille ; et, il faut le confesser, cet amour filial nous laisse toujours un peu froid au théâtre, quel que soit le grand talent de l'auteur. Henri se sacrifierait à une femme, que cela nous remuerait bien autrement. Il n'y a que les grands coups de passion qui nous soulèvent. Je ne puis m'expliquer autrement l'insuccès relatif du *Sacrifice*, qui est une œuvre d'observateur et de poète tout à fait de premier ordre.

Mais, parmi les pièces d'Alphonse Daudet, il est un autre insuccès plus stupéfiant encore : je veux parler de *l'Arlésienne*. A plusieurs reprises déjà, j'ai dit de quelle sévère injustice la presse et le public avaient fait preuve pour ce poème d'amour si remarquable. Ici, cependant, ce n'est pas la passion qui manque. Le héros, Frédéric, se meurt d'amour pour une fille ; et, à côté de ce désir ardent, il y a, près de lui, une idylle adorable, la tendresse souriante et résignée de Vivette. Puis, c'est encore l'amour maternel de Rose Mamaï, ce cri de lionne qui voit mourir son petit. Et tout cela dans un cadre d'une originalité exquise, dans le soleil, dans des mœurs puissantes et douces. Jamais œuvre n'avait pu réunir plus de force à plus de grâce. Pourquoi donc alors la froideur du public ? Il faut bien admettre que le public n'a pas compris.

L'Arlésienne sortait trop de la formule courante, au moment où elle a été jouée. Plus tard, nous avons vu réussir *l'Ami Fritz*, qui, comme coupe et comme milieu, a de grandes parentés avec l'œuvre de Daudet. C'est ce qui me fait croire qu'une reprise de *l'Arlésienne* aurait du succès. Il en est pour certaines pièces comme pour certains livres : quand elles marchent trop en avant, il leur faut laisser au public le temps de mûrir. L'heure vient aujourd'hui de ces analyses humaines mises au théâtre dans des cadres simples. *L'Arlésienne*, jusqu'à présent, reste le chef-d'œuvre de Daudet au théâtre, et sûrement *l'Arlésienne* aura son jour de triomphe.

Ainsi donc, voilà le *Théâtre* d'Alphonse Daudet. Maintenant que ces pièces sont réunies dans un volume, on les juge mieux et on voit leur ensemble. Ce qui s'en dégage, c'est avant tout une bonne odeur littéraire. Cela sent la belle langue. Ouvrez les recueils des auteurs dramatiques à succès, et vous serez empoisonnés par l'aigreur des phrases moisies. Chez Alphonse Daudet, il suffit de lire deux pages, au hasard, pour comprendre qu'on est avec un convaincu, un poète sincère dont l'émotion est vraie. L'auteur n'est pas un fabricant de pantins à la grosse, enfoncé dans le seul mécanisme plus ou moins ingénieux de ses poupées. Il pleure et il rit avec les personnages, il leur donne de son souffle, il fait avec eux de l'humanité. C'est l'unique affaire : être humain, créer de la vie.

Aussi, peu importe que les pièces d'Alphonse Daudet aient eu, à leur apparition, un succès de public plus ou moins long et bruyant ; elles vivent quand même par le style et par l'analyse, elles seront jeunes dans cent ans, lorsque toutes les machines acclamées aujourd'hui, les grands succès des faiseurs dormiront depuis longtemps sous la poussière, rongés de rouille. Les dramaturges habiles ont tort de sourire, lorsqu'ils parlent d'Alphonse Daudet auteur dramatique ; car il les enterrera tous avec *l'Arlésienne*, même si *l'Arlésienne* n'a jamais le succès scénique qu'elle mérite.

Telle est la consolation des véritables écrivains. Ils ont les siècles à venir pour avoir raison. On a beau les dédaigner, ils restent debout et ils finissent par s'imposer. Ils vivent.

ERCKMANN-CHATRIAN

I

Voici donc enfin un succès, un grand succès qui me donne raison! Longtemps, j'ai dû me battre dans la théorie pure. Je citais bien Molière et Musset à l'occasion, mais ceux-là vivent dans la paix de leur immortalité, et l'on se contente de les saluer respectueusement. Il me fallait une œuvre contemporaine, écrite en dehors des immunités du génie. Or, cette œuvre est justement *l'Ami Fritz*, la pièce en trois actes de MM. Erckmann-Chatrian, que la Comédie-Française vient de jouer au milieu d'un si vif enthousiasme.

C'est l'histoire toute simple du mariage d'un digne et aimable garçon, Fritz Kobus. Ce gaillard, bien portant, riche, ayant la belle humeur et le bel appétit de notre regrettée Alsace, mène joyeusement l'existence, en compagnie de l'arpenteur-juré Frédéric, du percepteur Hánezo et du bohémien Joseph, tous célibataires endurcis, déblatérant contre le mariage, en fumant des pipes au dessert. Cependant, le vieux rabbin David Sichel, un entêté faiseur de mariages, s'est promis de marier Fritz. Et le piège qu'il lui tend est uniquement de l'envoyer pour trois semaines à la ferme des Mésanges, où Fritz se prend de tendresse pour la fille de son propre fermier, la petite Suzel, une ménagère accomplie qui a des bras blancs et des yeux bleus. Il a beau fuir, il épouse Suzel, et le vieux David triomphe, car le célibat des épicuriens égoïstes est vaincu une fois de plus.

Tout le sujet tient là. Mais quelle adorable idylle, non pas une idylle de poète mièvre, mais une idylle franche et saine, comme Rabelais aurait pu la rêver! Le mérite immense de la pièce, à mes yeux, est dans la structure des scènes, dans les mobiles des personnages, dans la langue qu'ils parlent. Cette comédie, si tendre et si bonne enfant, apporte une évolution. On se trouve enfin devant un coin du monde réel, loin de ce monde conventionnel du théâtre, dont les pantins tombent en morceaux. Je vais tâcher d'indiquer rapidement les points originaux qui m'ont frappé.

Au premier acte, l'exposition est d'un naturel charmant. La servante, Catherine, et une voisine, Lisbeth, venue pour lui donner un coup de main, mettent la table en causant de M. Kobus et de ses idées sur le mariage. Fritz, dont la fête tombe ce jour-là, a invité ses amis. Lui-même remonte de la cave. Les amis arrivent, le repas commence, un de les repas plantureux de province. Et c'est alors que la petite Suzel fait son entrée, avec un gros bouquet de violettes qu'elle a cueilli dans les haies. Fritz l'invite et veut qu'elle mange ; mais elle reste gênée, parmi tous ces garçons qui prennent du bon temps. Puis, quand elle est partie et que les pipes sont allumées, le vieux David prêche le mariage, au milieu de la débandade du dessert et des rires bruyants des convives. Fritz finit par parier une de ses vignes qu'il ne se mariera pas.

Rien de plus vivant ni de mieux encadré que ce premier acte. C'est un tableau de la vie réelle, depuis l'instant où la servante met la nappe, jusqu'au moment où les invités partent pour la brasserie. Le mot de Fritz, en sortant : « Catherine, tu peux desservir, » montre que le dîner est comme le pivot autour duquel tourne l'acte entier. Et les scènes se déroulent d'une façon si aisée, elles sont si vécues, que les personnages ne viennent pas un instant les jouer devant le trou du souffleur ; tout le dialogue se passe en action, les acteurs parlent et agissent en même temps. C'est là, pour moi, un fait caractéristique. Puis, quelle bonne gaieté, quelle ripaille de gens heureux, et comme, parmi ces plats qui fument si joyeusement, le bouquet de Suzel met un tendre parfum !

Le second acte est d'un cadre plus heureux encore. Fritz est à la ferme des Mésanges, dorloté par Suzel. Des faucheurs qui vont au travail l'éveillent en chantant. Ensuite, il règle le déjeuner avec Suzel : des œufs, des radis et du beurre frais. Comment, cet amoureux descend à ces détails vulgaires ? Mon Dieu, oui, cet amoureux mange, et même Suzel fait sa conquête en lui apprêtant des petits plats. La jeune fille monte dans un cerisier et cueille le dessert, tandis que Fritz, dessous l'arbre, goûte les cerises. Puis, toute la bande des amis paraît. Le vieux David est enchanté, car il voit bien que Fritz est amoureux. Et, comme Suzel s'approche d'un puits pour emplir une cruche d'eau, il se fait donner à boire, il se sert de la légende biblique de Rébecca, de façon à questionner la jeune fille et à lui faire, de son côté, confesser son amour. Seulement, Fritz s'aperçoit qu'il aime Suzel, lorsque David annonce qu'il va les marier, et il se laisse lâchement enlever par ses amis.

Remarquez qu'ici encore l'acte est un tableau pris dans la vie réelle. C'est toute une matinée à la campagne, les préparatifs du déjeuner, l'amour tel qu'il se développe véritablement, au milieu des petits faits de l'existence. Fritz est gourmand, rien de plus naturel que Suzel le prenne par la gourmandise. Et comme cela est frais, ces radis, ces œufs et ce beurre qui remplacent les déclarations accoutumées sur les fleurs et les étoiles ! Je défie qu'on assiste à cet acte sans se souvenir de matinées pareilles, des matinées où l'on s'est réveillé à la campagne, avec le souci d'aller dénicher les œufs soi-même et de cueillir son dessert aux arbres. Oui, cet amour sent bien la santé, et rien n'est plus joli ni plus hardi à la fois. Il faut aussi que je confesse une faiblesse : le cerisier vrai et l'eau vraie m'ont ravi. Voilà donc la Comédie-Française qui donne la première l'exemple du naturalisme dans les décors. Cet exemple, qui vient de haut, sera suivi, je l'espère.

Nous retrouvons la salle à manger de Fritz, au troisième acte, mais une salle à manger désolée, où l'on ne rit plus, où l'on ne godaille plus. Fritz est malade. Son amour, qu'il tâche d'étouffer, lui coupe l'appétit. Ses amis viennent inutilement le convier, il refuse de les suivre. Enfin, le vieux David l'oblige à prendre une résolution, en lui annonçant qu'il a trouvé un mari pour Suzel, et que son fermier Christel doit lui demander son consentement. Alors, Fritz, qui dans une charmante scène apprend de la jeune fille qu'elle n'aime point le garçon dont il est question, refuse son consentement et se propose lui-même. « M'aimes-tu, Suzel ? » Et la petite répond, en se jetant dans ses bras : « Ah! oui, monsieur Kobus !. » Cela est tout simplement exquis de franchise et de vérité.

Sans doute, cet acte est le plus pâle des trois. Mais comme le petit drame s'y dénoue d'une façon humaine ! Certaines gens ont trouvé Fritz bien grossier, de témoigner la souffrance de son amour par la perte de l'appétit. Voulait-on qu'il écrivît un sonnet ? La donnée première est suivie jusqu'au bout, avec la plus heureuse logique. Voilà le premier amoureux au théâtre qui souffre de l'amour comme tout le monde en souffre. Il a mal à l'estomac, ce qui est strictement observé. Les amoureux de convention sont bêtes lorsqu'ils mettent la main à leur cœur, car leur cœur reste parfaitement tranquille, dans ces crises de la passion ; tout le malaise se porte à l'estomac. Et remarquez que, d'après la donnée de MM. Erckmann-Chatrian, ce gourmand de Fritz est puni par où il pèche, ce qui est très moral. Le voilà marié et le voilà guéri. Je compte bien que les bons dîners vont recommencer, que Suzel entretiendra en joie la maison, car il faut avoir la poitrine large et la conscience nette pour bien rire et bien manger.

Telle est donc la pièce, toute la pièce. Eh bien, elle a égayé et elle a touché. J'ai entendu rire la salle et je l'ai vue pleurer. Ceux qui prétendraient le contraire seraient de mauvaise foi. Pourquoi nous dit-on, alors, qu'il faut absolument au théâtre des machines compliquées, bâties d'après certaines règles ? Vous le voyez, un joyeux garçon, aimant le plaisir, et une bonne petite fille, adroite et tendre, remuent toute une salle. Il suffit de mettre à la scène une vérité humaine, vieille comme le monde, de l'y mettre dans des conditions de vérité et de nouveauté, pour aussitôt conquérir les spectateurs. Où était, dans *l'Ami Fritz*, la fameuse scène à faire, le plat dramatique dont l'absence consterne certains critiques ? Elle n'était nulle part, il fallait faire toute l'œuvre, je veux dire qu'il fallait simplement la vivre, sans s'inquiéter de la charpente plus ou moins habile. Pas de pièce et un succès, voilà qui est triomphal.

D'ordinaire, je fais bon marché du succès. Mais, comme les gens qui sont hostiles à mes idées, m'accablent sous le succès des pièces que je trouve médiocres, je veux au moins pour une fois triompher à mon tour. *L'Ami Fritz* a réussi, cela est hors de doute, dans des conditions particulières où une œuvre moins heureusement conçue serait tombée. Je bats des mains de toutes mes forces. Les adorateurs du succès quand même auront beau démentir leur théorie et prouver au public qu'il a tort, la pièce n'en marchera pas moins bien, et il n'en sera pas moins démontré que l'on peut faire applaudir une œuvre, en se moquant de la convention et des règles imposées, en se contentant de tailler dans la vie, et dans la vie la plus vulgaire, trois ou quatre tableaux mis à la scène avec un scrupuleux souci de la nature.

Je n'osais espérer un exemple aussi frappant, et certes je ne comptais guère que cet exemple partirait de la Comédie-Française. Sans doute, je n'exagère pas le triomphe de mes idées. Je sais parfaitement que *l'Ami Fritz* a réussi grâce au charme du sujet, au côté poétique de cette idylle. Mais il ne faut pas se montrer trop impatient, il me suffit que le naturalisme soit monté sur notre première scène et qu'il y ait planté victorieusement son drapeau.

Songez donc! un véritable repas à la Comédie-Française, un vrai cerisier avec de vraies cerises, une vraie fontaine avec de la vraie eau! Mais tous les bonshommes en carton doré de M. de Bornier ont dû en frémir! Voilà une invasion formidable de la nature. Et ces détails de mise en scène ne sont rien encore. Il faut entendre la langue que parlent les personnages. Ils parlent tout uniment, comme vous et moi. L'amoureux dit qu'il a trop bu, les autres personnages se content leurs petites affaires sans phrases, ainsi que des passants qui se rencontreraient sur un trottoir. Est-ce assez complet? pouvais-je désirer une épreuve plus décisive?

Ce qui m'a beaucoup égayé, c'est l'indignation d'une certaine critique contre le style de MM. Erckmann-Chatrian. Le style! oui, j'ai entendu des gens parler du style, comme si ces gens-là se doutaient du style le moins du monde! Ils pratiquent couramment l'incorrection, ils sont à genoux devant je ne sais quelle poésie bête et fausse, devant les mièvreries prétentieuses d'écrivains de troisième ordre. Le style, c'est la langue vécue, c'est la force et la grâce obtenues par l'expression juste. Il y a plus de style dans les familiarités de *l'Ami Fritz* que dans les tirades déclamatoires de toutes les pièces récentes.

Le grand reproche qu'on fait aussi à MM. Erckmann-Chatrian, c'est qu'on mange trop dans leur œuvre. Moi, je trouve qu'on n'y mange pas assez, j'aurais voulu que les trois actes fussent un repas continu. Est-ce que la table n'est pas littéraire, chez nous? Gargantua est dans le génie de notre nation. Plusieurs de nos provinces, la Touraine, l'Alsace, sont glorieuses par leurs beaux mangeurs. Les légendes nous montrent nos pères attablés, fêtant la vie. Et il ne serait pas permis d'étaler ce spectacle épique, sous je ne sais quel prétexte de délicatesse de poitrinaire? Ah! nous avons assez appauvri le sang des lettres, nous avons montré à la scène assez de personnages nourris de rosée et de confitures, pour réclamer enfin de solides garçons qui travaillent héroïquement des mâchoires!

C'est la revanche. Et voilà pourquoi on ne mange même pas encore assez dans *l'Ami Fritz*, parce que les personnages y mangent pour tous leurs devanciers, pour les grecs et les romains en bois de la tragédie, pour les chevaliers de tôle du drame romantique, pour les bourgeois chlorotiques des comédies distinguées, pour les milliers de marionnettes qui ont traversé la scène, le ventre plat et la peau vide de muscles. Je voudrais que Fritz se levât avec ses convives, et qu'il portât ce toast : « A la santé de la vie, à la santé des œuvres vivantes! »

II

Ma grande surprise, après la représentation de *l'Ami Fritz*, a été que la Comédie-Française eût reçu une œuvre pareille. Maintenant que l'expérience est faite, on peut alléguer le flair de M. Perrin et du comité, en disant que ces messieurs ont prévu le succès. Mais ce qui m'étonne, c'est justement qu'ils aient prévu le succès; non, certes, que je leur refuse une expérience très grande, car ils se trompent rarement sur la question du succès; mais parce que *l'Ami Fritz* sortait des données ordinaires et offrait le danger de monotonie. J'imagine que la pièce n'ait pas été jouée et qu'on lise le manuscrit, on trouvera cela charmant, mais on dira : « C'est bien léger comme intrigue, il faudrait voir la chose à la scène. »

J'ai donc cherché les raisons qui ont pu faire recevoir la pièce, et j'ai trouvé celles-ci. D'abord, elle a l'heureuse chance de se passer en Alsace. M. Perrin et le comité ont dû compter certainement sur l'attendrissement de la salle, en face des costumes alsaciens, de cet intérieur qui devait nous rappeler de si chers et si douloureux souvenirs. La pièce se passerait en Provence ou en Bretagne, elle aurait à coup sûr paru plus inquiétante. Ensuite, elle est tendre, je veux dire qu'elle se développe dans un milieu de grande bonhomie, relevée d'une pointe de poésie champêtre. Le théâtre, dès lors, était à l'abri d'une chute brutale; les bons sentiments font tout accepter. Enfin, l'œuvre présentait deux ou trois épisodes d'un effet certain, entre autres l'épisode du cerisier, l'épisode de la fontaine, et c'étaient là les clous les plus solides auxquels on pouvait à l'avance accrocher le succès.

Tout ceci est pour confesser que le côté naturaliste de *l'Ami Fritz* a été simplement toléré, et que je ne m'illusionne pas au point de croire qu'on a reçu cette pièce par amour de la vérité dans l'art. D'ailleurs, les arguments ne sont bons que lorsqu'ils sont justes, et c'est pourquoi je veux dégager nettement ma pensée.

L'Ami Fritz est une idylle, pas autre chose. MM. Erckmann-Chatrian ont un sentiment très vif de la nature. Ils ont vécu une vie qu'ils peignent à merveille, en un style excellent de familiarité et de souplesse. Seulement, il ne faut pas leur demander des créations de caractères approfondis. Leurs personnages sont réels, en ce sens qu'ils ont le geste juste, l'intonation juste, l'habillement parfait d'exactitude. Mais ces personnages sont tous taillés sur un même patron d'âme, ils appartiennent à la même famille et ne nous apportent aucun document humain intéressant et nouveau. Imaginez des poupées bonnes filles, qui s'agiteraient dans un décor précis et peint supérieurement.

Eh bien, les personnages de *l'Ami Fritz* sont de cette famille. Il n'y a pas même une nuance entre eux. Regardez-les de près : ils sont tous bons, tous joyeux, tous honnêtes. Certes, je ne dis pas que le tableau soit faux, il existe sans doute des coins de pays où les habitants ont cette parité de tempérament. Même, si l'on veut, cette simplicité de ressorts est plus près de la vérité terre à terre que les cas particuliers, les êtres à part qui ont des excroissances dans le bien ou dans le mal. Seulement, à s'enfermer dans ce monde si monotone, on perd le bénéfice des études profondes, on ne va pas jusqu'au cœur de l'humanité, on en effleure à peine la peau. L'œuvre, quel que soit le talent avec lequel on la traite, reste moyenne et agréable.

Donc, je n'entends point voir, dans *l'Ami Fritz*, une œuvre de haute volée, car cela serait une prétention ridicule. En outre, j'ai confessé que les côtés tendres et poétiques, le cadre alsacien qui chatouille notre patriotisme, ont évidemment plus fait pour le succès que les tendances naturalistes de l'ensemble. Mais je vois, dans *l'Ami Fritz*, une pièce qui a fait accepter beaucoup de vérité, grâce à beaucoup de bonhomie et de poésie, une des tentatives les plus heureuses que le naturalisme pouvait souhaiter pour s'acclimater au théâtre et se faire accepter du peuple. Il était bon de commencer par une dose raisonnable, déguisée dans du sucre.

J'ignore quelles ont pu être les intentions de MM. Erckmann-Chatrian. Il est croyable qu'ils n'ont pas eu les idées révolutionnaires que je leur prête ; je dis révolutionnaires en littérature. Mais cela importe peu. *L'Ami Fritz* est une de ces œuvres bénies qui font époque, en dehors de la volonté des auteurs, des directeurs et des interprètes. Elles viennent au moment voulu, elles apportent une signification, un symptôme décisif, auquel pas un des collaborateurs n'avait songé. Ceux qui l'ont mûrie et préparée pour le public, ont vu sans doute une pièce patriotique, idyllique, poétique. Et voilà qu'elle éclate comme une pièce réaliste ; voilà qu'elle restera comme un des premiers essais sérieux du naturalisme au théâtre.

Je ne veux pas l'analyser de nouveau. Mais j'insisterai sur son caractère principal, qui est une simplicité absolue de moyens dramatiques. Je suis persuadé que la rénovation naturaliste sera caractérisée par cette simplicité. On comprendra un jour que les intrigues compliquées et forcément mensongères sont d'un effet bien moins puissant que les combinaisons si simples des passions humaines. Un homme qui aime, qui souffre de son amour, qui en sort violemment ou heureusement, sera toujours bien plus dramatique qu'un personnage jeté dans des aventures inextricables, et dont il ne se tire que par des sauts de paillasse. En outre, ce que noue la passion doit être dénoué par la passion. Les lettres apportées au dénoûment, les papiers de famille retrouvés, toutes ces vieilles ficelles usées, sont des expédients honteux dont les écrivains qui se respectent, ne devraient plus jamais se servir.

Voyez le jet si naturel et si vrai de *l'Ami Fritz*. La pièce va d'un bout à l'autre, sans une secousse, avec le beau développement d'une histoire à laquelle on a assisté. Fritz ne veut pas se marier, puis il tombe amoureux, puis il lutte et se marie. Cela n'est rien et cela contient tout le drame d'une existence. Croit-on qu'on aurait rendu l'émotion plus profonde, en compliquant cette aventure, ce qui était très facile? Beaucoup de drames noirs sont partis de cette simple histoire ; seulement, on les a chargés d'épisodes si extravagants, qu'ils nous font hausser les épaules. MM. Erckmann-Chatrian s'en sont tenus à la vérité toute nue, et ils n'ont point à s'en repentir. Pas le moindre incident étranger, pas un seul des ragoûts indiqués dans le manuel de la cuisine dramatique. Toute l'émotion, les rires et les larmes, vient des entrailles du sujet. Et c'est là surtout ce que j'applaudis dans *l'Ami Fritz*.

Ce que je loue également sans réserve, ce sont les façons dont naissent et se développent les sentiments des personnages. Une des choses qui me blessent le plus au théâtre est la convention des sentiments. Il y a des manières d'être gai, d'être triste, de tomber amoureux, de souffrir de son amour, qui sont dans la tradition des planches, et dont on ne sort pas, par crainte sans doute qu'on ne crie à l'invraisemblance. J'ai déjà cité, au troisième acte, les scènes où Fritz, luttant contre sa tendresse pour Suzel, pris de jalousie en apprenant le prochain mariage de la jeune fille, perd l'appétit et se plaint de douleurs à l'estomac. On a déclaré cet amoureux bien vulgaire. Il est strictement vrai, et je trouve que cet homme qui souffre réellement, est beaucoup plus touchant que les jeunes premiers roulant des yeux tendres et portant la main à leur cœur. En quoi le cœur est-il plus noble que l'estomac? Ils sont nécessaires à la vie autant l'un que l'autre. Tout cela repose sur un idéalisme nuageux et faux, d'un ridicule parfait.

Je suis certain que les auteurs dramatiques trouveraient des effets nouveaux d'une grande saveur, s'ils voulaient se donner le souci d'observer comment les choses se passent dans la réalité. Les faits les plus simples de l'existence ont été tellement dénaturés au théâtre, qu'on donnerait à ces faits un relief puissant, une nouveauté imprévue, si on les ramenait au vrai. C'est une grande erreur de répéter que le théâtre vit uniquement de convention. Les cris de vérité seuls soulèvent et emportent une salle. On a pu gâter le métier dramatique par des années de productions inférieures. Les belles œuvres, dans toutes les littératures et dans tous les genres, n'en restent pas moins les œuvres vraies et simples.

J'arrive à la conclusion que je veux tirer de tout ceci. Grâce à des côtés patriotiques et poétiques, *l'Ami Fritz* a fait monter le naturalisme sur les planches. Dès aujourd'hui, il est aisé de comprendre ce que peut être ce naturalisme, dégagé des fleurs dont MM. Erckmann-Chatrian l'ont si heureusement orné. Imaginez des personnages plus étudiés, de tempéraments différents, et dont les passions, en se heurtant, constitueront le drame. Rendez l'action plus virile, nouez-la et dénouez-la par le jeu seul des sentiments, au milieu d'une simple et forte histoire. Faites que les personnages et l'action vivent puissamment de la vie réelle. Gardez les décors exacts de *l'Ami Fritz*, et coupez chaque acte, comme ont fait MM. Erckmann-Chatrian, dans l'existence quotidienne, un déjeuner, une matinée à la campagne, un fait unique qui explique la coupure si arbitraire des actes. Et vous aurez ainsi la pièce que je voudrais voir sur nos théâtres, le cadre nouveau où l'on pourrait reprendre l'étude de toutes les passions. Un genre serait créé, le drame marcherait de pair avec le roman, on pourrait utiliser au théâtre les documents humains, l'enquête si prodigieusement commencée par notre grand Balzac.

Sans doute, il faudrait faire accepter toute cette vérité, et cela n'est point commode, car j'avoue volontiers que le théâtre a une optique particulière. MM. Erckmann-Chatrian ne s'en sont tirés que par des costumes alsaciens et des personnages en pâte tendre. Le problème deviendrait plus difficile encore, le jour où l'on se passerait des agréments de la poésie sentimentale, et où l'on voudrait mettre à la scène quelques gredins, pour ne pas s'ennuyer dans la compagnie de gens tous honnêtes. Ici, je dois m'arrêter, car je ne professe pas, Dieu m'en garde ! Je dis seulement où le théâtre doit tendre, selon moi. L'habileté ne nuirait pas, mais il faudrait de la force avant tout. Un jour, une œuvre naturaliste, bien équilibrée, faite pour le succès, viendra me donner raison, j'en ai la certitude.

FIN.

TABLE DES MATIÈRES

Théatre classique 3
Victor Hugo 41
Émile Augier 91
Alexandre Dumas fils 113
Victorien Sardou 195
Eugène Labiche 253
Meilhac et Halévy 268
Edmond Gondinet 301
Édouard Pailleron 323
Adolphe d'Ennery 335
Théodore Barrière 351
Octave Feuillet 360
George Sand 367
Théodore de Banville 374
Edmond et Jules de Goncourt 388
Alphonse Daudet 396
Erckmann-Chatrian 402

FIN DE LA TABLE.

2311-81. — Corbeil. Typ. et stér. Crété.

www.ingramcontent.com/pod-product-compliance
Lightning Source LLC
Chambersburg PA
CBHW051838230426
43671CB00008B/999